考えて、
解いて、学ぶ
日本語教育の
文法

原沢伊都夫

スリーエーネットワーク

© 2010 by HARASAWA Itsuo

All rights reserved. No part of this publication may be reproduced, stored in a retrieval system, or transmitted in any form or by any means, electronic, mechanical, photocopying, recording, or otherwise, without the prior written permission of the Publisher.

Published by 3A Corporation.
Shoei Bldg., 6-3, Sarugaku-cho 2-chome, Chiyoda-ku, Tokyo 101-0064, Japan

ISBN978-4-88319-542-8 C0081

First published 2010
Printed in Japan

はじめに

　このテキストは、これから日本語教育を目指す方や日本語教育初心者の方、日本語の基礎をもう一度復習したい方などを対象に、日本語の文法をわかりやすく体系だてて説明しています。このテキストの特徴として以下の点を挙げたいと思います。

1．文法暗記ではないプロセスの学び

　これまでの文法書の多くは文法用語や規則を羅列し、それを理解したり覚えたりすることを主としていますが、このテキストはできるだけ難しい文法用語を使わずに文法の基本概念を説明した上で、それを考えながら身につけていけるように工夫しています。そのために、「確認しよう」、「考えてみよう」、「練習しよう」、「やってみよう」などの多くの設問を設け、基本的な理論を数多くの事例で確認しながら体験的に学んでいけるように構成しています。

　したがって、このテキストは文法規則の暗記ではなく、自分で考えて答えを出すプロセスを重視しています。例えば、第1章「日本語文の構造」の「その1 基本文型」であれば、この動詞はこの文型、あの動詞はあの文型と覚えるのではなく、文型の分類の仕方を理解し、それを実践的に学んでいきます。どのような動詞が来ても、自分で考えることで、文型の種類を見つけることができるようになることを目指しています。皆さんの日本語運用力（経験）を活用し、自らの力で答えを考え、見つけていくプロセスをこのテキストは重視するわけです。このプロセス重視の方法は、現場の日本語教育において実践的に役に立つことになるでしょう。学習者からの突然の質問に、文法書を見て答える時間はありません。現場では自分で考え、それなりの答えを即答する力が必要となるからです。

2．基礎的な文法事項を網羅

　日本語教育に従事する者にとっての基本的な文法事項はすべて網羅されています。第1章から第8章までで日本語教育に必要な文法概念を学びます。これらの基本理論を補足する形で、「文法チェック」や「COLUMN」、「付録」、「解答と解説」があります。特に「付録」では、それぞれの章で扱う文法理論の全体像が見えるように工夫してあります。ただ、あくまで基本的な情報を中心に掲載し、現場の日本語教育にはそれほど必要とされない詳細な文法項目についてはカットしてあります。

3．日本語教育の視点による文法書

　文法事項を日本語学という視点ではなく、日本語教育という観点で捉えています。各章の最後には日本語教育との関連性について「日本語教育の観点から」を掲載し、ここで学んだ理論がどのように日本語教育に活用されるのか具体的に感じとることができる

ように配慮しています。

4．学校文法の基礎知識（品詞分類）の掲載

　日本語教育の文法は学校文法とは様々な点で異なっていますが、基礎となる文法理論は学校文法の中で発展してきたものです。その意味で、学校文法の品詞分類の知識は理解しておく必要があります。このテキストでは、第8章の後に、特別編として「品詞分類」を掲載しています。特別編を読むことで、学校文法の品詞分類の考え方を理解したり、確認したりすることができます。

5．「解答と解説」の充実

　これまでの文法学習を目的としたテキストにある「練習問題」で感じることは、読者に対する配慮があまりなされていないという点です。問題の解答はあっても、説明が一切ないか、簡単な説明があればいいほうです。このテキストでは、すべての問題の解答に、必ず解説を付けました。どんなに些細な問題についても説明を試みました。特に多くの読者が疑問に感じたり間違えたりすると思われる個所については、できるだけ詳細な解説を心がけました（したがって、「解答と解説」だけで64ページになっています）。こうすることで、不正解だった人はその理由を理解することができ、また、正解であった人でも自分の考えたやり方が正しかったのかを確認することができます。

6．各章の「まとめ」で復習

　各章の終わりには、「まとめ」を設け、その章の全体をまとめるとともに、「練習問題」によって、その章の復習をすることができるように配慮しました。章の全体像を見渡すとともに、問題を解きながら、学んだ内容を確認することができます。後から見直す場合でも、それぞれの「まとめ」を見ることで、その章の全体像を簡単に把握することができるでしょう。

　これらの特徴に加え、このテキストは筆者が長年大学や民間の日本語教師養成機関で教えながら、改善を重ねてきたものです。全体の講義が終わった時点で必ず詳細なアンケートを取り、また授業中受講者からの質問を受ける中で、不適切な例文や混乱を招くような記述などを適宜カット、修正してきました。また、視覚的にも理解できるように、イラストや図表を多用し、ユニークな視点から説明しています。したがって、どのようにしたら学習者にわかりやすく、文法理論を理解してもらえるのかについての配慮が、テキスト全体に反映されています。

　著者は、大学卒業後、ブラジル、アメリカ、オーストラリアなどで過ごし、帰国後は外国人研修生の研修を担当。短期大学での英語講師を経て、本格的に日本語教育の研究

を始めたのは静岡大学に赴任してからでした。45歳の時です。本書は、そんな筆者の回り道人生から生まれた日本語教育の文法書です。一番心がけたのはわかりやすい文法解説と読者の目線に立ったテキスト作りです。日本語教育初心者にとって、この1冊があれば取り敢えず文法に関することは事足りる、そんなテキストを目指しました。皆さんのご期待に応えられることを願っています。

　本書を完成させるにあたり、これまでに私の講義に出席し、様々なコメントをくださった多くの受講生の方に感謝の意を表します。特に草稿の段階でボランティアで原稿に目を通し、読者の視点で有意義な意見をくださった7名の受講生の方には、心より感謝申し上げます。また、今回の企画の意図を理解し、出版を進めてくださったスリーエーネットワークの佐野智子さん、同じくスリーエーネットワークの服部智里さん、わがままなお願いにもかかわらず効果的なイラストを数多く提供してくださったイラストレーターのわたなべふみさんには、読者の視点に立つ新しい文法テキストの実現に向け、多大なご協力をいただきました。心より御礼申し上げます。

　最後に、多忙な私の心の支えとなっている家族、妻聖子と3人の息子に「ありがとう」という言葉を贈りたいと思います。

平成22年6月
著者

テキストの使い方

　このテキストは特別編を除いて、積み上げ式です。第1章の知識が第2章を理解するための下敷きになっており、同様に第3章の知識の上に、第4章があります。したがって、第1章から順に第8章へと学習を進めていくと効果的です。また、このテキストは個人で勉強する場合と教室で教科書として使用する場合の両方の使い方があります。

1. 個人で勉強する場合

　日本語文法に興味がある、日本語文法をもう一度基礎から復習したい、日本語教育能力検定試験に備えたい、そんな方が一人で読みながら学習するのに適しています。基本的に一人でも学べるように、「解答と解説」を充実させてあります。一人で読みながら、問題を解き、「解答と解説」で答えと考え方を確認します。そして、「まとめ」でその章で学んだことを復習し、「練習問題」で学習した内容の理解度を点検します。

　テキストを一人で勉強する場合、問題を解くのに辞書や参考書は使用しないでください。問題の解答を見つけていくプロセスは、普段無意識に使っている日本語に潜むルールを意識化する活動であり、日本語の仕組みを自分自身で再発見していく知的な作業です。普段自分が行っている言語活動を振り返りながら、答えを見つけるプロセスを学んでください。

　また、海外で日本語を教える方の中には、プロの日本語教師としてではなく、日本語のネイティブスピーカーとして、日本語を教えたり日本語の授業の手伝いをしたりするというケースもあるでしょう。このテキストは、そのような方たちが気軽に日本語の仕組みを勉強するのにも役立てていただけます。日本語文法に関する基本的な情報はすべて揃っているので、1冊だけで済む点が海外で暮らす方にとっては便利ではないでしょうか。

　さらに、ノンネイティブの日本語教師の皆さんにも体系だてた文法書として活用していただけることを期待しています。

2. 教室で使用する場合

　このテキストは様々な教育現場で使用することができます。もともとは年齢も学歴も日本語教育歴も社会経験もバラバラな社会人の方々が一緒になって助け合いながら学び合うことを目的として作成されました。教室で使用する場合は、グループワークで話し合いながら学習するのが基本です。教師による説明の後、「確認しよう」などの問題は4人前後のグループで話し合い、学習者同士で助け合いながら解いていきます。この方法は、教師に聞きづらいちょっとした疑問でも、グループで話し合うことで解消できるのが良い点です。教師はグループ内で解決できない問題について答えたり、話し合いをスムーズに進めるためのサポートを行ったりします。

これまでの経験から、各章に必要とされる時間は概ね3時間から4時間半を想定しています。具体的なテキストの進め方は、スリーエーネットワークのホームページ（http://www.3anet.co.jp/ukky/kangaete.html）で公開しています。教師であればどなたでも無料で副教材をダウンロードできます。教室での使用を考えていらっしゃる教師の方はぜひ、こちらにアクセスしてください。予想されるテキストの使用現場は以下の通りです。

1）民間の日本語教師養成講座

　民間の日本語教師養成講座の文法の講義で使用できます。筆者も長い間教えています。テキストで扱う文法事項については、日本語教育能力検定試験を意識していますので、試験対策としても使っていただけます。各章が終わる度に、その章の「解答と解説」を学習者に渡します。学習者は、授業で話し合った内容を、改めて「解答と解説」で確認することができます。時間に余裕があれば、各章の終わりに「確認クイズ（前述のホームページに掲載）」をやり、その章の理解度をチェックします。

2）大学での日本語文法の講義

　大学で日本語教育の文法を履修する学生のためのテキストとして使用できます。筆者も、大学の日本語教員養成課程で使用しています。平均的な1年間の講義時間90分×30回以内で充分に終わる計算です。最初に「特別編」をやり、品詞分類の知識を深めてから、基本的に3回の講義で各章を終えていきます。1回目で「その1」、2回目で「その2」、3回目で「まとめ」をやり、「COLUMN」を説明し、その章の補足説明などをします。最後に、「解答と解説」を渡し、その章の復習をしてもらいます。その上で、確認クイズ（前述のホームページに掲載）をやります。講義全体の時間が足りない場合は、特別編は必要に応じて参照とし、第1章から始めます。

3）大学院などで学ぶ留学生への日本語文法講義

　考えて学んでいくスタイルですので、大学院で日本語や日本語教育を専攻する留学生のためのテキストとしても使用できます。筆者の所属する大学院で日本語教育を専攻する留学生に使用したところ、好評でした。日本語文法を体系だてて勉強したことがない留学生がほとんどだったため、考えながら理論を学んでいくところが新鮮で、今まで知らなかった文法理論がよくわかったと喜ばれました。

　大学または大学院でこのテキストを使用する場合、留学生（日本語能力試験N1レベル以上が望ましい）と日本人の混成クラスで行うと、さらに効果的です。留学生は日本人からいろいろサポートを受けることができ、日本人は学習者の視点から見た日本語の難しさに気づきます。留学生から投げかけられる疑問点について話し合うことで、日本語教育の議論が深まり、学習の場が盛り上がります。

4）地域における日本語教師養成講座

　地域の日本語ボランティアの養成を目的とした講座でも使用できます。筆者も何回か担当したことがあります。ただ、テキストのすべてをやりきる時間がないため、講義内容が限定されます。例えば、第1章と第2章を講義で行い、残りは「解答と解説」を頼りに自主学習をしてもらうという方法がいいかもしれません。

　また、日本語ボランティアの方などへのブラッシュアップ講座で使うことも可能です。文法を体系だてて学習していない方で、なんとなくもやもやしながら教えていた方が、このテキストで今まで疑問に感じていたことがすっきりと理解することができたという声を多く耳にしています。

目　次

はじめに iii
テキストの使い方 vi

第1章　日本語文の構造 1
その1　基本文型 2
1．格関係 2
2．述語と必須成分（文型） 4
その2　格助詞 7
1．格助詞の主な用法 7
2．日本語教育の観点から 11
まとめ 12
COLUMN 1 － 場所と時を表す格助詞の用法 13

第2章　主題化 15
その1　格成分の主題化 16
1．コトとムード 16
2．コトを表す格助詞 17
3．ムードを表す「は」 17
4．主題化による格助詞の変化 20
文法チェック❶ "主題化と格助詞" 20
その2　格成分以外の主題化 21
1．4つの主題化のパターン 21
文法チェック❷ "二重ガ格文" 24
2．「は」の影響力 25
3．日本語教育の観点から 25
まとめ 26
COLUMN 2 －「～は～が～」構文 27

第3章　自動詞と他動詞 29
その1　自他の区別 30
1．自動詞と他動詞 30
2．自他の区別 30
3．自他の対応 31
その2　自他の対応による分類 33
1．自他の対応の考え方 33
2．ペアがないときの代用 38
3．日本語教育の観点から 38

| まとめ | 39 |
| COLUMN 3 – 主語廃止論 | 40 |

第4章　ヴォイス　43

その1　受身文　44
1. 受身の形式　44
2. 受身文の種類　44
3. 動作主のマーカー（動作主を示す助詞）　48

文法チェック ❸ "3項動詞の受身文"　49

その2　使役文とその他のヴォイス　50
1. 使役の形式　50
2. 使役文の特徴　50
3. 使役文の種類　51
4. その他のヴォイスの表現　53
   - 4.1　使役受身文 … 53
   - 4.2　可能構文 … 54
   - 4.3　自発構文 … 56
   - 4.4　授受表現 … 57
5. 日本語教育の観点から　59

まとめ　60
COLUMN 4 – 「さ入れ言葉」と「ら抜き言葉」　61

第5章　テンス　63

その1　絶対テンスと相対テンス　64
1. ル形とタ形　64
2. 動き動詞と状態動詞　64
3. 恒常的表現　65
4. 絶対テンス　66
5. 相対テンス（継起関係の従属節）　66
6. 同時関係の従属節　70
7. 相対テンスのまとめ　71

その2　テンス以外のタ形　72
1. 「現在完了」のタ形　72
2. 特殊なタ形　74

文法チェック ❹ "完了と過去の見分け方"　75

3. 日本語教育の観点から　78

まとめ　79
COLUMN 5 – 内的状態動詞　80

第6章　アスペクト ……………………………………………………… 83

その1　「〜ている」と「〜てある」 ……………………………… 84
1.「〜ている」の用法 ……………………………………………… 84
文法チェック ❺ "述語の分類" ……………………………………… 87
2.「〜てある」の用法 ……………………………………………… 87
文法チェック ❻ "「〜てある」の用法" …………………………… 89
3. アスペクトとは異なる表現 …………………………………… 90

その2　金田一の動詞分類 …………………………………………… 91
1. 金田一の動詞分類 ……………………………………………… 91
文法チェック ❼ "継続性と瞬間性" ………………………………… 94
2. 日本語教育の観点から ………………………………………… 94

まとめ …………………………………………………………………… 95
COLUMN 6 − 日本語動詞の形態論 ………………………………… 96

第7章　ムード ……………………………………………………………… 99

1. 対事的ムードと対人的ムード ………………………………… 100
2. 断定と意志のムード …………………………………………… 101
3. 注意すべきムードの用法 ……………………………………… 102
3.1　推量のムード（らしい・ようだ・みたいだ・そうだ）… 102
3.2　確信のムード（はずだ・にちがいない）… 103
3.3　説明のムード（のだ・わけだ）… 104
3.4　当然・回想／勧め・詠嘆のムード（ものだ／ことだ）… 106
3.5　義務・必要のムード
　　　　（べきだ・なければならない・なければいけない）… 107
4. その他のムードの表現 ………………………………………… 108
5. 日本語教育の観点から ………………………………………… 108

まとめ …………………………………………………………………… 109
COLUMN 7 − ハとガ ………………………………………………… 110

第8章　複文の構造 ……………………………………………………… 113

1. 名詞修飾節 ……………………………………………………… 114
1.1　内・外の関係 … 114
文法チェック ❽ "連体修飾と連用修飾" …………………………… 116
1.2　限定用法（制限用法）と非限定用法（非制限用法）… 117
1.3　名詞修飾節における「が」と「の」の交替 … 118
2. 補足節 …………………………………………………………… 118
2.1　名詞節 … 118
文法チェック ❾ "「の」と「こと」の使い分け" ………………… 119
2.2　引用節 … 120
2.3　疑問節 … 120
3. 副詞節（連用修飾節）………………………………………… 121

　　　　3.1　条件節 … 121
　　　　3.2　原因・理由節 … 121
　　　　3.3　時間節 … 121
　　　　3.4　目的節 … 122
　　　　3.5　様態節 … 122
　　　　3.6　「と」「ば」「たら」「なら」の用法 … 122
　　4．並列節 …………………………………………………………………… 124
　　　　4.1　テ形 … 124
　　5．従属節における主題の「は」………………………………………… 125
　　6．日本語教育の観点から ………………………………………………… 126
　まとめ ……………………………………………………………………… 127
　COLUMN 8 － テ形の導入 ……………………………………………… 128

特別編　品詞分類　　　　　　　　　　　　　　　　　　　　131

　　1．動詞 ……………………………………………………………………… 132
　　　　1.1　五段活用動詞（五段動詞）… 132
　　　　1.2　上一段活用動詞・下一段活用動詞（一段動詞）… 133
　　　　1.3　カ行変格活用動詞・サ行変格活用動詞
　　　　　　　（カ変動詞・サ変動詞）… 133
　　　　◇動詞の活用の種類の見分け方◇ … 133
　　2．形容詞・形容動詞 ……………………………………………………… 134
　　　　2.1　形容詞 … 134
　　　　2.2　形容動詞 … 134
　　　　2.3　感情形容詞と属性形容詞 … 135
　　3．名詞 ……………………………………………………………………… 137
　　　　3.1　普通名詞 … 137
　　　　3.2　固有名詞 … 137
　　　　3.3　数詞 … 137
　　　　3.4　形式名詞 … 138
　　　　3.5　代名詞 … 139
　　　　◇ダイクシス（Deixis）◇ … 141
　　4．副詞 ……………………………………………………………………… 142
　　　　4.1　状態副詞（情態副詞・様態副詞）… 142
　　　　4.2　程度副詞 … 143
　　　　4.3　陳述副詞 … 143
　　5．連体詞 …………………………………………………………………… 144
　　6．接続詞 …………………………………………………………………… 144
　　7．感動詞 …………………………………………………………………… 145
　　　　◇複数の品詞にまたがる単語◇ … 146
　　8．助動詞 …………………………………………………………………… 147
　　　　8.1　断定の助動詞「だ／です」… 148
　　9．助詞 ……………………………………………………………………… 149

9.1 格助詞 … 149
9.2 副助詞 … 150
9.3 並立助詞（並列助詞）… 150
9.4 接続助詞 … 151
9.5 間投助詞 … 151
9.6 終助詞 … 152
9.7 複合格助詞 … 152
◇同じ形式でも種類が違うもの◇ … 153
10. 日本語教育の観点から ………………………………………… 154
まとめ ……………………………………………………………………… 155
COLUMN 9 － 学校文法と日本語文法 …………………………………… 156

付　録

1. 日本語の品詞分類 …………………………………… 160
2. 述語の活用表（学校文法）………………………… 161
3. 特殊な活用を持つ語 ………………………………… 162
4. 指示代名詞 …………………………………………… 162
5. 学校文法と日本語文法の違い ……………………… 163
6. 述語の活用表（日本語文法）……………………… 164
7. 自動詞と他動詞の対応 ……………………………… 166
8. ヴォイスの表現 ……………………………………… 167
9. アスペクトの表現 …………………………………… 168
10. 日本語の動詞分類 …………………………………… 169
11. ムードの表現 ………………………………………… 170
12. 敬語の表現 …………………………………………… 171

参考文献 …………………………………………………………………… 172
索　引 ……………………………………………………………………… 174

第1章　日本語文の構造

　第1章では日本語における基本的な骨組みについて考えることにします。これから皆さんと考えていく日本語の仕組みは、学校で習った文法とは様々な点で異なっています。一番大きな違いは、日本語文の基本的な構造についての考え方です。例えば、学校文法では、日本語文の基本構造を以下のように説明します。

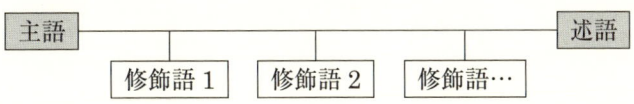

主語と述語という基本的な結びつきにいくつかの修飾語（連用修飾語・連体修飾語→P.116）が加わり、文を構成すると考えるわけです。この考え方では、主語が重要な役割を果たしています。これに対し、日本語教育における文法（このテキストではこれから「日本語文法」と呼ぶことにします）では、以下のような関係で基本構造を捉えます。

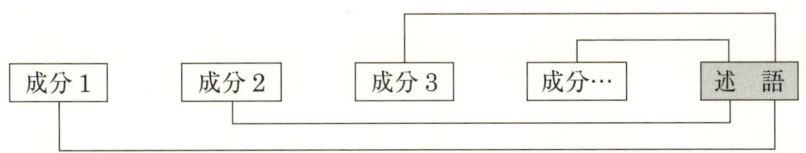

日本語文法では、日本語文は**述語を中心**にいくつかの成分で構成されていると考え、主語と述語との結びつきはその他の成分との結びつきと対等であるとします。仮に「成分1」が主語だとしても、述語との関係においては、他の成分と同等の扱いになるわけです。

　その他にも、学校文法と日本語文法には様々な違いがありますが、詳しくはCOLUMN 9（P.156）で説明しています。このテキストでは、基本的に日本語教育の立場で日本語文法を説明していきますが、学校文法との用語の違いは、付録5（P.163）にありますので、そちらを参照してください。これから初めて日本語文法を勉強しようとする人には、学校文法の知識はそれほど必要ありませんが、少なくとも品詞分類の概念は必要となります。もし不確かであると感じるようであれば、「特別編　品詞分類」（P.131）から始めることをお勧めします。

　それでは、私たちが普段意識していない日本語の仕組みについて、これから一緒に考えていきましょう。

その1　基本文型

1．格関係

　日本語文はいくつかの成分から成り立っています。例えば、主語、目的語、述語などの成分がこれに当たります。そして、日本語文の一つのルールとして述語は基本的に一番最後に来るというものがあります。もちろん倒置などによってそうではない場合もありますが、通常は日本語文の最後の成分は述語となります。述語になる品詞としては、動詞、形容詞、名詞があり、それぞれ**動詞文**（動詞述語文）、**形容詞文**（形容詞述語文）、**名詞文**（名詞述語文）と呼ばれます。以下にそれらの例文を示します。

　　1）犬が走る。　　　　　動詞文（動詞「走る」が述語となっている。）
　　2）富士山は美しい。　　形容詞文（形容詞「美しい」が述語となっている。）
　　3）私は学生だ。　　　　名詞文（名詞「学生」＋「だ」が述語となっている。）

！確認しよう！

　それでは、この3つの述語文を確認してみましょう。以下の文は、①動詞文、②形容詞文、③名詞文のどれに当たるでしょうか。

　　（　　）(1)今日は昨日より暖かい。
　　（　　）(2)シルビアさんの故郷はブラジルだ。
　　（　　）(3)日本は韓国より国土が広い。
　　（　　）(4)春には日本中で桜の花が咲く。
　　（　　）(5)クジラは哺乳類だ。

　このように、日本語文の最後は述語で終わります。そして、この述語にいくつかの成分が結びついたのが日本語文ということになります。これを3つの述語文で表すと、以下のようになります。

　　4）｜昨日｜　｜宅急便が｜　｜実家に｜　｜届いた｜　　（動詞文）
　　　　成分1　　成分2　　　　成分3　　　述語

　　5）｜ポルトガル語は｜　｜英語より｜　｜やさしい｜　　（形容詞文）
　　　　成分1　　　　　　成分2　　　　述語

　　6）｜太郎は｜　｜次郎と｜　｜兄弟だ｜　　（名詞文）
　　　　成分1　　　成分2　　　述語

ところで、以下の文は、といっても完全な文ではありませんが、述語とそれに関わる成分から成り立っているものです。皆さんは、この文の意味を理解することができるでしょうか。

| エレニーニャ | プラサキンゼ | エリザベッチ | カイピリーニャ | 飲んだ |

　これだけでこの文の意味がわかるとしたら、かなりのブラジル通ということになります。実はここに挙げた名詞はすべてブラジルに関わる言葉ばかりなのですが、一般の日本人では皆目見当が付かないはずです。では、なぜこれだけでは意味が不明なのでしょうか。それは、ここに挙げられた文の成分である名詞と「飲んだ」という述語との関係が明らかではないからです。これらの関係をはっきりとさせるためには、もう皆さんもおわかりのように、名詞の後に助詞を付ければいいわけです。

| エレニーニャ |が| プラサキンゼ |で| エリザベッチ |と| カイピリーニャ |を| 飲んだ |

　さあ、今度はどうでしょうか。助詞が付くことで、「エレニーニャ」は人間（主語）で、「プラサキンゼ」は場所で、「エリザベッチ」は一緒に飲んだ相手で、「カイピリーニャ」は飲み物であるということが自然に感じられるようになったのではないでしょうか（それぞれの意味については P.6 参照）。このように、助詞は述語とこれらの名詞との関係を示す働きがあり、これによって日本語文が成立していることがわかります。日本語文法では、このような述語とそれぞれの成分との関係を**格関係**と呼び、これらの関係を示す助詞のことを**格助詞**と呼んでいます。したがって、格助詞は、文を構成する成分と述語とをつなぐ重要な役目を果たしていると言えるでしょう。

〈格関係〉

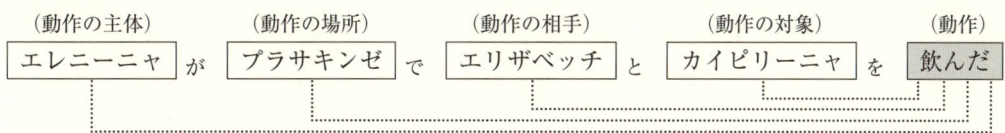

　このような格助詞には、「が、を、に、で、と、へ、から、より、まで」があり、それぞれ、ガ格、ヲ格、ニ格、デ格、ト格、ヘ格、カラ格、ヨリ格、マデ格と呼ばれます。格助詞は文の成分と述語との関係を示すことから、日本語文の基本構造にとって必要不可欠なものであると言えます。

2．述語と必須成分（文型）

　これらの格助詞によって示された成分（格成分）のうち、その述語にとってなくてはならない成分のことを**必須成分**と呼びます。例えば、「飲む」という動作であれば、「誰が」「何を」という情報がないと、私たちは意味的に何かが足りないと感じます。それに対し、「どこで」「誰と」という情報は必ずしもなくてはならないという情報ではありません。これらの要素はプラスアルファの情報である**随意成分**として考えることができるでしょう。

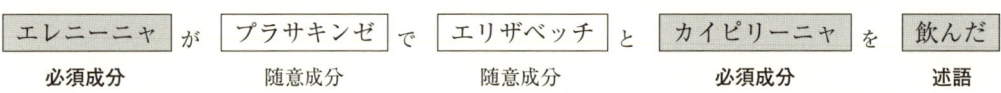

　このように、日本語の述語には必ず必要とする助詞との組み合わせがあり、いわば「述語がこれらの助詞を要求する」と言えるのです。このような助詞と述語との組み合わせを**文型**と呼ぶことにします。

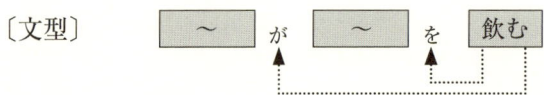

　これに対し、「プラサキンゼ」に付く「で」や「エリザベッチ」に付く「と」は述語との組み合わせというよりも、これらの名詞の持つ意味によって、その意味にふさわしい助詞が付加されていると言えます。

　以上のことから、格助詞には、述語との組み合わせによって決まるものと、名詞の意味によって決定されるものとの2種類あることがわかります。なお、これらの成分のうち、主語以外の必須成分を「補語」、場所や時間を表す随意成分を「状況語」，副詞などの随意成分を「修飾語」と呼ぶことがあります。

📝 練習しよう！

　それでは、以上のことを理解した上で、（例）にならって、それぞれの述語の必須成分を考えてみましょう。いずれの述語にも1つ～3つの必須成分がありますので、必要な数だけ四角をなぞり、助詞を付けてください。（ただし、ガ格は「は」で言い換えられますが、ここでは「は」は考えないことにします。「は」は格助詞とは異なる特別

な働きがあるため、第1章では考察外とし、第2章で扱うことにします。「は」ではない「が」の組み合わせは不自然に感じることがありますが、しばらく我慢してください。）

（例）賛成する（動詞）	＿＿が	＿＿に		賛成する
(1) 医者だ（名詞＋だ）				医者だ
(2) 賑やかだ（ナ形容詞）				賑やかだ
(3) 対決する（動詞）				対決する
(4) ふさわしい（イ形容詞）				ふさわしい
(5) 貸す（動詞）				貸す

＊日本語文法では、形容詞を「イ形容詞」、形容動詞を「ナ形容詞」と呼びます。両者の特徴については、P.134を参照してください。

👆 やってみよう！

上の「練習しよう」で述語と格助詞との組み合わせ（文型）について確認できたでしょうか。それでは、（例）にならって、以下の述語にそれが必要とする格助詞を書き込んでください。考えるポイントは、「父がコーヒーを飲む」のような具体的な例文で考えることです。

（例） ～が ～を 飲む	(1) 複雑だ	(2) 温まる	(3) 疎い
(4) 喧嘩する	(5) 無関心だ	(6) かみつく	(7) 暴れる
(8) 戦う	(9) 独身だ	(10) 熱心だ	(11) 教える
(12) 不可欠だ	(13) 助ける	(14) 着る	(15) 光る
(16) 詳しい	(17) 反対する	(18) 乏しい	(19) 弁護士だ
(20) 紹介する	(21) 鮮やかだ	(22) 穏やかだ	(23) つまらない
(24) 正しい	(25) 与える	(26) 結婚する	(27) 仕える
(28) 食べる	(29) おいしい	(30) 学生だ	(31) 見る

まとめよう！

前頁で分類した文型を下の表にまとめましょう。

述語の種類		文型		例
名詞＋だ		(1) ～が	述語	
イ形容詞 （形容詞）		(2) ～が	述語	
		(3) ～が　～に	述語	
ナ形容詞 （形容動詞）		(4) ～が	述語	
		(5) ～が　～に	述語	
動詞*	1項動詞	(6) ～が	述語	
	2項動詞	(7) ～が　～を	述語	
		(8) ～が　～に	述語	
		(9) ～が　～と	述語	
	3項動詞	(10) ～が　～を　～に	述語	

＊動詞は必須成分の数によって、**1項動詞**、**2項動詞**、**3項動詞**と呼ばれます。

　ここでは、基本的な文型だけを練習しましたが、これが日本語のすべての文型ではありませんので、注意してください。日本語の詳細な文型については文法書によって分類が異なります。例えば、日本語記述文法研究会（2009）による『現代日本語文法②』では、0項動詞「春めく／しぐれる」や4項動詞「～が～を～から～に動かす／移す」などの文型を提示しています。重要なことは、日本語の述語には必要とする助詞との組み合わせがあり、それが文の要となっているということです。

　なお、初級教科書で文型として紹介されるとき、通常上のような文型における「～が」は「～は」で提出されます。「～は」については、第2章で詳しく説明します。

（P.3で扱った例文の言葉について：「エレニーニャ」と「エリザベッチ」は典型的なブラジル人の名前で、英語では「エレーナ」「エリザベス」となります。「プラサキンゼ」はリオデジャネイロにある有名な広場で、「15番広場」という意味です。「カイピリーニャ」はブラジルを代表するカクテルで、さとうきびから作ったピンガという酒に、細かく刻んだライムと砂糖を入れて作ります。とても口当たりはいいのですが、アルコール度は非常に高い飲み物です。）

その2　格助詞

第1章の前半では、格助詞の役割を述語との組み合わせで考えました。そして、その組み合わせは**文型**と呼ばれ、日本語文の基本構造であることを見ました。後半では、この構造を支える格助詞について、文における述語との関係で概観することにします。

9つの格助詞は、「鬼までが夜からデート」
（ヲニ　マデ　ガ　ヨリ　カラ　デ　ヘ　ト）
で覚えると覚えやすいよ。

1．格助詞の主な用法

（1）ガ格　述語の表す事態の「主体」と「対象」を示します。

1）主体	「主体」とは、述語の表す事態（動きや状態）のもととなるものです。「主語」と呼ばれることがあります。 ①山田さんが来る。（「来る」という動きの主体） ②海が穏やかだ。（「穏やかだ」という状態の主体）
2）対象	「対象」とは、述語の表す事態（動きや状態）の向かうところです。「目的語」と呼ばれることがあります。 ①（私は）ビールが飲みたい。（「飲みたい」という願望の対象） ②（私は）故郷がなつかしい。（「懐かしい」という感情の対象） 話者の願望や感情の表現では一人称の「私」は通常省略されます（→P.135-136）。なお、上記例文を英語にすると、下線部が目的語であることがはっきりとわかります。 ①' I want to drink <u>a beer</u>. ②' I miss <u>my home town</u>.

（2）ヲ格　「対象」と「起点」と「通過点」を示します。

1）対象	ガ格の「対象」と同様に、述語の表す事態（動きや状態）の向かうところです。「目的語」と呼ばれることがあります。 ①鈴木さんはジュースを飲んだ。（「飲む」という動きの対象） ②太郎は花子さんを愛している。（「愛する」という感情の対象）
2）起点	動きが始まるところです。「～から」で言い換えられることがあります。 ①飛行機は成田空港を飛び立った。（「飛び立つ」という動きの起点） ②父は毎日7時に家を出る。（「出る」という動きの起点）

3）通過点	動きの主体が通過する場所で、動き回るような場所も含みます。 ①汽車がトンネルを抜けた。（「汽車」が通過する場所） ②祖父は毎日公園を散歩する。（「祖父」が散歩しながら通る場所）	

（3）ニ格　「場所」、「時」、「到達点」、「相手」、「目的」、「方向」などを示します。

1）場所	主体の存在するところです。「いる」「ある」「住む」「泊まる」「勤める」「滞在する」などの動詞に限られます。 ①机の上に本がある。（「本」が存在するところ） ②息子はアメリカに住んでいる。（「息子」が存在するところ）
2）時	動きが行われる時を示します。 ①母は毎朝6時に起床する。（「毎朝起床する」時間） ②夜9時に突然雷が鳴った。（「雷が鳴った」時間）
3）到達点	主体や対象が到達するところを示します。 ①多くの人が公園に集まった。（「多くの人」が集まるところ） ②ペンキが服に付いた。（「ペンキ」が付着するところ） 上記の例を他動詞で表すと、対象の到達点となります。 ③主催者は多くの人を公園に集めた。 ④誤ってペンキを服に付けてしまった。
4）相手	動きが及ぶ相手を示します。 ①私は隣の人に話しかけた。（「話しかける」という動きが及ぶ人） ②私は友達に電話をかけた。（「電話をかける」という動きが及ぶ人）
5）目的	動きの目的を示します。名詞または動詞の連用形に接続します。 ①実家の母が掃除に来る。（「来る」という動きの目的） ②友達の家へ遊びに行く。（「行く」という動きの目的）
6）方向	動きの向かう方向を示します。「へ」で言い換えられることがあります。 ①子どもが母親のほうに走っていく。（「走っていく」という動作の方向） ②ヘリコプターが遭難場所に向かった。（「ヘリコプターが向かった」方向）

ニ格は「場所」と「到達点」と「方向」が似ているので、その違いに気をつけてください。→ COLUMN 1（P.13）

（4）デ格 「場所」、「手段・方法」、「原因・理由」、「主体」などを示します。

１）場所	動きが行われるところです。 ①学生が図書館で勉強している。（「勉強する」ところ） ②札幌で雪まつりが開催された。（「雪まつりが開催される」ところ）
２）手段・方法	動きの手段・方法を示します。広義では道具や材料も含まれます。 ①その男は彼女を家まで車で送った。（「彼女を送る」手段） ②このやり方でやれば、問題はすぐ解けるよ。（「問題を解く」方法）
３）原因・理由	動きの原因・理由を表します。 ①雷でこの地域一帯が停電になった。（「停電になった」原因） ②風邪で学校を休んだ。（「学校を休んだ」理由）
４）主体	動きの主体を表します。「〜が」での言い換えが可能です。 ①子どもたちでチャーハンを作ります。（「チャーハンを作る」主体） ②航空会社で手荷物をチェックする。（「手荷物をチェックする」主体）

（5）ト格 「任意の相手」や「必須の相手」、「引用」などを示します。

１）任意の相手	一緒に動作をする相手を表します。「〜と一緒に」で言い換えられます。 ①図書館で友達と勉強する。（一緒に「勉強する」人） ②母とケーキを作る。（一緒に「ケーキを作る」人）
２）必須の相手	一人だけでは成立しない動きで、その動作の向かう相手を表します。 ①友達と喧嘩した。（「喧嘩した」相手） ②去年妻と結婚した。（「結婚した」相手） 「〜と一緒に」で言い換えると、 異なる意味になりますので、注意してください。 ①' 友達と一緒に喧嘩した。
３）引用	発話や思考の内容をまとめて示します。 ①彼女は東京に行くと言った。（彼女が「言った」内容） ②明日は晴れると思う。（自分が「思っている」内容）

（6）ヘ格 動きの向う「方向」を示します。

方向	ヘ格はニ格で言い換えられることがあります。両者の意味に違いはありません。 ①町の中心街へ向かった。（「向かう」という動きの方向） ②犯人は国道方面へ逃走した。（「逃走した」という動きの方向）

（7）カラ格　「起点」や「原料」などを示します。

１）起点	動きの始まる時間や場所を表します。 ①その居酒屋は<u>17時</u>から営業している。（動きの起点となる時間） ②<u>富士宮口</u>から富士山の頂上を目指す。（動きの起点となる場所）	
２）原料	品物や製品の原料を表します。 ①豆腐は<u>大豆</u>から作られる。（豆腐の原料） ②その服は<u>回収したペットボトル</u>からできている。（服の原料）	

（8）ヨリ格　「起点」や「比較」などを示します。

１）起点	動きの始まる時間や場所を表します。「～から」とほぼ同じ意味になりますが、「～から」と比べ、書き言葉的な表現です。 ①<u>早朝</u>より多くの人が集まっています。（動きの起点となる時間） ②泥棒は<u>裏口</u>より侵入したと思われます。（動きの起点となる場所）
２）比較	比較の対象となるものを表します。 ①私は<u>冬</u>より夏のほうが好きだ。（「夏」と比較する対象） ②<u>結婚する</u>より独身でいるほうが気楽でいい。 　　　　　　　　　　　　　　　　　（「独身（でいる）」と比較する対象）

（9）マデ格　「到達点」などを示します。

到達点	動きが到達する時間や場所を表します。広義では②のような限度を表すことがあります。 ①東京から<u>大阪</u>まで新幹線で２時間半かかる。（到達する場所） ②子どもは<u>おもちゃを買ってもらえる</u>まで泣き続けた。 　　　　　　　　　　　　　　　　　　　　　　　（「泣き続ける」限度）

👉 やってみよう！

以下の表は、格助詞の主な用法をまとめたものです。例文の（　）の中に、一番適当だと思われる用法の番号を入れてください。

	意味的用法	用	例
が	①主体 ②対象	（　）君<u>が</u>行く。 （　）君<u>が</u>好きだ。	（　）パソコン<u>が</u>欲しい。 （　）鳥<u>が</u>鳴いている。

を	①対象	(	) 職場を離れる。	(	) 公園を散歩する。
	②起点（＝から）	(	) 家を出る。	(	) 橋を渡る。
	③通過点	(	) 家を建てる。	(	) 橋を架ける。
に	①場所	(	) 親が説得に来る。	(	) 病院に向かう。
	②時	(	) 先生に質問する。	(	) 海へ泳ぎに行く。
	③到達点	(	) 5時に起きる。	(	) 熱海に住む。
	④相手	(	) 熱海に着く。	(	) 平成9年に来日した。
	⑤目的	(	) 池に魚がいる。	(	) 荷物を家に届ける。
	⑥方向	(	) 父親に相談する。	(	) アメリカに出発する。
で	①場所	(	) 事故で死ぬ。	(	) みんなで世話をする。
	②手段・方法	(	) 船で島に渡る。	(	) 浜松で働く。
	③原因・理由	(	) 会社で負担する。	(	) クレヨンで絵を描く。
	④主体（＝が）	(	) 海で泳ぐ。	(	) 飲酒運転で捕まる。
と	①任意の相手	(	) 兄と言い争う。	(	) 彼女と交際したい。
	②必須の相手	(	) 弟と宿題をする。	(	) 母親と旅行する。
	③引用	(	) 雨が降ると思う。	(	) 彼は来ると言った。
へ	①方向（＝に）	アメリカへ出発する。前へ進む。			
から	①起点	その店は10時からやっている。			
	②原料	チーズは牛乳から作る。			
より	①起点（＝から）	富士川より東は50ヘルツの交流電流を使っている。			
	②比較	去年より今年のほうが暑い。			
まで	①到達点	家から駅まで歩く。			

2．日本語教育の観点から

　日本語の基本構造は、学校で習った「主語−述語」の関係ではなく、述語を中心にそれぞれの成分が格助詞によって結ばれる関係になりますので、その違いをしっかりと理解してください。文型の知識は日本語文法の基礎と言えますので、述語と格助詞の関係は非常に重要です。

　初級の教科書では一般的に名詞文から導入されます。この章で見た「～が名詞だ」という文型は、主題化（「が」→「は」）と丁寧な表現（「だ」→「です」）が加わり、「～は名詞です」という形式になります。主題化については、次の章で詳しく扱いますが、格助詞と述語との基本的な関係がしっかりと把握されていないと、主題化の仕組みを正しく理解することができません。初級教科書では、このような文型を教えながら、あわせて格助詞の基本的な用法を紹介していくことになります。

まとめ

日本語の構造は、述語を中心に複数の成分から成り立っています。格助詞は述語との組み合わせや名詞の意味によって付加されます。

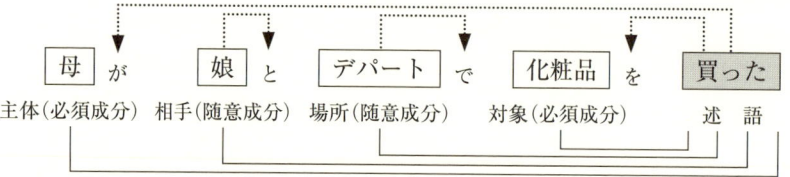

母	が	娘	と	デパート	で	化粧品	を	買った
主体（必須成分）		相手（随意成分）		場所（随意成分）		対象（必須成分）		述語

1. 文型（必須成分＋述語）

①〜が		名詞＋だ	独身だ	⑥〜が		動詞	暴れる
②〜が		イ形容詞	つまらない	⑦〜が 〜を		動詞	助ける
③〜が 〜に		イ形容詞	ふさわしい	⑧〜が 〜に		動詞	反対する
④〜が		ナ形容詞	鮮やかだ	⑨〜が 〜と		動詞	結婚する
⑤〜が 〜に		ナ形容詞	熱心だ	⑩〜が 〜を 〜に		動詞	紹介する

2. 格助詞の主な用法

(1)ガ格（主体、対象）　(2)ヲ格（対象、起点、通過点）　(3)ニ格（場所、時、到達点、相手、目的、方向）　(4)デ格（場所、手段・方法、原因・理由、主体）　(5)ト格（任意の相手、必須の相手、引用）　(6)ヘ格（方向）　(7)カラ格（起点、原料）　(8)ヨリ格（起点、比較）　(9)マデ格（到達点）

練習問題

【問題1】 次の動詞は上の文型（⑥〜⑩）の中のどれに当てはまるでしょうか。
(1) 頼む＿＿　(2) デートする＿＿　(3) 飛びつく＿＿　(4) 落とす＿＿　(5) 起きる＿＿
(6) 降る＿＿　(7) 切る＿＿　(8) 入る＿＿　(9) 別れる＿＿　(10) 贈る＿＿

【問題2】 次の格助詞の用法の中で1つだけ異なるものを選んでください。
(1) (　) ①祖父はガンで亡くなった。　(　) ②台風で家が壊れた。
　　(　) ③友人が職場で倒れた。　(　) ④成績優秀でほめられた。
(2) (　) ①日本は米国と戦った。　(　) ②太郎は花子と離婚した。
　　(　) ③駅で友人と別れた。　(　) ④弟と図書館で勉強した。
(3) (　) ①ちょっと買い物に行く。　(　) ②ちょっとデパートに行く。
　　(　) ③ちょっとパチンコに行く。　(　) ④ちょっと食事に行く。
(4) (　) ①私は町を歩いた。　(　) ②救急車が家の近くを通った。
　　(　) ③警察官が交番を離れた。　(　) ④紙飛行機が空を飛んだ。

COLUMN 1 － 場所と時を表す格助詞の用法

　第1章で格助詞の主な用法を見ましたが、日本語学習者にとって難しいとされる場所と時を表す格助詞について、説明することにします。

1．場所を表す「に」と「で」
　学習者の作文をチェックしていて、よく見かける間違いの1つが場所を表す「に」と「で」の誤用です。「に」は主に存在の場所を表し、「いる」「ある」「住む」「泊まる」「滞在する」「勤める」などの動詞に限られます。一方、動的な動きが行われる場所はすべて「で」によって表されます。

1）存在の場所（「～に住む、」「～にいる」、「～にある」など）
　　・渋谷に住む　　・運動場に子どもがいる　　・机の上に本がある
2）動きの場所（「～で生まれる」「～で遊ぶ」「～で食べる」など多数）
　　・九州で生まれる　　・公園で遊ぶ　　・レストランで食べる

これだけなら簡単そうですが、問題は「到達点」や「方向」を示す「に」と場所の「で」が混同されやすいということがあります。なぜなら、これらの用法はすべて動きを表す動詞と一緒に用いられるからです。

3）到達点（「～に着く」「～に届く」「～に移る」など）
　　・東京に着く　　・荷物が家に届く　　・地方から東京に移る
4）方向（「～に向かう」「～に出発する」「～に行く」など）
　　・北海道に向かう　　・アメリカに出発する　　・学校に行く

　これをどのように教えるのかは難しい問題ですが、1つの方法として、動き全体が行われる場所は「で」で表されるとし、「存在の場所」「到達点」「方向」の「に」については、動詞との組み合わせで覚えてもらうというやり方があります。

5）九州で生まれ、東京に来て、渋谷に3年住み、その後、北海道に向かった。
　　　動きの場所

　つまり、動きの場所を表す「で」以外は、「～に来る」「～に住む」「～に（へ）向かう」などという文型で覚えてもらうというものです。
　さらに、場所を表す助詞を複雑にしているのが、移動動詞に使われる「を」です。「出る」や「通る」などにおいては、「起点」や「通過点」が「を」で示されることをしっ

かりと学習者に理解させておく必要があるでしょう。

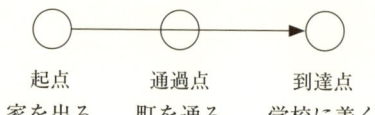

2. 時を表す「に」

　時を表す名詞は通常「に」が付きます。しかし、時の名詞が「相対名詞」であるときは「に」が付きません。ここで言う「相対名詞」とは、相対的な基準である発話時に基づく時の名詞で、発話時が変わると時の時点も一緒に変化するという特徴があります。例えば、「私は今日図書館へ行く」と言った場合、「今日」という内容はこの文が発話される日によって異なることになるわけです。「今日」以外にも、「昨日」、「今朝」、「今晩」、「昨晩」、「今」、「さっき」、「先週」、「来月」、「去年」などがあり、いずれも発話の場面にいなければ具体的な時間が特定できない相対的な名詞となります。

　「相対名詞」の他にも、「に」が付かない名詞があります。それは、「期間」や「繰り返し」を表す名詞です。

1）私は5年間フランス語を勉強している。
2）私の家族は毎年スキーに行きます。

このような名詞には、「2時間」、「3年6か月」、「10年間」（以上、期間）、「毎日」、「毎回」、「毎週」、「毎年」、「毎月」（以上、繰り返し）などがあります。

　さらに、日本語教育で問題となるのが、「に」が付いたり付かなかったりする名詞があることです。例えば、「夏休み」の場合、次のように「に」が付くときと付かないときがあります。

3）夏休み、ずっと勉強していた。（？夏休みにずっと勉強していた。）
4）夏休みに富士山に登った。（？夏休み富士山に登った。）

これは、「夏休み」をどのように認識するのかによると言えます。3）では、「夏休み」はある一定期間続く「期間」として捉えられているため、「に」が付きません。しかし、4）では、夏休みをまとめて1つの「時点」（または夏休みの中のどこか一時点）として認識していることから、「に」が付くと考えられます。これは、その後に続く「ずっと勉強していた（期間中の継続を表している）」と「富士山に登った（1つの時点を表している）」によっても明らかです。このように時の「一時点」として捉えられると「に」が付きますが、長さのある「期間」として捉えられるときは「に」が付かないと言えるわけです。このような両方の解釈が可能となる表現は、「正月」、「春休み」、「夏休み」、「冬休み」、「昼休み」、「午後」、「朝」、「昼」、「夜」、「食事中」、「休憩中」、「授業中」など、数多く存在します。

第2章　主題化

　第1章では日本語文の基本構造を述語とその他の成分との関係において考えました。第2章では、そのような基本構造を話者がどのように捉え、文として成立させるのかという観点から眺めることにします。第1章で見た基本構造とは、以下のような関係で示されました。

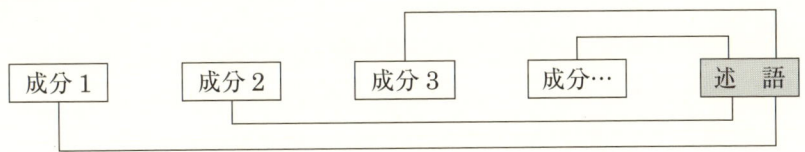

この構造はあくまで日本語文の骨組みであり、実際はこのまま文として発話されることはありません。文として成立させるためには、話者がこの骨組みをどのように聞き手に提示するかというムードの表現が必要となるからです。ムード（話者の気持ちの表現）については第7章で詳しく説明しますが、主題化では、話者が上のような基本構造の中から成分の1つを主題として聞き手に提示することになります。その結果、残された部分は、その提示された主題について聞き手に解説するという関係になるわけです。これは、以下のように表されるでしょう。

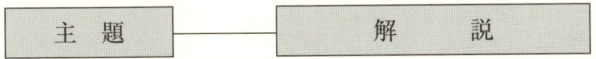

　主題とは話者が話題として聞き手に伝えたい事柄です。解説とはその主題に対する説明などです。実は日本語文の多くはこのような形で発話されています。英語や学校文法で言う「主語−述語」の考えに対して、「主題−解説」という関係になるわけです。このような主題という文法概念を持つ言語は日本語だけに限られるものではありません。韓国語やタガログ語などにも存在しています。したがって、決して日本語の文法が、特異で珍しい言語体系を有しているわけではないのです。

　日本語文においては、すべての文が主題を持つわけではなく、主題のない文も存在します。これについては、COLUMN 7「ハとガ」（P.110）で説明します。第2章では、このような日本語文における主題化のプロセスについて詳しく見ていきます。

その1　格成分の主題化

1．コトとムード

次の文を見てください。

　　きっといいことがあるにちがいない。

この文をよく見ると、ある出来事の実現について話者が自分の気持ちを表していることがわかります。出来事の部分を□で囲んでみるとわかりやすいでしょう。

　　きっと いいことがある にちがいない。

つまり、「いいことがある」という一つの出来事に対して、「きっと……ちがいない」という表現で、話者の気持ち（確信）を述べているわけです。このような観点から文の構造を眺めてみると、日本語文は客観的な事柄の部分とその事柄に対する話者の気持ちや態度が表れている部分からなることがわかります。前者を、コト・命題・言表事態・叙述内容などと呼び、後者を、ムード・モダリティ・言表態度・陳述などと呼びます。このテキストでは事柄の部分は ～ コト という言い方でくくれることから、**コト**と呼び、話者の気持ちや態度を表す部分は**ムード**と呼ぶことにします。

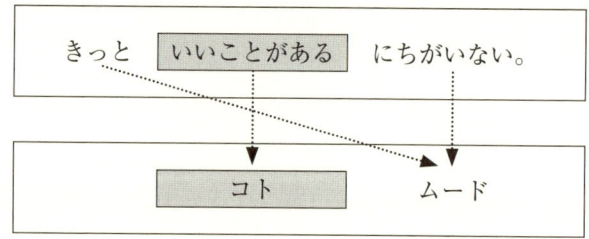

！ 確認しよう！

次の文のコトを表す部分を□で囲んでください。なお、必ずしも語の単位で切れるとは限りません。

(1) 太郎が結婚すると思う。
(2) 北海道でカニを食べたい。
(3) ここのコーヒーがおいしいんだよね。
(4) もしかしたら、日本が負けるかもしれない。
(5) 企業献金を絶対に受け取るべきではない。

2．コトを表す格助詞

　実は、第1章で見た格助詞は、文の成分である名詞と述語との論理的関係を示すことから、コトを表現するのに欠かせない要素となります。

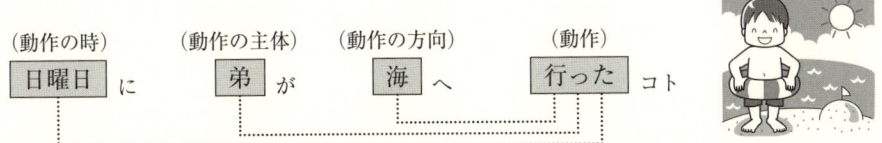

格助詞によって示された客観的な事実であるコトは、話者の気持ちや態度を表す部分であるムードとともに、文として発話されるのです。

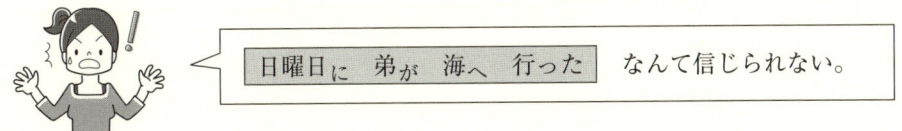

このように、通常の日本語文はコトをムードが包み込むような形で表現されるのが普通です。

3．ムードを表す「は」

　「は」という助詞は、文の骨格み（コト）を形づくる基本的な単位である格助詞に対して、話者の気持ちを表すムードの単位となります。意味的には「〜について言えば」という感じです。例えば、上の「日曜日に弟が海へ行った」という事柄に対し、「は」は、次のような話者の気持ちを代弁します。

1）弟は、日曜日に海へ行った。（弟について言えば…）

2）日曜日には、弟が海へ行った。（日曜日について言えば…）

3）海へは、日曜日に弟が行った。（海について言えば…）

これらの文における「は」とは、格助詞によって構成されるコトの中から、1つだけを話者が話題として選んだものであると言えます。これを、わかりやすく示すと次のようになるでしょう。

1）「弟」を話題として提示　「弟は、日曜日に海へ行った。」

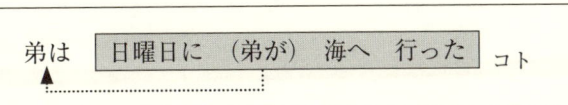

2)「日曜日」を話題として提示 「日曜日には、弟が海へ行った。」

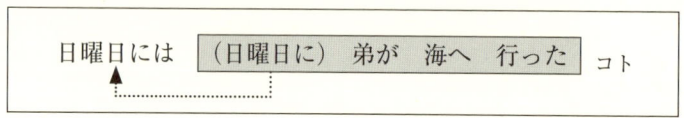

3)「海」を話題として提示 「海へは、日曜日に弟が行った。」

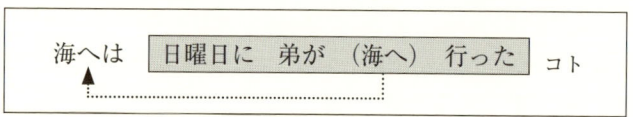

　話者が話題として取り立てた成分のことを**主題**と言い、残りの部分は主題についての**解説**ということになります。このような話者による話題の取り出しを、**主題化**と呼びます。ここで重要なことは、形の異なる3つの主題文が表す事実はすべて同じであるということです。異なっているのはどの成分が主題として提示されたかであり、その基となる言語事実は1つです。ただ、一般的な傾向としては、1)のガ格の主題化が一番よく行われ、2)や3)の主題化はある特定の状況に限って行われると言えます。

練習しよう！

　次の主題文は、どのような格成分（名詞＋格助詞）が主題として提示されたものでしょうか。（例）にならって、主題化される前のコトの部分〔　〕を埋めてください。なお、格成分の順番には絶対的な決まりはありません。

（例）両親は、医者だ。　　←〔両親が　医者である〕コト
　　　＊「だ」は〔　　〕コトの中では「である」としてください。

(1) そのリンゴは、太郎が食べた。　　←〔　　　　　　　　　　　　〕コト
(2) そのリンゴは、腐っている。　　　←〔　　　　　　　　　　　　〕コト
(3) その川は、カッパが住んでいる。　←〔　　　　　　　　　　　　〕コト
(4) 教室では、子どもが遊んでいる。　←〔　　　　　　　　　　　　〕コト
(5) 山田さんとは、私の母が同級生だ。←〔　　　　　　　　　　　　〕コト

　上の練習から、主題として提示されるものは文の成分であれば何でも良いことがわかります。つまり、主題を決めているのは話者であり、その意味で、文の論理的関係を示す客観的な格助詞とは異なり、「～は」は主観的な助詞であると言えます。また、主題化においては、(1)～(3)の例のように格助詞が付かない場合と(4)と(5)の例のように格助詞が付く場合があることに注意してください。

やってみよう！

　ここまでで主題文の基本的な仕組みが理解できたでしょうか。では、さらに多くの例文で主題化に対する理解を深めていきましょう。次の例文の下線を引いた主題について、主題化される前の格成分の種類（ガ格・ヲ格・ニ格・デ格・ト格・カラ格・マデ格・ヨリ格）を文の先頭の（　）に入れてください。ただし、ヘ格はニ格で代用できますので、ここでは除きます。

(　　　) ⑴ <u>この壺は</u>、50年前に祖父が購入した。
(　　　) ⑵ <u>秋は</u>、いろんな行事がある。
(　　　) ⑶ <u>腎臓病食は</u>、塩が使えない。
(　　　) ⑷ <u>そのマジシャンのシルクハットは</u>、いろんなものが出てくる。
(　　　) ⑸ <u>エジソンは</u>、多くの発明をこの世に残した。
(　　　) ⑹ <u>5時までは</u>、担当者が事務所にいる。
(　　　) ⑺ <u>兄よりは</u>、弟のほうが甘え上手だ。
(　　　) ⑻ <u>昨日は</u>、妹の誕生日だった。
(　　　) ⑼ <u>庭の芝刈りは</u>、子どもがやった。
(　　　) ⑽ <u>会場は</u>、すでに余興が始まっている。
(　　　) ⑾ <u>次郎とは</u>、太郎が仲良しだ。
(　　　) ⑿ <u>飛行機よりは</u>、船のほうが安全だ。
(　　　) ⒀ （家の中で）<u>その天窓は</u>、夕日が差し込む。
(　　　) ⒁ <u>先生よりは</u>、親のほうが厳しい。
(　　　) ⒂ <u>その水道は</u>、水が出ない。
(　　　) ⒃ <u>近くの公園は</u>、子どもがたくさん遊んでいる。
(　　　) ⒄ <u>その政治家は</u>、実家の父が親しくしている。
(　　　) ⒅ <u>羽田空港は</u>、東京から距離が近い。
(　　　) ⒆ <u>新島までは</u>、竹芝桟橋からジェット船が運航している。
(　　　) ⒇ <u>入管法は</u>、国が1990年に改正した。
(　　　) ㉑ <u>私は</u>、子どもが2人いる。
(　　　) ㉒ <u>日本は</u>、1964年に初めてオリンピックが開催された。
(　　　) ㉓ <u>私は</u>、東京産業大学の学生だ。
(　　　) ㉔ <u>あのおばさんとは</u>、うちの母がいつも喧嘩している。

4．主題化による格助詞の変化

「やってみよう」で、文を構成する様々な格成分が主題として提示されるのを見ました。格成分の主題化に伴い、格助詞も次のように変化します。

　　が→は、を→は、に→は／には、で→は／では、と→は／とは、へ→は／へは、
　　から→は／からは、まで→は／までは、より→は／よりは

これをまとめると次のようになります。
　　1）「が」、「を」　　　　→　「は」
　　2）その他の格助詞　　　→　「は」または「格助詞＋は」

文法チェック❶　"主題化と格助詞"

　どうして、「が」と「を」だけは、「は」につながる形「がは」や「をは」が存在しないのでしょうか。それは、他の格助詞と比べ、「が」と「を」は述語との結びつきが強く、格助詞が省略されても述語との格関係が明白であるからです。これに対し、他の格助詞は必ずしも述語との結びつきが強いわけではなく、意味的に不明になることがあるからだと思われます。

　　1）　学校は家の近くにある。
　　2）？学校は太郎が来る。

　1）は、「学校」が主語を示していることがはっきりしており、その意味で「学校が家の近くにあるコト」から主題化されていることがわかります。したがって、「が」がなくても格関係は明白ですが、2）は「学校」と述語との文法的関係が曖昧です。「学校に」「学校まで」「学校から」などの可能性があり、格助詞が省略されて主題化されてしまうと、述語との関係が不明となるため、不自然な文となってしまいます。したがって、このような場合は「学校には」「学校までは」「学校からは」などのように格助詞と一緒に提示することで、述語との格関係をはっきりとさせ、曖昧さをなくしているわけです。

　　3）a．学校には太郎が来る。（到達点）
　　　　b．学校までは太郎が来る。（到達点）
　　　　c．学校からは太郎が来る。（起点）

　　　　　　　　　　　　　　　　　（から）　　（まで／に）

その2　格成分以外の主題化

　ここまでで主題文の基本的な仕組みが理解できたでしょうか。初級の学習者だけを教えている間は、これまでにやった格成分の主題化だけで充分であると思われます。ただ、実際には中級・上級になるにつれて、それ以外の主題文についても質問を受けることがあります。そこで、少し難しくなりますが、格成分以外の主題化についてもここで説明することにします。

1．4つの主題化のパターン
　今まで見てきた主題化は、文の格成分が主題として提示されたものでした。ここで、格成分について、もう一度確認したいと思います。日本語は基本的に述語とその述語と関係のある格成分によって構成されています。

　　　太郎が　　　図書館で　　勉強した　コト
　　（ガ格成分）　（デ格成分）　（述語）

これらの格成分を取り出して主題として提示するのが今まで見てきた主題化です。ただ、実際の文は上に見るように単純ではありません。2つ以上の要素から成り立つ複雑な格成分も少なくありません。例えば、次の文は、ガ格成分が「隣」と「太郎」の2つの要素から成り立っています。

　　　隣の太郎が　　図書館で　　勉強した　コト
　　（ガ格成分）　（デ格成分）　（述語）

しかし、構造としては最初の文とまったく同じです。したがって、格成分の中身が複雑になっても、その主題化には変わりがありません。例えば、ガ格成分が主題化されると、以下のようになります。なお、右側はそのイメージを表しています。

（例1）「隣の太郎は、図書館で勉強した。」

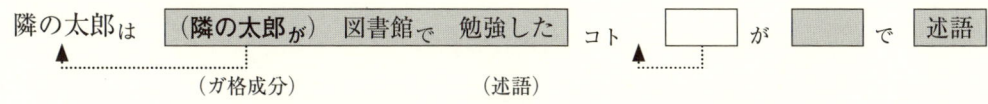

　隣の太郎は　（隣の太郎が）図書館で　勉強した　コト　　　が　　で　述語
　　　　　　　　（ガ格成分）　　　（述語）

　ところが、このような複雑な構造を持つ格成分においては、格成分全体としてではなく、その一部だけが主題化されるということがあります。例えば、（例2）を見てください。

（例2）「象は、鼻が長い。」

象は ｜(象の) 鼻が 長い｜ コト　　　　　□ が ｜述語｜
　　　　　(ガ格成分)　(述語)

この例では、格成分「象の鼻」の前の部分である「象の」だけが主題化されています。さらに、（例3）を見てください。

（例3）「鼻は、象が長い。」

鼻は ｜象の(鼻)が 長い｜ コト　　　　　□ が ｜述語｜
　　　　(ガ格成分)　(述語)

＊→φは、消去されることを意味します。

この例では、（例2）とは反対に、格成分「象の鼻」の後ろの部分である「鼻」だけが主題化されています。なお、（例3）の場合、コトの中に残された「象の」の「の」の部分は消去されます。このように、「の」でつながれたガ格成分においては、そのどちらか一方だけが主題化されるということが起きるわけです。

　次に、（例4）を見てください。ここでは、述語となる名詞成分（述語名詞）である「カキ料理の本場」の前の部分「カキ料理の」が主題化されます。

（例4）「カキ料理は、広島が本場である。」

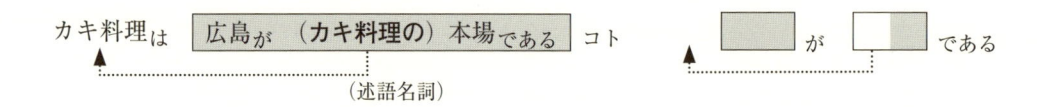

カキ料理は ｜広島が (カキ料理の) 本場である｜ コト　　　□ が □ である
　　　　　　　　　　　(述語名詞)

　さらに、（例5）では、格成分と述語が一緒に主題化されます。ただし、述語が主題化されて文頭に来ると、「～のは」という形になります。また、「太郎が」は述語となるために「太郎だ／である」という述語形式に変化します。

（例5）「窓ガラスを割ったのは、太郎だ（である）。」

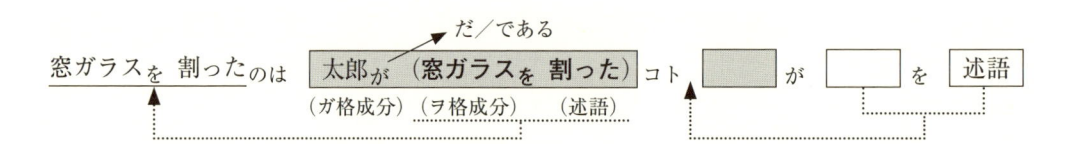

窓ガラスを 割ったのは ｜太郎が (窓ガラスを 割った)｜ コト　□ が □ を ｜述語｜
　　　　　　　　　　　(ガ格成分)　(ヲ格成分)　(述語)

このパターンでは、格成分と述語との組み合わせは自由であり、次のような主題化も可能となります。

(例5') 「太郎が割ったのは、窓ガラスだ。」

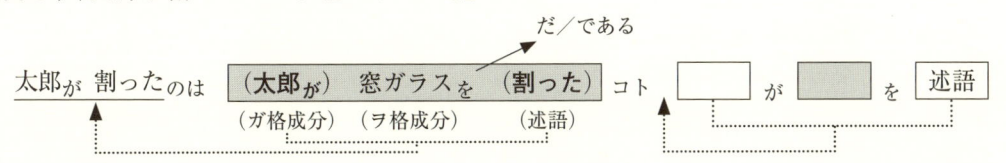

太郎が 割ったのは ← (太郎が) 窓ガラスを (割った) コト　　　が　　　を 述語
　　　　　　　　　　　（ガ格成分）（ヲ格成分）（述語）　　　　　　↑　　だ／である

以上、格成分以外の主題化の4つのパターンを紹介しました。これらを一度に理解するのは難しいので、次の「練習しよう」をやりながら、4つのパターンに慣れてください。

🖊 練習しよう！

次の文の「～は」は、右の〔　〕コトの中のどの部分が主題として提示されたものでしょうか。(例)にならって、主題化される部分を○で囲み、前述の(例2)から(例5)のどのパターンに当てはまるか、考えてみてください。

(例2)　(例)　若者は、言葉が乱れている。← 〔(若者の)言葉が　乱れている〕コト
(　)　(1) 米は、秋田産がおいしい。← 〔秋田産の米が　おいしい〕コト
(　)　(2) ツツジが咲くのは、連休ごろだ。← 〔連休ごろに　ツツジが　咲く〕コト
(　)　(3) 東京は、物価が高い。← 〔東京の物価が　高い〕コト
(　)　(4) 産業革命は、イギリスが発祥地だ。
　　　　　　　　　　　　　　← 〔イギリスが　産業革命の発祥地である〕コト
(　)　(5) 傘を忘れたのは、田中さんだ。← 〔田中さんが　傘を　忘れた〕コト

👉 やってみよう！

「練習しよう」で格成分以外の主題化のパターンを整理することができたでしょうか。では、以下の主題文は(例2)から(例5)の中のどのパターンに当てはまるのか、考えてみてください。なお、(例5')は(例5)に含みます。

(　)　(1) 万有引力を発見したのは、ニュートンだ。
(　)　(2) シドニーは、オペラハウスが有名だ。
(　)　(3) 山田さんが乗っているのは、ポルシェだ。
(　)　(4) ワインは、勝沼産がおいしい。
(　)　(5) 息子は、T大合格が目標だ。

( ) (6) 田舎の景色は、イギリスが美しい。
( ) (7) ジャガイモは、南米が原産地だ。
( ) (8) グッチのバッグを持っているのは、田中さんだ。
( ) (9) たこ焼きは、大阪が一番だ。
( ) (10) 静岡は、水がおいしい。
( ) (11) 父は、つりが趣味だ。
( ) (12) 日本人は、肌がきれいだ。
( ) (13) キリンは、首が長い。
( ) (14) 野菜は、産地直送が新鮮だ。
( ) (15) 私たちは、明日が結婚記念日だ。
( ) (16) 友人が薦めたのは、この本だ。

文法チェック ❷ "二重ガ格文"

「象は鼻が長い」という主題文は、「象の鼻が長いコト」の「象の」の部分が主題化されたものであることを見ましたが、この分析の他に、「象が鼻が長いコト」という二重ガ格文（ガ格が2つある文）から「象が」の部分が主題化されたとする考え方があります。

象は　[(象が)　鼻が　長い] コト

この考えでは、もちろん「鼻は象が長い」というもう1つのガ格の主題化も同様に可能になります。さらに、「私はミカンが好きだ」という文は、これまで見た格成分の一部が主題化されるという考え方だと、主題化される前の格関係は「私のミカンが好きであるコト」となり、意味がおかしくなります。「私はミカンが好きだ」という文は「ミカン」一般について述べているのであって、「私のミカン」という意味ではないからです。このような場合、「私がミカンが好きである」ということを設定すると、自然な分析が可能となります。

私は　[(私が)　ミカンが　好きである] コト

このような二重ガ格文は、「好きだ」「嬉しい」「悲しい」「嫌いだ」「不快だ」などの心的状態を表す形容詞述語に多く見られます。これについては、COLUMN 2 (P.27) で説明します。

2.「は」の影響力

　ここまで見てきましたように、日本語文において話題となるものが主題化されると、「主題－解説」という関係になります。そして、ここで主題として提示されたものは、談話（文の集合）の中で大きな影響力を持つことになります。例えば、次の例文を見てください。夏目漱石の「吾輩は猫である」の冒頭の部分です。（なお、原文を現代仮名遣いに変えてあります。）

『吾輩は猫である。名前はまだない。どこで生れたかとんと見当がつかぬ。何でも薄暗いじめじめした所でニャーニャー泣いていたことだけは記憶している。』

最初に出された「吾輩は」という主題がその後に続くすべての文の主題となっていることがわかります。

吾輩は
- 猫である。
- 名前はまだない。
- どこで生れたかとんと見当がつかぬ。
- 何でも……泣いていたことだけは記憶している。

　このように、「は」は、次の主題が現れるまで、文を超えて主題として存在することになります。この点が、1つの述語との関係だけに限られる格助詞とは大きく異なる点です。日本語において、主題という存在がいかに重要なものか、その影響力の大きさを物語っていると言えます。

3．日本語教育の観点から

　「主題化」は日本語文の形成にとって欠かすことのできない重要な文法現象です。しかし、初級の段階では、そのプロセスを教えるのは学習者に混乱を与えるため、初めから「～は～です」という主題化された形式で導入するのが普通です。ただ、日本語を教える者としてはしっかりとその仕組みを理解しておくべきであることは言うまでもありません。中級・上級の学習者から「は」についての疑問点が投げかけられたときに、わかりやすい例で理論的に説明すると効果的な場合があります。しかし、理論で納得できても「は」が上手に使えるというわけではありませんので（私たち日本人はそんな理論など知らずに使っている）、できるだけ文脈の中で段階を経て習得されていくのが理想と言えるでしょう。

まとめ

> 主題化とは、話者がコトの中から主題となる成分を選んで、提示するプロセスのことを言います。

1. **格成分が主題となる文**（格成分の主題化）
   太郎は、友達と喧嘩した。　　　太郎は [（太郎が）友達と 喧嘩した] コト

2. **ガ格成分の前の部分が主題となる文**（名詞修飾型）
   象は、鼻が長い。　　　象は [（象の）鼻が 長い] コト

3. **ガ格成分の後ろの部分が主題となる文**（被修飾名詞型）
   鼻は、象が長い。　　　鼻は [象の（鼻）が 長い] コト

4. **述語名詞の前の部分が主題となる文**（変則名詞修飾型）
   カキ料理は、広島が本場である。　　カキ料理は [広島が（カキ料理の）本場である] コト

5. **格成分と述語が一緒に主題となる文**（分裂文）
   つつじが咲くのは、連休ごろだ。　つつじが咲くのは [連休ごろに（つつじが 咲く）] コト

練習問題

次の主題文はどのような成分が主題化されたものでしょうか。上にまとめた分類の中から一番適当なものを1つ選んで、その番号を入れてください。ただし、二重ガ格文は考察外とします。

( )　(1) 私が行きたいのは、ディズニーランドだ。
( )　(2) 耳は、ウサギが長い。
( )　(3) 秋は、食欲が増す。
( )　(4) うなぎは、浜松が特産地だ。
( )　(5) ロンドンは、街並みが美しい。
( )　(6) ノーベル平和賞は、マザーテレサが受賞した。
( )　(7) 人魚は、海がすみかだ。
( )　(8) 花子さんは、北海道で生まれた。
( )　(9) 私が小樽で買ったのは、そのガラス絵だ。
( )　(10) 妻は、直感が鋭い。

COLUMN 2 －「～は～が～」構文

　日本語の初級教科書で一番初めに紹介される文型は「～は～です」です。この文型は、多くの教科書で第1課で扱われています。このテキストの第1章で見た名詞文「～が名詞だ」のガ格成分が主題化された構文です。初級教科書ではその後、動詞文、形容詞文が導入されますが、いずれも「～は～ます」「～は～です」など、ガ格成分が主題化された文型で教えられていきます。述語の形式が一通り紹介された後に導入されるのが、この「～は～が～」構文です。この構文は、形の上では同じでも、主題化される前の基本構造には様々なものがあります。初級で教える場合、その点に注意し、学習者が混乱しないように導入する必要があります。以下では、初級で教えるべき「～は～が～」構文について、その基本となるコトという観点から説明することにします。

1.「AがBが述語」（二重ガ格文）

　初級学習者が日本語で伝えたい内容の多くは、「好き、嫌い、楽しい、苦しい」などの自分の気持ちです。その時に使われるのが、「～は～が～」構文です。「文法チェック②（P.24）」でも紹介しましたが、このような表現の基になっているのは、感情形容詞（→P.135-136）を述語とする二重ガ格文です。なお、感情形容詞の表現では、主語の「私」は通常省略されます。

1）（私は）クモが嫌いだ。　←　〔私が　クモが　嫌いである〕コト
2）（私は）クモが怖い。　←　〔私が　クモが　怖い〕コト

これらの表現では、感情や感覚の「主体」と「対象」がそれぞれ「が」で表されます。主体の内面を外観から判断できるような「好き・嫌い・上手・下手・得意・苦手」などの表現では一人称だけでなく二人称や三人称もまた、主語として表されます。

3）あなたは絵が上手だ。　←　〔あなたが　絵が　上手である〕コト
4）弟は字が下手だ。　←　〔弟が　字が　下手である〕コト
5）次郎はスポーツが得意だ。　←　〔次郎が　スポーツが　得意である〕コト
6）桃子は人づきあいが苦手だ。　←　〔桃子が　人づきあいが　苦手である〕コト

2.「AのBが述語」

　次によく使われるのが、「象は鼻が長い」に代表される構文です。この構文では、AとBとの間に、身体の一部、所有、付属、血縁などの関係が認められます。

1）太郎は足が長い。（身体の一部）　←　〔太郎の足が　長い〕コト
2）花子さんは服装が派手だ。（所有）　←　〔花子さんの服装が　派手である〕コト
3）そのホテルは窓が大きい。（付属）　←　〔そのホテルの窓が　大きい〕コト
4）太郎はお父さんが大工だ。（血縁）　←　〔太郎のお父さんが　大工である〕コト

　初級で教える「〜は〜が〜」構文の基になるのは以上の2種類がほとんどですが、第2章の主題化で見たように、以下のような構文も「〜は〜が〜」構文となりますので、注意してください。

3．格成分の主題化（ガ格を除く）

　ガ格以外の格成分が「〜は」で主題化されると、「〜は〜が〜」構文となります。

1）このカメラは父が買ってくれた。　←　〔父が　このカメラを　買ってくれた〕コト
2）先週の日曜日は太郎が来た。　←　〔太郎が　先週の日曜日に　来た〕コト
3）そのスーパーの店員は母が親しい。←〔母が　そのスーパーの店員と　親しい〕コト
4）その公園は子どもがいつも遊んでいる。
　　　　　　　　　　　　←　〔子どもが　いつも　その公園で　遊んでいる〕コト
5）その水筒は水が漏れている。　←　〔その水筒から　水が　漏れている〕コト

　日本語教育の現場では、早い段階でこの「〜は〜が〜」構文を教えることになります。その場合、例文の中に、上に見るような異なる種類の構文が混じっていると、学習者が混乱する原因になります。例文の提示においては、同類の構文だけを紹介するように、細心の注意を払う必要があります。基本的には1の「AがBが述語」から主題化された例文を中心に紹介していくのが良いでしょう。

　日本語教師には、どうしたら学習者が新しい文型をスムーズに理解できるのか、絶えず注意を配りながら指導していくことが求められています。

ちょっと休憩

第3章　自動詞と他動詞

　動詞には様々な分類があります。主なものを挙げても、「自動詞と他動詞」、「意志動詞と無意志動詞」、「継続動詞と瞬間動詞」、「動き動詞と状態動詞」などがあります（→「付録10」P.169）。これらの分類の中でも、自動詞と他動詞の分類は最も重要な分類の1つと言っていいでしょう。自動詞と他動詞の区別については、英語などのヨーロッパ言語の文法をそのまま日本語に当てはめたものであるという批判もありますが、文法現象を説明する手段として、また、他言語との比較という観点からも有意義な分類であると言えます。

　日本語の発想は、人間中心の欧米語に対し、自然中心の発想であると言われることがあります。自動詞と他動詞という観点からこの点を眺めると、興味深いことに気がつきます。それは、日本語には自動詞文が豊富にあるという点です。これは、人間が何かをするという他動詞の発想ではなく、人間の活動を大きな自然界の流れの中で捉える自動詞の発想です。以下に日本語の自動詞文を挙げますが、いずれも英語では他動詞によって表されるものです。

日本語（自動詞文）	英語（他動詞文）	
（私は）驚いた。	I am/was surprised.	他動詞の受身形
（私は）興奮している。	I'm excited.	他動詞の受身形
（私は）がっかりした。	I am/was disappointed.	他動詞の受身形
犯人が捕まった。	A criminal was caught.	他動詞の受身形
富士山が見える。	I can see Mt. Fuji.	他動詞
あなたの気持ちがわかる。	I understand your feeling.	他動詞
（私は）英語ができる。	I can speak English.	他動詞
地震で多くの家が倒壊した。	The earthquake destroyed many houses.	他動詞
私には家族がいる。	I have a family.	他動詞

　このように、日本語の発想という観点から自動詞と他動詞を考えると、言葉の中に潜む日本人特有の精神文化が浮かび上がってきて興味深いものです。

その1　自他の区別

1．自動詞と他動詞

　日本語の動詞は自動詞と他動詞に分かれます。自動詞は「泣く」「生まれる」などのように、ヲ格の目的語を取らないのが特徴です。一方、他動詞は、「～を食べる」「～を投げる」のように、ヲ格の目的語を取り、通常その目的語を主語にした受身文を作ることができます。

（自動詞）子どもが　泣く（直接受身文はありません）

（他動詞）子どもが　スイカを　食べる
　　　　　　　　　　（目的語）
　　　→　スイカが　子どもに　食べられる
　　　　（主語）

　ただし、ヲ格で示されるものは、必ずしも目的語であるとは限りません。ヲ格でありながら、目的語とならないものに、移動を表す動詞の「起点」や「通過点」などがあります（→ 第1章（P.7-8）参照）。

1）起点のヲ
　　家を出る、日本を飛び立つ、東京を出発する　など
2）通過点のヲ
　　道を歩く、橋を渡る、山を越える　など

このようなヲ格の名詞は、それを主語にした受身文を作ることができません。

3）家を出る　→　×家が出られる
4）道を歩く　→　×道が歩かれる

したがって、上に見るような移動動詞は、自動詞に分類されます。

2．自他の区別

　以上のように、自他の区別は、まずヲ格を取ることができるかどうかで考えます。基本的にヲ格を取ることができれば、他動詞、そうでなければ、自動詞ということになります。ただし、ヲ格で示されても、それが起点や通過点の場合は、自動詞となります。

◇ヲ格を取る　→　他動詞（ただし、「起点」と「通過点」を表すヲ格を除く）
◇ヲ格を取らない　→　自動詞

❗ 確認しよう！

それでは、次の動詞を自動詞（自）と他動詞（他）に分類してください。

(1) 歩く（　）　(2) 会う（　）　(3) たたく（　）　(4) 踏む（　）　(5) 盗む（　）
(6) 眠る（　）　(7) 通る（　）　(8) 着く（　）　(9) 腐る（　）　(10) 聞く（　）

❓ 考えてみよう！

ここまで、他動詞の特徴として、その目的語を主語にした受身文（直接受身）を作ることができると説明してきました。これは次のような例文に見ることができます。

1）太郎がグラスを割る。　→　グラスが太郎に（よって）割られる。
2）次郎がおもちゃを壊す。　→　おもちゃが次郎に（よって）壊される。

ところが、他動詞でありながら、そのような受身文を作ることが困難なものもあります。例えば、

3）太郎が映画を見る。　→　？映画が太郎に（よって）見られる。
4）次郎が本を読む。　→　？本が次郎に（よって）読まれる。

のような例では、必ずしも目的語を主語にした受身文が自然になるわけではありません。これには、動詞の持つ特徴が大きく影響を与えていると言えます。では、上に見るような「割る」「壊す」と「見る」「読む」という他動詞の間にはどのような語彙的な（意味的な）相違が存在しているのでしょうか。また、どのような場合なら「見る」「読む」の受身形が自然になるかも考えてみてください。

3．自他の対応

ここまで、日本語の自動詞と他動詞について見てきましたが、日本語の動詞には「点く－点ける」のように自動詞と他動詞がペアになっているものが多く、これを「自他の対応がある」と言います。このようなペアにおいては、「他動詞の目的語」が「自動詞の主語」となり、意味的に対応することが多いと言えます。

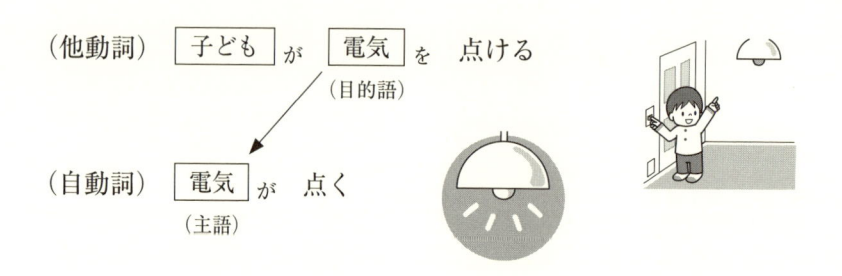

（他動詞）　子ども　が　電気　を　点ける
　　　　　　　　　　　　　（目的語）

（自動詞）　電気　が　点く
　　　　　（主語）

　他動詞では主体がある動作を行うことを、自動詞ではその動作による変化を表しています。つまり、他動詞が原因となり、自動詞がその結果を表すという関係になるわけです。このように、自他の動詞のペアは、原因と結果という因果関係で結ばれていることになります。

❗ 確認しよう！

　それでは、以下の動詞に対応する自動詞または他動詞を表の中に書き入れ、両者の因果関係を確認しましょう。辞書などは見ないで、自分の力で考えてみてください。

	自動詞（結果）	←	他動詞（原因）
(1)	改まる	←	
(2)		←	こぼす
(3)	増える	←	
(4)		←	汚す
(5)		←	丸める
(6)		←	煮る
(7)	残る	←	
(8)	重なる	←	
(9)		←	遠ざける
(10)	もうかる	←	

その2　自他の対応による分類

　前項では自他の対応のある動詞を見ました。しかし、日本語の動詞を調べてみると、すべての動詞に自動詞と他動詞のペアがあるわけではなく、①自動詞と他動詞の対応があるもの、②自動詞だけのもの、③他動詞だけのもの、④自動詞と他動詞を兼ねるもの、があることがわかります。

	自動詞	他動詞
①自他の対応がある動詞（自他のペア）	ビルが建つ	ビルを建てる
②自動詞のみ（無対自動詞）	水が凍る	（なし）
③他動詞のみ（無対他動詞）	（なし）	パンを食べる
④自他を兼ねる動詞（自他動詞）	衆議院が解散する	首相が衆議院を解散する

＊本書では、自他の対応による動詞の分類に関して、①を**自他のペア**、②を**無対自動詞**、③を**無対他動詞**、④を**自他動詞**と呼ぶことにします。

1．自他の対応の考え方

　このような自他の対応による動詞分類を考える場合、まず、それぞれの動詞に語彙的に対応する動詞があるかどうかを確認します。あれば、①の「自他のペア」となります。なければ、その動詞が自動詞のみであれば、②の「無対自動詞」、他動詞のみであれば、③の「無対他動詞」になります。④の「自他動詞」の場合、他動詞文の目的語を主語にして文を作ってみて、他動詞文と同じ事態を表す自動詞文になるかどうかを確認する必要があります。例えば「解散する」という動詞は、1）のように他動詞文、自動詞文とも同じ事態を表しているので、自他動詞と言えます。

　1）首相が衆議院を解散する。（他動詞文）　→　衆議院が解散する。（自動詞文）

しかし、2）の「用意する」や3）の「批判する」は自他動詞としては認められません。

　2）母が夜食を用意する。　　→　×夜食が用意する
　3）野党が与党を批判する。　→　×与党が批判する。（自動詞文ではなく、元の文の事態と異なる他動詞文となっています。）

自他動詞をどのように定義するかは研究者によって異なります。このテキストでは、前ページで見たような狭義の意味で、他動詞文の目的語と自動詞文の主語が一致する場合のみ、自他動詞と呼ぶことにします。

　ところで、自他の対応がある動詞であっても、意味が対応しないことがあるので、注意が必要です。例えば、「写す」と「写る」の場合、「カメラで友達を写す」、「友達が写る」と言えますが、「友達のノートを写す」では「友達のノートが写る」とは言えません。

　4）カメラで友達を写す（「写真を撮る」という意味で）　→　友達が写る
　5）友達のノートを写す（「書き写す」という意味で）　→　？友達のノートが写る

このように、自他のペアであっても、すべての意味において対応するわけではありませんが、語彙的に対応すれば、ペアの動詞と考えることができます。

✏ 練習しよう！

　それでは、少し練習してみましょう。次の動詞を①自他のペア、②無対自動詞、③無対他動詞、④自他動詞、に分けてみましょう。（例1）〜（例4）にならって表の中に具体的な例文を入れ、動詞の種類を考えてください。なお、受身形「〜れる・られる」や使役形「〜せる・させる」は使わないでください。

（例1）遊ぶ　　（例2）結合する　　（例3）分析する　　（例4）冷やす

(1)苦しむ　　(2)置く　　(3)オープンする　　(4)芽生える　　(5)横切る

	自動詞	他動詞	動詞の種類
（例1）	子どもが　遊ぶ	×	②
（例2）	2つの分子が　結合する	2つの分子を　結合する	④
（例3）	×	資料を　分析する	③
（例4）	ビールが　冷える	ビールを　冷やす	①
(1)			
(2)			
(3)			
(4)			
(5)			

やってみよう！

「練習しよう」で動詞の対応のあり方に慣れたでしょうか。それでは、以下の動詞を、自他の対応の有無から4種類に類別し、次ページの表にまとめてください。その際、①の「自他のペア」の動詞については、対になる自動詞または他動詞も一緒に書き入れてください。

①自他のペア　②無対自動詞　③無対他動詞　④自他動詞

( ) (1) 沸く	( ) (2) 泳ぐ	( ) (3) 殴る
( ) (4) 倒れる	( ) (5) 分解する	( ) (6) 死ぬ
( ) (7) 這う	( ) (8) 座る	( ) (9) 感じる
( ) (10) 決定する	( ) (11) 断る	( ) (12) なめる
( ) (13) ほめる	( ) (14) 解消する	( ) (15) たたく
( ) (16) 熟す	( ) (17) 茂る	( ) (18) 落とす
( ) (19) 燃やす	( ) (20) 光る	( ) (21) 嫌う
( ) (22) 実る	( ) (23) 再開する	( ) (24) 成長する
( ) (25) 走る	( ) (26) 探す	( ) (27) 重なる
( ) (28) 曲げる	( ) (29) 消す	( ) (30) 壊す
( ) (31) 開く	( ) (32) 実現する	( ) (33) 乾く
( ) (34) 解決する	( ) (35) 話す	( ) (36) 見つかる
( ) (37) 忘れる	( ) (38) 疑う	( ) (39) 染める

	自動詞	他動詞
①自他のペア		
②無対自動詞		
③無対他動詞		
④自他動詞		

考えてみよう！

前ページの表から自動詞と他動詞の組み合わせの特徴について、何か言えることはないでしょうか。以下の表にあるヒントを手がかりに、下から適当な語句を選んで（　）の中に入れ、表を完成させてください。（なお、同じ語句が2度使われることがあります。また、1度も使われない語句もあります。）

［変化　自己完結型　自他　結果　働きかけ　自然現象　漢語　原因　主語　動作］

①　なぜ、自他のペアになるのか	理由	「（①　　　）と（②　　　）」という関係のペアになっている。原因となる動作を他動詞が、それによって生じる（③　　　）を自動詞が表している。	
	ヒント	父がペンチで針金を曲げる　→　針金が曲がる 先生が電気を消す　→　電気が消える 子どもがおもちゃを壊す　→　おもちゃが壊れる	
②　なぜ、無対自動詞になるのか	理由	（④　　　）なので、（⑤　　　）となる動作（他動詞）を必要としない。したがって自動詞となる。	
	ヒント	（柿が）熟す、（葉が）茂る、（稲妻が）光る、（ミカンが）実る、（木が）成長する	
	理由	（⑥　　　）の動作なので、他者への（⑦　　　）がなく、自動詞となる。	
	ヒント	プールで泳ぐ、愛犬が死ぬ、床を這う、椅子に座る、グランドを走る	
③　なぜ、無対他動詞になるのか	理由	他者への働きかけがある動作なので他動詞となるが、必ずしも対象に（⑧　　　）を引き起こすわけではないので、対象を（⑨　　　）にした自動詞を持たない。	
	ヒント	石をたたく → たたいても割れないことがある。 〔cf. おもちゃを壊す→おもちゃは必ず壊れる。（自他ペア）〕 子どもをほめる → ほめた結果は見えない。	
④　なぜ、自他動詞になるのか	理由	自他動詞には「（⑩　　　）＋する」という形式が多い。しかし、漢語の起源である中国語には（⑪　　　）の区別がないので、自他動詞となることが多い。	
	ヒント	（実現・再開・解消・決定・解決・分解）＋する	

（ただし、ここで考えるのはあくまで原則であり、自他のペアとなるかならないかは、その他の要因によることも多いと言えます。）

2．ペアがないときの代用

　原因（他動詞）と結果（自動詞）のペアがない動詞でも、状況によって対応する動詞が必要になることがあります。例えば、無対自動詞が表す現象に原因となる動作が存在する場合や無対他動詞の動作によって結果が生じる場合などです。そのような場合、使役形や受身形がその役割を担うことがあります。

	自動詞	他動詞
自他のペア	止まる	止める
無対自動詞	走る	走らせる（使役形）
無対他動詞	読まれる（受身形）	読む
自他動詞	解散する	

　1）私は海岸まで車を走らせた。（使役形で他動詞を代用）
　2）（机の上の日記帳を見つけ）日記が読まれている。（受身形で自動詞を代用）

　1）では、「車が走る」という事態には、人間が車を運転するという原因があります。また、2）では、「誰かが日記を読んだ」ことによる結果が、机の上に置かれた日記帳から明らかになっています。このように、状況によって使役形と受身形が他動詞と自動詞を代用することで、自他の対応に欠ける動詞の穴を埋める働きをしているわけです。

3．日本語教育の観点から

　日本語の自動詞と他動詞についての知識は、日本語教師であれば、しっかりと身につけておく必要があります。日本語の重要な文法現象（受身、使役などのヴォイス、「〜ている」や「〜てある」などのアスペクト）を理解するために不可欠な知識です。また、外国語と比べてみると、日本語は自他の対応がある動詞が多いのが特徴的です。英語には自他の対応がある動詞はほとんど存在しませんし、中国語においては自他の区別自体がありません。そのような学習者にとって、日本語の自他の区別は難しく、その結果、受身や使役形などのヴォイスの現象もなかなか理解するのが困難となります。なお、自動詞と他動詞の対応するペアについては、付録7（P.166）を参照してください。

　さらに、受身形や使役形であっても、自動詞的あるいは他動詞的な役割を担うものもあり、日本語文法の全体的な枠組みの中で捉えることが重要となります。初級などで扱う個別の文法事項だけにとらわれずに、日本語という全体像の中で文法現象を見つめる目を養いたいものです。なお、ヴォイスについては第4章、アスペクトについては第6章で詳しく扱います。

まとめ

> 目的語を取るか取らないかが動詞の自他を区別するポイントとなります。

1. **自動詞と他動詞**
   ◇自動詞 → ヲ格を取らない（目的語がない）
   ◇他動詞 → ヲ格を取る（ただし、「起点」と「通過点」のヲ格を除く）

2. **自他の対応**
   花子が 電気を 点ける（他動詞） ⟶ 電気が 点く（自動詞）
   　（主体による動作－原因）　　　　　　（動作による変化－結果）

3. **自他の対応による分類**
   ①自他のペア（自他の対応がある動詞）〈「止まる－止める」など〉
   ②無対自動詞（対になる他動詞を持たない自動詞）〈「走る」など〉
   ③無対他動詞（対になる自動詞を持たない他動詞）〈「読む」など〉
   ④自他動詞（自動詞にも他動詞にも使われる動詞）〈「解散する」など〉

4. **ペアがない時の代用**

	自動詞	他動詞
自他のペア	止まる	止める
無対自動詞	走る	走らせる（使役形）
無対他動詞	読まれる（受身形）	読む
自他動詞	解散する	

練習問題

次の動詞を①自他のペア、②無対自動詞、③無対他動詞、④自他動詞に分けてください。必ず自分で考えて、答えを埋めてください。

⑴ 行動する（　）　⑵ ストップする（　）　⑶ 作る（　）　⑷ こぼれる（　）
⑸ 到着する（　）　⑹ 停止する（　）　⑺ 閉鎖する（　）　⑻ 歩く（　）
⑼ 始まる（　）　⑽ 読む（　）　⑾ 登る（　）　⑿ 押す（　）
⒀ 開店する（　）　⒁ 研究する（　）　⒂ 助ける（　）　⒃ 走行する（　）
⒄ 治る（　）　⒅ 固める（　）　⒆ 書く（　）　⒇ つねる（　）　㉑ なくす（　）

COLUMN 3 － 主語廃止論

　日本語研究者の間で決着のついていない議論の1つに、三上章を代表とする「主語廃止論」があります。日本語に主語という概念が必要なのか、そうではないのかという問題です。この問題は、三上章（1960）の出した著書『象は鼻が長い』で、一躍有名になりました。三上は「象は」は主題、「鼻が」は主格とし、日本語には欧米語にあるような主語はないと主張しました。

　もう皆さんにもご理解いただけたと思いますが、日本語の構造は、欧米語のような「主語－述語」の関係ではなく、「主題－解説」という関係にあります。したがって、その意味では主語が絶対であるという必要性はありません。三上は、主語という言葉は欧米語から来たものであり、日本語には欧米語の主語にあたるものはないので、主語という言葉を廃止すべきだと強く訴えました。

　日本語で主語と言われる語の多くはガ格成分です。ガ格成分は述語に対して他の成分と同等の立場にあるから、主語という特別な言葉ではなく、主格と呼ぶべきだというわけです。この呼び方は、目的語であれば対格、相手であれば与格といった述語との文法関係を示す言語学用語です。

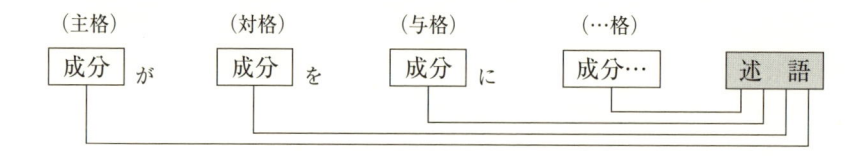

```
    （主格）      （対格）      （与格）      （…格）
   ┌─────┐   ┌─────┐   ┌─────┐   ┌─────┐   ┌─────┐
   │ 成分 │が │ 成分 │を │ 成分 │に │ 成分…│   │ 述 語│
   └─────┘   └─────┘   └─────┘   └─────┘   └─────┘
```

　主格であるガ格成分は、述語の表す事態（動きや状態）の主体となるため、他の成分と比べ、意味的な重要度が高いのは事実です。だからといって、主格だけを特別扱いにする根拠はないというのが三上の主張です。主題化においても、主格だけでなく、他の格成分も同等に主題化される権利があるのは、このことを証明しています。

　この三上の考えは、主格のない日本語文の存在を肯定できます。つまり、主格は日本語の構文にとって絶対的な存在ではないため、他の格成分同様にないこともあり得るという考えにつながるからです。確かにいろいろな日本語文を分析していると、「新幹線で東京から名古屋まで2時間かかる。」や「雨の降る日のことでした。」「本当に暑いね。」など、主格を必要としないような文があります。しかし、これを、「新幹線で東京から名古屋まで時間が2時間かかる。」「それは（が）雨の降る日のことでした。」「ここは（が）

本当に暑いね。」の省略であると考えることもできます。そのような視点に立てば、主格はあるということになるわけです。

　日本語教育の分野では、英語のような「主語－述語」という関係における「主語の存在」は日本語にはないというのが、大多数の意見です。では、なぜ「主語」という言葉がなくならないのでしょうか。それは、三上の言う主格という意味で多くの学者が主語という言葉を使っているからです。三上は「主語」という言葉自体の廃止を強く訴えましたが、この言葉は誰でも知っているとても身近な言葉です。私たちは学校教育の中で主語、述語といった文法用語を教わり、言語に対する知識を深めていきます。特に英語などの外国語学習においては主語という言葉は絶対に必要です。そのため、主語という言葉を日本語から完全に抹殺することは、ほぼ不可能に近いと言ってもいいでしょう。

　結局のところ、日本語教育の世界では、主述（主語－述語）関係のような主語の存在を否定しつつも、その利便性や普及度から、多くの人が主格という意味で「主語」という言葉を使い続けているわけです。このテキストでもそのような意味で「主語」という言葉を使っています。

　形の上では「主語」という言葉は残っていますが、三上の本質的な主張はもうすでに多くの日本語学者に受け入れられていると言っても過言ではありません。したがって、現在、主語について論争となっているのは、基本構造における主格の優位性についてなのです。他の成分に対し主格の絶対的な優位を認め、基本構造の要と見るのか、他の成分と同等に扱うのかという議論です。三上のように主格を絶対視しないのであれば、当然ながら主格の欠ける文があってもいいという立場になるわけです。

　日本語教育を目指す人は、このような主語廃止論の背景を理解し、日本語の構造についての知識をさらに深めていってほしいと思います。

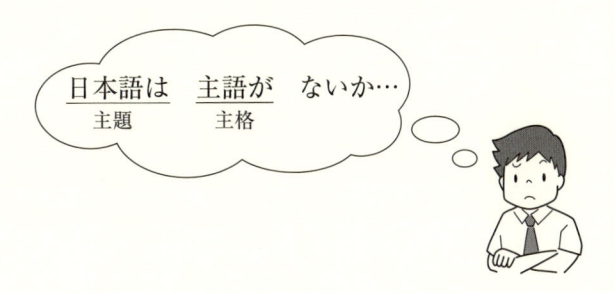

> 日本語は　主語が　ないか…
> 　主題　　主格

第4章　ヴォイス

　ヴォイスとは、動詞の表す動きについて、異なる立場から表現する形式のことを言います。例えば、AとBが関係する事実に対して、Aの立場に立つか、Bの立場に立つかによって、表現方法が異なります。以下の例文を見てください。

　　＜先生の立場に立つ文＞
　　　先生が　花子さんを　紹介する。

　　＜花子さんの立場に立つ文＞
　　　花子さんが　先生に　紹介される。

　　＜生徒の立場に立つ文＞
　　　生徒が　勉強する。

　　＜先生の立場に立つ文＞
　　　先生が　生徒に　勉強させる。

　言い換えれば、主語を誰にするかによって、異なる表現形式になるわけです。「紹介される」の例文は**受身文**、「勉強させる」の例文は**使役文**と呼ばれ、日本語のヴォイスの代表的表現であると言われています。その他のヴォイスには、**使役受身文**、**可能構文**、**自発構文**、**授受表現**などがあります。

　このようなヴォイス（態）という文法カテゴリー（文法項目の分類）は欧米の言語概念から来ているものですが、日本語として考える場合、立場の違いというよりも発想の違いで説明することができます。第3章の初めでも少し触れましたが、自動詞と他動詞との連続線上にあるとする考え方です。以下は、ヴォイスに使われる動詞の形式です。

自然中心の発想	人間中心の発想
自動詞　―　受身形　―　自発形　―　可能形	使役形　―　他動詞

　受身形、自発形、可能形は、出来事を自然の流れの中で受け止めるという自然中心の発想であり、使役形は出来事を自分が引き起こすという人間中心の発想です。ご覧のように、日本語のヴォイスの多くは人間活動を自然の流れの中で捉える自然中心の発想です。第4章では、このような日本人の、自然と共存する言語観をヴォイスという形式の中で見ていくことにしましょう。

その1　受身文

1．受身の形式
　受身形は動詞だけに見られる現象です。通常の動詞に「れる・られる」を付けることによって受身形を作ります。なお、動詞の呼び方については、本テキストでは、「子音動詞」、「母音動詞」、「不規則動詞」という呼称を使います（→「付録5」P.163参照）

動詞の種類	受身形		
子音動詞	書く→書かれる	読む→読まれる	話す→話される
母音動詞	見る→見られる	食べる→食べられる	
不規則動詞	来る→来られる	する→される	

2．受身文の種類
　受身文には大きく分けて**直接受身文**、**間接受身文**、**持ち主の受身文**の3種類があります。直接受身文は他言語にも共通する言語現象として扱うことができますが、間接受身文と持ち主の受身文は日本語独自の言語表現であると言われています。

（1）直接受身文
　能動文の表す事態から直接影響を受ける人や物が主語となります。直接受身文では、対応する能動文の目的語が主語として現れます。

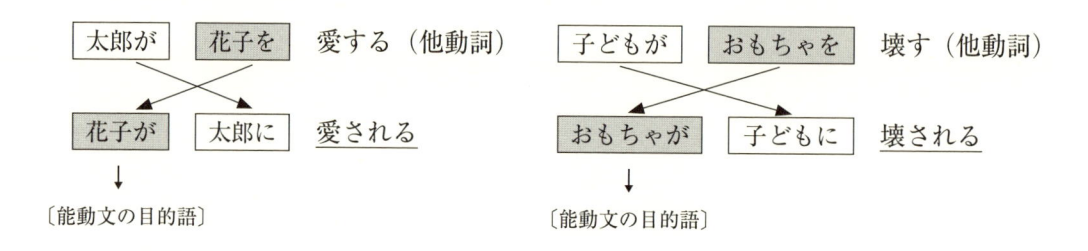

```
太郎が   花子を    愛する（他動詞）        子どもが   おもちゃを    壊す（他動詞）
   ╲   ╱                                      ╲   ╱
   ╱   ╲                                      ╱   ╲
花子が   太郎に    愛される              おもちゃが   子どもに     壊される
   ↓                                           ↓
〔能動文の目的語〕                         〔能動文の目的語〕
```

　なお、無対他動詞が直接受身文に使われるときは、動作主をあまり感じさせない自動詞的な文になることが多いと言えます。
　・豆腐は大豆から作られる。（←人々が豆腐を大豆から作る。）
　・村上春樹の作品は世界中で読まれている。
　　　　　　　（←人々が村上春樹の作品を世界中で読んでいる。）

（2）間接受身文

能動文の表す事態から間接的に影響を受ける人が主語となります。そのような影響を受ける人は、対応する能動文には含まれない成分となります。したがって、自動詞文、他動詞文ともに、受身文になることが可能となります。多くの場合、マイナスの影響を受けるため、**迷惑受身文**と呼ばれることがありますが、プラスの影響を受けることもありますので、注意が必要です。

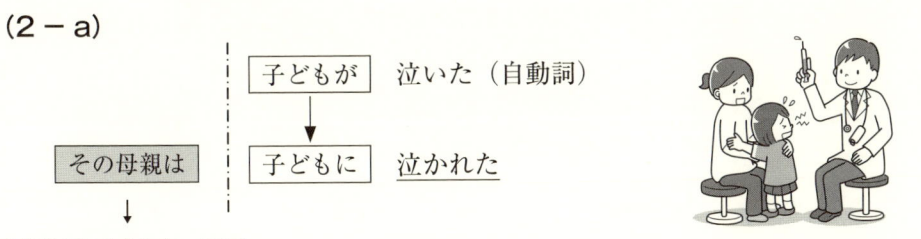

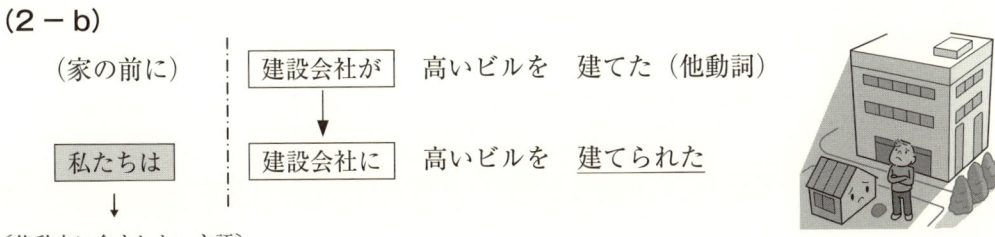

(2-a)

```
          | 子どもが    泣いた（自動詞）
          |    ↓
 その母親は | 子どもに    泣かれた
    ↓
〔能動文に含まれない主語〕
```

(2-b)

```
（家の前に）| 建設会社が   高いビルを   建てた（他動詞）
           |    ↓
   私たちは | 建設会社に   高いビルを   建てられた
      ↓
〔能動文に含まれない主語〕
```

（3）持ち主の受身文

間接受身文の一種で、自分の所有する物や身体の一部が直接影響を受けます。使われる動詞は必ず他動詞になります。

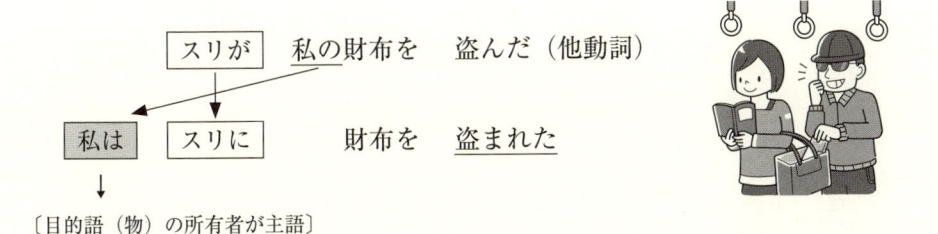

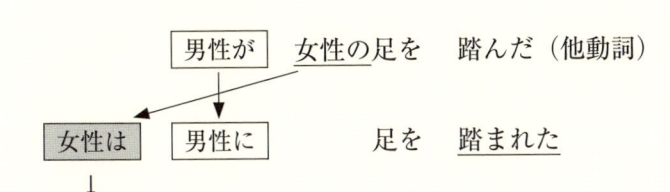

```
       | スリが      私の財布を   盗んだ（他動詞）
       |    ↓
   私は | スリに       財布を      盗まれた
    ↓
〔目的語（物）の所有者が主語〕
```

```
       | 男性が      女性の足を   踏んだ（他動詞）
       |    ↓
   女性は| 男性に       足を        踏まれた
    ↓
〔目的語（身体の一部）の所有者が主語〕
```

これらの受身文をもう一度わかりやすくまとめると、次のようになります。

受身文のまとめ

(1) 直接受身文（他動詞）

目的語のヲ格がない。目的語は主語として使われている。

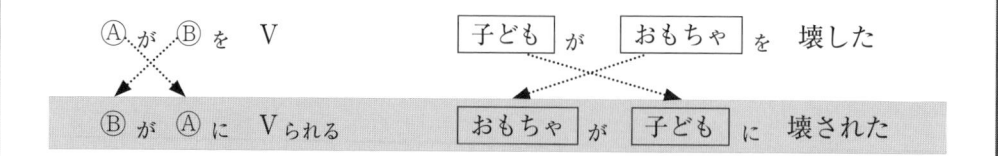

Ⓐが Ⓑを V　　　　　子ども が おもちゃ を 壊した
↓↓　　　　　　　　　　↓↓
Ⓑが Ⓐに Vられる　　おもちゃ が 子ども に 壊された

(2-a) 間接受身文（自動詞）

目的語のヲ格がない（もともとない）。自動詞文の受身はすべて間接受身文となる。

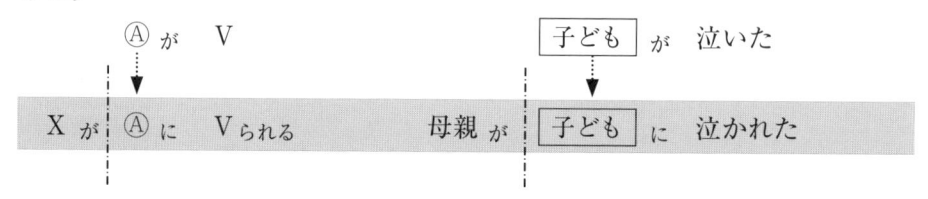

Ⓐが V　　　　　　　子ども が 泣いた
↓　　　　　　　　　　↓
Xが Ⓐに Vられる　　母親 が 子ども に 泣かれた

(2-b) 間接受身文（他動詞）

目的語のヲ格がある。主語に対して目的語が所有者や身体の一部という関係ではない。

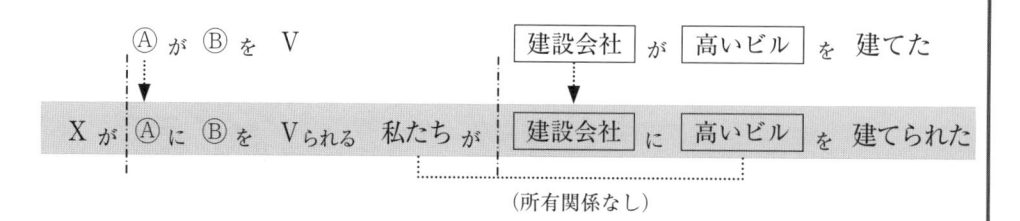

Ⓐが Ⓑを V　　　　　　　　建設会社 が 高いビル を 建てた
↓　　　　　　　　　　　　　↓
Xが Ⓐに Ⓑを Vられる　私たち が 建設会社 に 高いビル を 建てられた
　　　　　　　　　　　　　　　　（所有関係なし）

(3) 持ち主の受身文（他動詞）

目的語のヲ格がある。主語に対して目的語が所有者や身体の一部という関係である。

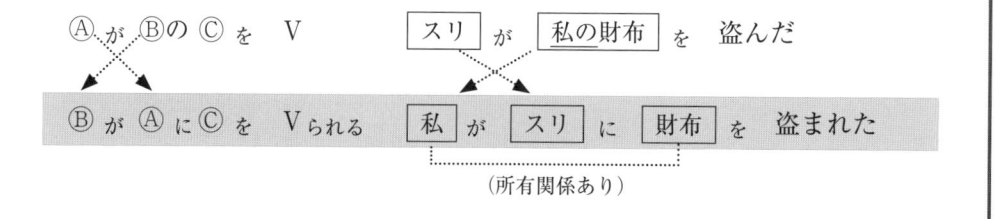

Ⓐが Ⓑの Ⓒを V　　　　　　スリ が 私の財布 を 盗んだ
↓↓↓　　　　　　　　　　　　↓↓↓
Ⓑが Ⓐに Ⓒを Vられる　　私 が スリ に 財布 を 盗まれた
　　　　　　　　　　　　　　　　（所有関係あり）

以上のことから、3種類の**受身文の見分け方**は以下のようになります。

$$\begin{cases} □受身文の中にヲ格（目的語）がない \\ \quad (1)受身の動詞が\underline{他動詞} \rightarrow ①直接受身文（目的語が主語となる） \\ \quad (2)受身の動詞が\underline{自動詞} \rightarrow ②間接受身文（自動詞の受身文） \\ □受身文の中にヲ格（目的語）がある \\ \quad (1)主語と目的語の間に\underwave{所有・身体関係がない} \rightarrow ②間接受身文 \\ \quad (2)主語と目的語の間に\underwave{所有・身体関係がある} \rightarrow ③持ち主の受身文 \end{cases}$$

練習しよう！

それでは、少し練習してみましょう。次の受身文は、これまでに見た3つの種類のうち、どれに当たるでしょうか。「受身文の見分け方」を参考に考えてみてください。（なお、以下の「ヲ格」は目的語のヲ格を指しています。）

（例）　私は取っておいたケーキを子どもに食べられてしまった。
　　　□ヲ格がない　→　動詞は　自・他
　　　☑ヲ格がある　→　所有関係が　⦅ある⦆・ない　｝③持ち主の受身文

(1)　家の近所で工事車両に道をふさがれて、困ったよ。
　　　□ヲ格がない　→　動詞は　自・他
　　　□ヲ格がある　→　所有関係が　ある・ない　｝_____

(2)　花瓶が子どもに（よって）壊されてしまった。
　　　□ヲ格がない　→　動詞は　自・他
　　　□ヲ格がある　→　所有関係が　ある・ない　｝_____

(3)　大事にしていたおもちゃを捨てられ、子どもはふてくされた。
　　　□ヲ格がない　→　動詞は　自・他
　　　□ヲ格がある　→　所有関係が　ある・ない　｝_____

(4)　よく見たら鞄の底が破られて、中身が全部なくなっていた。
　　　□ヲ格がない　→　動詞は　自・他
　　　□ヲ格がある　→　所有関係が　ある・ない　｝_____

(5)　今回のスキーは、雨に降られて、さんざんだったよ。
　　　□ヲ格がない　→　動詞は　自・他
　　　□ヲ格がある　→　所有関係が　ある・ない　｝_____

👉 やってみよう！

「練習しよう」で3つの受身文の見分け方を確認できたでしょうか。それでは、以下の受身文を①直接受身文、②間接受身文、③持ち主の受身文に分類し、①～③の記号で答えてください。

(　　) (1) ネコがネズミにかじられるなんて、聞いたことがない。
(　　) (2) あの会社の社長、ついに豪邸を競売にかけられたらしいよ。
(　　) (3) その泥棒は家の人に騒がれて、逃げ出した。
(　　) (4) あれっ、私のジュースが飲まれている！
(　　) (5) ちょっと腕を触られたぐらいで、セクハラはないだろう。
(　　) (6) 寝ていたら、床屋で髪を短く切られてしまった。
(　　) (7) 次郎は職員室で10分ほど叱られた。
(　　) (8) 夫婦喧嘩して、妻に実家に帰られてしまった。
(　　) (9) とっておいたカップラーメンを子どもに食べられてしまった。
(　　) (10) 郵便受けが何者かによって壊された。
(　　) (11) 家の前にマンションを建てられ、日当たりが悪くなった。
(　　) (12) 山田さんは大事にしていた車を近所の子どもに傷つけられた。
(　　) (13) 二人は風に吹かれながら、何時間も海辺にたたずんでいた。
(　　) (14) 夜遅く家に帰ったら、ドアが閉められていた。
(　　) (15) 子どもの頃いたずらをして、父親におしりを叩かれたことがある。
(　　) (16) 子どもの描いた絵を先生にほめられて、嬉しかった。
(　　) (17) 授業中、突然先生に指されて、どぎまぎした。
(　　) (18) 大雪に降られ、多くの車が高速道路で立ち往生した。
(　　) (19) 田中さんは町で突然上司に肩をたたかれ、驚いた。
(　　) (20) そんなところに花瓶を置かれても困る。
(　　) (21) 財布が盗まれていることに、いつ気がついたんですか。

3．動作主のマーカー（動作主を示す助詞）

　直接受身文を作る場合、動作主は「に」で示されるのが普通ですが、動詞によっては「によって」「から」が使われることがあります。

(1) 受身文は基本的に「～に」が使われます。
　　・ネコが　車に　ひかれた。
　　・お菓子が　子どもに　食べられた。

(2) 「作る」「建設する」「書く」「発明する」など、何かを作り出すような動詞の場合、「～によって」が使われることが多くなります。
- 電球は　エジソンによって　発明された。
- このポスターは　小学生によって　描かれている。

(3) 物の移動を表す動詞（「渡す」「贈る」「与える」など）や言語活動を表す動詞（「ほめる」「呼ぶ」「言う」など）、心的活動を表す動詞（「愛する」「嫌う」「憎む」など）の場合、「～から」を使うことができます。
- 花束が　太郎から　花子に　贈られた。（物の移動）
- その生徒は　いつも　先生から　ほめられる。（言語活動）
- 子どもは　両親から　愛されている。（心的活動）

文法チェック❸　"3項動詞の受身文"

3項動詞（→P.6）の受身の場合、ニ格成分もヲ格成分と同様に主語として直接受身文を作ることができます。その場合、ヲ格成分が受身文に残ることになりますので、注意が必要です。例文の動詞の他にも、「与える」「授与する」「贈る」などがあります。また、ヲ格成分が主語になると、ニ格が残ることになり、動作主のマーカーはニ格ではなく、「によって」や「から」が使われます。

<能動文>　太郎が　次郎に　花子さんを　紹介した。
　　　　　　　　　　　①　　　②

（直接受身文①）次郎が　太郎に　花子さんを　紹介された。
（直接受身文②）花子さんが　太郎によって　次郎に　紹介された。

<能動文>　太郎が　次郎に　時計を　渡した。
　　　　　　　　　　①　　　②

（直接受身文①）次郎が　太郎に　時計を　渡された。
（直接受身文②）時計が　太郎から　次郎に　渡された。

その２　使役文とその他のヴォイス

　ここまで、3種類の受身文を見てきましたが、ヴォイスを代表するもう一つの表現である使役文について考えます。その後、受身文と使役文以外のヴォイスについても見ることにします。

１．使役の形式

　使役形も動詞だけに見られる現象です。動詞に「せる・させる」を付けることによって使役形を作ります。なお、口語表現では子音動詞は「書か<u>す</u>」「読ま<u>す</u>」などの短縮形（縮約形）がよく使われます。ただし、サ行の子音動詞（「話す」「押す」「消す」など）は通常、短縮形は使われません。（→「COLUMN 6」P.97 参照）

動詞の種類	使役形	短縮形
子音動詞	書く → 書か<u>せる</u> 読む → 読ま<u>せる</u> 話す → 話さ<u>せる</u>	書く → 書か<u>す</u> 読む → 読ま<u>す</u> （なし）
母音動詞	見る　→ 見<u>させる</u> 食べる → 食べ<u>させる</u>	（なし）
不規則動詞	来る → 来<u>させる</u> する → <u>させる</u>	（なし）

２．使役文の特徴

　使役の表現は自動詞文からも他動詞文からも作れますが、自動詞の場合、使役の相手はニ格またはヲ格となります。（1）の例ではどちらでも可能となっています。一方、他動詞の使役文においてはヲ格が目的語に使われていることから、使役の相手は必ずニ格となります。

（1）自動詞文

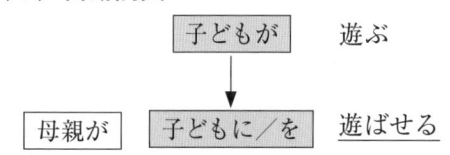

　　　　　　　　子どもが　　遊ぶ
　　　　　　　　　↓
　　母親が　　子どもに／を　　遊ば<u>せる</u>

（2）他動詞文

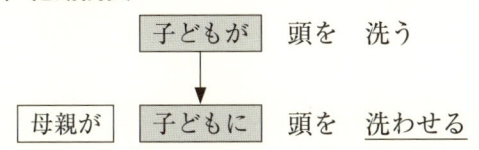

```
子どもが    頭を    洗う
   ↓
母親が  子どもに  頭を  洗わせる
```

3．使役文の種類

　使役文の種類は、文法書によって異なります。このテキストでは、意味的にわかりやすい「強制」、「容認」、「原因」、「責任」の4種類で説明します。その中で一番基本的な用法は「強制」と「容認」です。

（1）強制（本人の意思とは関係なく、強制的に働きかける）
　・母親が子どもに部屋を片付けさせる。
　・先生が学生に授業中の私語を止めさせる。

（2）容認（本人の意思を尊重してやらせる）
　・小さい子どもには好きなだけ遊ばせてあげましょう。
　・本人がどうしてもやりたいと言うので、やらせることにした。

（3）原因（原因となる事柄が主語となり、ある出来事を引き起こす）
　・地下鉄サリン事件は日本中を震撼させた。
　・かわいい娘の結婚は父親をとても悲しませた。

（4）責任（ある出来事の責任を負うべき人が主語となる）
　・その大統領が大地震への対応を遅れさせたといってもよい。
　・その親は病気で亡くなった子どもを自分が死なせたと思っている。

　これらの4つの用法以外に、使役を含む表現として、「～（さ）せていただく」という謙譲的な表現があります。

（5）謙譲（待遇上の配慮を表し、発話の相手を高める）
　・こちらから電話させていただきます。
　・ご都合のよろしいときに、訪問させていただきたいのですが。

＊「原因」と「責任」の違いは、主語にその結果を引き起こした「事柄」が来るか、「人物」が来るかということです。したがって、意味的にはほとんど同じでも、そのような区別がなされることがあります。

（例）子どもの受験の失敗は両親を落胆させた。　→「原因」の用法
　　　（原因となる事柄が主語になっている）
　　　受験に失敗した子どもは両親を落胆させた。　→「責任」の用法
　　　（原因となるべき人物が主語となっている）

なお、無対自動詞の使役形では、使役の意味が感じられない他動詞的な文になることがあります。（→P.38）

・電飾でクリスマスツリーを光らせる。（←無対自動詞「光る」）
・その家は庭の草木をうっそうと茂らせている。（←無対自動詞「茂る」）

練習しよう！

それでは、少し使役文の種類について考えてみましょう。次の使役文は前ページの用法の中のどれに当たるでしょうか。波線部分の表現に注意しながら答えてください。

（　　　）(1) 学校でのいじめがその少年を自殺させたのだ。
（　　　）(2) 詳細については、私から説明させていただきます。
（　　　）(3) 冷蔵庫に入れ忘れて、（私は）カレーを腐らせてしまった。
（　　　）(4) 生徒のリクエストに応えて、先生は生徒に自由にパソコンを使わせている。
（　　　）(5) その親は、嫌がる子どもに無理やり塾に行かせた。

やってみよう！

それでは、以下の使役文を4種類の使役文に分類し、①強制、②容認、③原因、④責任の記号で答えてください。

（　　　）(1) 町長は町の財政をここまで悪化させたのだから、即刻辞任すべきだ。
（　　　）(2) 医者が患者に禁煙させる。
（　　　）(3) 失業率の高さがホームレスの数を増大させている。
（　　　）(4) 子どもたちには描きたいものを好きなだけ描かせているんです。
（　　　）(5) 高校生の息子が新聞配達をしたいと言うので、やらせることにした。
（　　　）(6) 会社をリストラされた私は子どもに大学進学をあきらめさせてしまった。

(　) (7) 雨が降っているので、息子を駅まで迎えに来させよう。
(　) (8) その先生の厳しさが教え子を大成させたと言える。
(　) (9) ホテルはドアを壊した客に修繕費を弁償させた。
(　) (10) 怠慢な銀行経営者たちが不良債権をここまで増大させたのだ。
(　) (11) 突然の来客があったので、社長は急いで秘書にお茶を入れさせた。
(　) (12) この講座の良いところは、日本語の仕組みについて参加者に自由に意見交換させているところです。
(　) (13) あいつが悪いんじゃない。周りの環境があいつをひねくれさせたのだ。
(　) (14) 定職に就かなかった私は両親を随分と心配させた。
(　) (15) 罰としてその生徒にトイレ掃除をさせた。
(　) (16) 会議をまとめるコツは、まず、言いたいことを皆に言わせることです。
(　) (17) 持って生まれた才能と恵まれた環境が彼女を芸能界で成功させたと言える。
(　) (18) 彼女のミスを咎め続けた上司が、結局彼女を自殺させたのだ。
(　) (19) 世界同時不況が多くの金融機関を倒産させた。
(　) (20) あの親は子どもにやりたいようにさせていて、良くない。

4．その他のヴォイスの表現

　ヴォイスの形式は、これまで見てきた「受身文」と「使役文」以外にも、「使役受身文」や「可能構文」、「自発構文」、「授受表現」などがあります。ここでは、それらの形式についても簡単に見ることにします。

4.1　使役受身文

　自らの意思ではなく、第三者に強制される動作を表します。

　　学生が　勉強する　　　　　　　　　　　　　 自動詞文
　　教授が　学生に　勉強させる　　　　　　　　 使役文
　　学生が　教授に　勉強させられる　　　　　　 使役受身文

　　部下が　隠し芸を　する　　　　　　　　　　 他動詞文
　　上司が　部下に　隠し芸を　させる　　　　　 使役文
　　部下が　上司に　隠し芸を　させられる　　　 使役受身文

　上に見るように、使役受身文は、使役文を受身文にすることで作られます。

<使役受身形の作り方>

動詞の種類	使役受身形	短縮形
子音動詞	書く→書かせる→書かせられる 読む→読ませる→読ませられる 話す→話させる→話させられる	書く→書かす→書かされる 読む→読ます→読まされる （なし）
母音動詞	見る →見させる →見させられる 食べる→食べさせる→食べさせられる	（なし）
不規則動詞	来る→来させる→来させられる する→させる →させられる	（なし）

　子音動詞の場合、短縮形が使われることのほうが多いと言えます。ただし、サ行の子音動詞には短縮形はありません。

確認しよう！

次の下線部の表現について、使役受身形とは異なるものを１つ選んでください。

（　）①花瓶を壊される。　　　　（　）②鞄を持たされる。
（　）③ボートを漕がされる。　　（　）④ビールを飲まされる。
（　）⑤レポートを書かされる。

4.2　可能構文

　動作主（動作の主体）にその動作を実現する能力があるかどうかを表します。動作主自身の能力による**能力可能**と能力以外の理由による**状況可能**があります。いずれの可能構文もほとんどの場合、「～ことができる」で代用することができます。

1）ドンさんは５か国語が話せる。（能力可能）
　　→ドンさんは５か国語を話すことができる。

2）日本には食材がないので、ブラジル料理が作れない。（状況可能）
　　→ブラジル料理を作ることができない。

　可能形は、子音動詞の語幹に「eる」を、その他の動詞には「られる」を付けることで作られます。ただし、「する」だけは例外で、「できる」となります。（母音動詞と「来る」は受身形と同じ形式となります。）

＜可能形の作り方＞

動詞の種類	可能形
子音動詞	書く→書ける　　読む→読める　　話す→話せる
母音動詞	見る→見られる　　食べる→食べられる
不規則動詞	来る→来られる　　する→できる

可能構文の特徴としては、以下のことが挙げられます。

(1) 可能形を作るのは意志動詞のみです。自然現象などの意志の伴わない動きは可能形になりません。
　　×川が流れられる。
　　×太陽が輝ける。
(2) 目的語は一般的に「が」と「を」の両方が使えます。
　　・田中さんは、ピアノが／を弾ける。（能力可能）
　　・免許証を忘れて、車が／を運転できない。（状況可能）
(3) 動作主が「に」によって示されることがあります。
　　・彼にスペイン語が話せるわけがない。（能力可能）
　　・言いたくても、私にそれが言えない理由を知っているでしょう。（状況可能）

(1) ら抜き言葉

母音動詞や「来る」の可能形において、「ら」が抜けて使われることを「ら抜き言葉」と呼びます。会話ではかなり広く使われています。

　　・昨日はよく寝れましたか。　（← 寝られましたか）
　　・明日は用事があって、来れません。　（← 来られません）

これについては、「COLUMN 4」（P.61）で説明していますので、そちらを参照してください。

(2) 可能形を兼ねる自動詞

自動詞の多くは、そのままで可能の意味を持つものがあります。その場合、可能形としても使われることになります。可能形の用法では目的語をヲ格にすることができるのに対し、自動詞の用法ではできません。

（可能形）彼は素手でブロックが割れる。（○ブロックを割れる）
（自動詞）石が当たって、ブロックが割れた。（×ブロックを割れた）

このような可能形を兼ねる自動詞は、「解ける」「裂ける」「切れる」「ねじれる」「売れる」「破れる」「焼ける」など、「-(r)eru」型の自動詞に多いのが特徴です（→「付録7」P.166）

❗ 確認しよう！

次の下線部の表現について、以下に示した観点とは異なるものを1つ選んでください。
(1) 可能構文（能力可能）
（　）①私は英語の歌が歌えない。
（　）②その留学生は漢字が書けない。
（　）③田中さんはお酒が飲めない。
（　）④うるさくてマイクの声が聞き取れない。
（　）⑤海のないところで育った私は泳げない。

(2) ら抜き言葉
（　）①ぐっすり寝れる。（　）②一人で来れる。（　）③一輪車に乗れる。
（　）④3D映画が見れる。（　）⑤着物が着れる。

4.3　自発構文

「何かが自然に、ひとりでにある状態になること」を表し、目の前に現れた出来事をそのまま伝える場合に使われます。自発の意味を持つ動詞「見える」「聞こえる」や受身形や可能形などによって表されますが、自発の表現に使われる動詞の種類は「悔やむ」「思い出す」「思う」「感じる」「考える」「想像する」（以上、受身形）「泣く」「笑う」（以上、可能形）などに限定され、それほど多くありません。

＜自発の形式＞

自発動詞	・今日は富士山が見える。 ・子どもの声が聞こえる。
受身形	・以上のことから、〜だと思われる。（←思う） ・犯人はここから逃げたと考えられる。（←考える）
可能形	・あのテレビドラマは泣ける。（←泣く） ・その漫談を聞いたら、笑えてしょうがなかった。（←笑う）

自発動詞の場合、可能形である「見られる」「聞ける」との違いに気をつけてください。ひとりでにそのような状態になる自発動詞に対し、可能形では主体の意志的な関わりが強くなります。

1) ほら、富士山が<u>見える</u>よ。（自発動詞）
1') 朝霧高原に行けば、雄大な富士山が<u>見られる</u>よ。（可能形）
2) ウグイスの声が<u>聞こえる</u>よ、春だねえ。（自発動詞）
2') いくら何でも、そんなプライベートな話まで<u>聞けない</u>よ。
（可能形）

! 確認しよう！

次の自発の表現について、他とは異なるものを1つ選んでください。
（　）①小学校に行くと、昔のことが<u>思い出される</u>。
（　）②太陽光発電の普及はこれからますます進むと<u>思われる</u>。
（　）③絵葉書からハワイでの彼の生活が<u>想像される</u>。
（　）④宿題を忘れていつも先生から<u>怒られる</u>。
（　）⑤いつまでもその失敗が<u>悔やまれる</u>。

4.4　授受表現

　物や動作の授受（やりもらい）を表す表現で、動詞を変化させるのではなく、対応する動詞で立場の違いを表します。"give" の意味での「あげる／くれる」と "receive" の意味での「もらう」があります。また、単独で使われる場合と補助動詞（→「付録10」P.169 参照）として使われる場合とがあります。単独の場合は、**物の授受**が、補助動詞の場合は、**恩恵の授受**が行われます。

物の授受	太郎が花子に花を<u>あげる</u> 太郎が<u>私に</u>花を<u>くれる</u>	花子（私）が太郎に花を<u>もらう</u>
恩恵の授受	トムが次郎に英語を教えて<u>あげる</u> トムが<u>私に</u>英語を教えて<u>くれる</u>	次郎（私）がトムに英語を教えて<u>もらう</u>

　注意を要する点は、「あげる」は "give" の意味ですが、相手（ニ格）に「ウチ」の関係の人が来ると「くれる」になることです。「くれる」も "give" である点に注意してください。なお、「ウチ」の関係とは、話者自身や話者の身内（関係者）のことを他人と分けて考える日本語独自の意識のことを言います。

　〇学生が先生に花を<u>あげた</u>。　　×学生が私に花を<u>あげた</u>。
　？学生が先生に花を<u>くれた</u>。　　〇学生が<u>私に</u>花を<u>くれた</u>。

「くれる」が使われるとき、話者の視点はニ格にあります。話者の視点は通常主語にありますので、その点で「くれる」は特異な動詞であると言えます。

　授受動詞が補助動詞として使われるときは、テ形に使われる動詞の動作が好意的にニ格の人に行われたことを表します。

　　○トムが太郎に英語を教えてあげた。　　×トムが私に英語を教えてあげた。
　　?トムが太郎*に英語を教えてくれた。　　○トムが私に英語を教えてくれた。
　　　　　　　　　　　　　　　　　　　　　　　　*太郎＝「ウチ」の関係でない人間

つまり、トムが太郎／私に対して、「英語を教える」という好意的な動作（恩恵）を「あげた／くれた」という意味になるわけです。「～てあげる」と「～てくれる」の使い分けは、単独の動詞「あげる／くれる」とまったく同じです。「～てくれる」の視点もニ格にあります。

　この補助動詞の使用には日本人特有の考え方が反映しています。人間関係を重視する日本人は他者との交わりを「恩恵のやりとり」と捉えるわけです。相手に恩恵を与えたり、相手から恩恵を受け取ったりするという意識です。したがって、他者との交流において、授受動詞（補助動詞）の入らない表現は客観的で何か冷たい感じがします。

　　・トムが太郎に英語を教えた。（→トムが太郎に英語を教えてあげた。）
　　・トムが私に英語を教えた。（→トムが私に英語を教えてくれた。）

自国語にこのような表現を持たない外国人学習者は上のような表現をすることが多く、日本人が外国人との会話において違和感を持つ理由の１つとなっています。
　また、「くれる」の尊敬語として「くださる」が、「あげる」の謙譲語として「さしあげる」が、「もらう」の謙譲語として「いただく」と「ちょうだいする」があります。

授受動詞	尊敬語	謙譲語
あげる	—	さしあげる
くれる	くださる	—
もらう	—	いただく／ちょうだいする

　補助動詞を用いた「～てもらう／～ていただく」の文は、受身文に近い意味を持つことがあります。特にテ形に使われる動詞に「ほめる」や「助ける」などが来ると、受身形で言い換えることができます。

- 通りがかりの人に危ないところを<u>助けてもらった</u>。（〜てもらう）
- 通りがかりの人に危ないところを<u>助けられた</u>。（受身形）

しかし、自分からお願いして実現するような事態は受身形では言い換えられません。

- 駅まで友達に車で<u>送ってもらった</u>。（〜てもらう）
- ×駅まで友達に車で<u>送られた</u>。（受身形）

また、自分より目下であると思われる相手に「〜てもらう」を使うと、上の例とは反対に、<u>使役文に近い意味</u>になることがあります。

- 母親は子どもに牛乳を買いに<u>行ってもらった</u>。（〜てもらう）
- 母親は子どもに牛乳を買いに<u>行かせた</u>。（使役形）

確認しよう！

次の「〜てもらう」について、他とは異なるものを1つ選んでください。

（　）①私は母に一緒に買い物に行っ<u>てもらった</u>。
（　）②私は先生に初めてほめ<u>てもらった</u>。
（　）③私は留学生に英語を教え<u>てもらった</u>。
（　）④私は先生に課題の提出期限を延ばし<u>てもらった</u>。
（　）⑤私は姉に宿題をやっ<u>てもらった</u>。

5．日本語教育の観点から

　ここで扱った受身文や使役文などのヴォイスの表現は、立場が異なることで助詞の交替や動詞の変化が起こる文法現象として、しっかりと基本的な枠組みを理解しておく必要があります。いずれの形式も初級の教科書の中で扱われるものです。特に日本語の受身文を始め、可能構文、自発構文、授受表現などは、他言語には見られない特徴があるため、学習者にとっては理解しにくい事項でもあります。必要に応じて、日本人の言語観にも触れながら、シンプルでわかりやすい例文で理解させていくことが重要でしょう。
　何度も繰り返しますが、これらの文法理論は日本語教育に携わる者としての基本的な知識であって、必ずしもそのまま学習者に伝えるべきものではありません。文法と教授法はまったく別のものです。教科書によって、その導入の仕方は千差万別であり、日本語教師はこれらの文法事項をそれぞれの教科書に沿う形で学習者に教えていくことになります。とはいえ、いずれの教科書を使うにせよ、基本的な文法概念は同じであるので、どのような教科書を使っても対応できるような文法知識を備えていきましょう。

まとめ

> ヴォイスとは、動詞が表す動きについて、異なる立場から表される文法形式のことを言います

1. 受身文
    - （1）直接受身文（ヲ格がなく、他動詞による受身文）
    - （2-a）間接受身文（ヲ格がなく、自動詞による受身文）
    - （2-b）間接受身文（ヲ格があり、主語と目的語との間に所有・身体関係がない）
    - （3）持ち主の受身（ヲ格があり、主語と目的語との間に所有・身体関係がある）
2. 使役文
    - （1）強制（強制的な働きかけ）（2）容認（意思の尊重）（3）原因（原因となる事柄）（4）責任（責任を負うべき人）（5）謙譲（待遇上の配慮）
3. その他のヴォイス
    - （1）使役受身文（強制される動作）（2）可能構文（動作実現の能力）
    - （3）自発構文（自然に起きる事態－自発動詞・受身形・可能形）
    - （4）授受表現（対応する動詞による物や恩恵の授受）

練習問題

【問題1】次の受身文は、①直接受身、②間接受身、③持ち主の受身の中のどれでしょうか。
（　）(1) 一人娘に家出され、両親は途方に暮れた。
（　）(2) 裕子さんは友達に傷つけられ、悲しい思いをした。
（　）(3) 山田さんは職場の同僚にタバコを吸われて、迷惑している。
（　）(4) 太郎は大事にしていたカメラを壊されて、怒った。

【問題2】次の使役文は①強制、②容認、③原因、④責任の中のどれでしょうか。
（　）(1) 言いたいやつには言わせておけばいい。
（　）(2) 非行の低年齢化が小学校教師を悩ませている。
（　）(3) その上司は自分の車を部下に洗車させた。
（　）(4) 接待で帰りが遅い夫はいつも妻をいらいらさせている。

【問題3】次の文は①使役受身文、②自発構文、③可能構文の中のどれでしょうか。
（　）(1) その子どもは母親に買い物に行かされた。
（　）(2) 位牌の前で故人の姿が偲ばれる。
（　）(3) 私は関西人なので、納豆が食べられない。
（　）(4) キーボードを見ないで、パソコンが打てる。

COLUMN 4 ―「さ入れ言葉」と「ら抜き言葉」

　「さ入れ言葉」とは、本来「さ」が入っていない子音動詞の使役形に「さ」を入れて使用することを言います。下の表の右上にあるように、「書かさせる」「読まさせる」という言い方になるわけです。ただし、サ行の子音動詞は使役形が「～させる」という言い方になることから、「さ」入れ現象は起きません。

動詞の種類		使役形の作り方		さ入れ言葉
子音動詞	書く	書か＋せる	書かせる	書かさせる
	読む	読ま＋せる	読ませる	読まさせる
	話す	話さ＋せる	話させる	―
母音動詞	見る	見＋させる	見させる	―
	寝る	寝＋させる	寝させる	―
不規則動詞	来る	来＋させる	来させる	―
	する	さ＋せる	させる	―

　「さ入れ言葉」は使役形だけでの単独の使用は少なく、「～させていただく」という謙譲表現や「～させてください」などの依頼表現での使用が目立ちます。例えば、「何でも作らさせていただきます」や「お先に帰らさせてください」などの例です。インターネットで「さ入れ言葉」を検索すると、かなりの数がヒットします。そこでは、「さ入れ言葉を使う人は典型的に敬語の弱い人だ」などとする批判的なコメントが多く見られます。私の知人からも、テレビ番組で某タレントが連発していて気になるが、間違っていないのかと質問されました。文法規則から言えば正しくないと答え、私自身でもテレビ番組を気をつけて見るようにしました。そうしたところ、タレントだけでなく、政治家も使っていることに気がつきました。私が実際に耳にしたのは、政府与党の党首が選挙キャンペーン中に「がんばらさせてください」と言っていましたし、野党の党首も「政権を取らさせてください」などと訴えていました。こうなると、単に敬語に弱いとか、間違っているとかでは済まされない社会現象のように感じます。

　どうやら「さ入れ言葉」使用の背景には、「さ」を入れることで、丁寧度を高めようとする意識が働いているようです。確かに「政権を取らせてください」というよりも「是非我々に取らさせてください」と言うと、丁寧度が少し高まるような気がします。文化庁が平成19年度に実施した調査によると、部下が上司に「明日は休まさせていただきます」という言い方に49.1％の人が「気にならない」と回答し、「気になる」とした47.9％を初めて上回りました。ちなみに、5年前の平成14年度は「気になる」が57.1％で、「気にならない」とする人は38.7％でした。このような調査を見ると、「ら

抜き言葉」同様に、「さ入れ言葉」も着実に市民権を獲得してきているように感じます。

一方、「さ入れ言葉」の先輩格である「ら抜き言葉」ですが、これは可能表現である「見られる」などから「ら」が抜けて「見れる」になる現象です。可能形では、子音動詞には「eる」が、その他の動詞には「られる」が付きます。

動詞の種類		可能形の作り方		ら抜き言葉
子音動詞	書く	書く＋eる	書ける	―
	読む	読む＋eる	読める	―
母音動詞	見る	見＋られる	見られる	見れる
	寝る	寝＋られる	寝られる	寝れる
不規則動詞	来る	来＋られる	来られる	来れる
	する	できる		―

「ら抜き言葉」は母音動詞と「来る」に付くべき「られる」が「れる」になる現象を言います。「ら抜き言葉」は明治時代からすでに見られ、戦後急速に広まったとされます。文化庁による平成20年度「国語に関する世論調査」によると、「来られる」の「ら抜き言葉」である「来れる」について、「言葉の乱れ」だと思う人は23.7％にすぎず、「そういう言い方をしてもかまわない」や「乱れではなく言葉の変化だ」とする人は合計で67％となる結果を発表しています。公の見解としては、第20期国語審議会（1993年）の答申で、社会一般に広く使われていることを認めつつも、「現時点では改まった場では使うべきではない。」としています。

言語学的には、受身形などと同じであった可能形から「ら」が抜けることで可能形独自の形式になる現象として捉えられ、動詞全体が統一した形式である「ら抜き言葉」になることは理にかなった合理的なプロセスであるとされます。このことから、今後さらに「ら抜き言葉」の使用率が上がっていくことが予想されます。

タバコはそう簡単には、止めれない。

第5章　テンス

　テンスとは、英語の"tense"のことを言い、日本語では「時制」と訳されます。簡単に言えば、時を表す文法カテゴリー（文法項目の分類）のことです。述語の辞書形（学校文法では「終止形」と呼ばれます。）は一般的に**ル形**と呼ばれ、現在や未来の事態を表します。述語の種類によって「～る」「～い」「～だ」などがあります。これに対し、「～た」で終わる述語は**タ形**と呼ばれ、過去の事態を表します。「～た」「～かった」「～だった」などがあります。丁寧形の場合、「～です」「～ます」はル形、「～でした」「～かったです」「～ました」はタ形になります。

	ル形（現在・未来）		タ形（過去）	
動詞	食べる	食べます	食べた	食べました
形容詞	美しい	美しいです	美しかった	美しかったです
	穏やかだ	穏やかです	穏やかだった	穏やかでした
名詞	子どもだ	子どもです	子どもだった	子どもでした

　なお、子音動詞では、ル形に「書く」「貸す」「立つ」「死ぬ」「読む」「買う」「飛ぶ」「騒ぐ」、タ形に「～だ」（「泳いだ」など）となるものがあります。

　日本語のテンスについては、研究者の間で意見が分かれています。なぜかと言うと、これらのル形とタ形が純粋にテンスだけを表しているわけではないからです。テンス以外の機能については、この章でも扱いますが、現在日本語のル形とタ形については、以下のような説があります。

１）テンス説
　　ル形とタ形が過去・現在・未来という時間の概念を表すという考えです。
２）完了・未完了説
　　日本語にテンスはなく、文脈依存による事態の完了・未完了を表すという説です。
３）両者の中間的な説
　　テンスと完了の両方を表すという考えです。

　このテキストでは、現在日本語教育界で主流となっている３）の中間的な説で説明します。つまり、ル形とタ形はテンスを表すだけでなく、完了的な側面も表すという考えです。この章では、最初にテンスについて説明し、その後、テンス以外の機能について考えていくことにします。

その1　絶対テンスと相対テンス

1．ル形とタ形

ル形は「現在」または「未来」の事態を表しますが、どちらを基本的に表すかは、述語によって異なるとされます。

❓ 考えてみよう！

以下の表の述語のル形が表す事態は「現在」または「未来」のどちらでしょうか。適当であると思われるところに○を付けてください。

述語の種類	ル形（非過去）	現在	未来	タ形（過去）
動詞	遊ぶ			遊んだ
	消える			消えた
	ある			あった
形容詞	明るい			明るかった
	静かだ			静かだった
名詞	学生だ			学生だった

上の表からわかることは、動きを表す動詞の「ル形」は未来の事態を表し、状態性の述語（状態動詞・形容詞・名詞述語）の「ル形」は現在の状態を表すということです。

2．動き動詞と状態動詞

大多数の動詞は動的な動き（動作・変化）を表すことから、**動き動詞**（P.87参照）と呼ばれ、ル形で未来の事態を表します。現在の状態を表す場合は、テイル形にしなければなりません。

1）あとでご飯を<u>食べる</u>。（未来の動作）
　→今ご飯を<u>食べている</u>。（現在の進行する動作の状態）

2）パソコンがそのうち<u>壊れる</u>。（未来の変化）
　→パソコンが<u>壊れている</u>。（変化した現在のパソコンの状態）

これに対し、「ある」のように、ル形で現在の状態を表す動詞のことを**状態動詞**と呼びます。状態動詞にはテイル形を持つものと持たないものがあります。

3）その公園には大きな桜の木が<u>ある</u>。（存在の状態）　→　×あっている
4）私と彼女では意見が<u>異なる</u>。（意見相違の状態）　→　<u>異なっている</u>

　その他にも、「いる」「存在する」「似合う」「関連する」「（時間が）かかる」「できる（能力）」などがあり、「読める」「話せる」などの可能形も「状態動詞」に含まれます。
　また、話し手の心の状態を表す動詞のことを**内的状態動詞**（→「COLUMN 5」P.80）と呼びますが、この動詞の一部もル形で発話時における話し手の思考や感情、感覚などを表します。

5）彼女は来ないと<u>思う</u>。
6）なんか緊張して<u>どきどきする</u>。

　同様に、「〜気がする」「（においが）する」「むかむかする」「ひりひりする」「見える」「聞こえる」などがあり、ル形で現在の内的状態を表すことになります。

3．恒常的表現

　動き動詞はル形で未来の事態を表すことを見ました。しかし、ル形で表される事態が<u>個別の出来事</u>ではなく、一般的な事態や繰り返し（習慣）、真理、規則などの場合は、過去・現在・未来という枠にはとらわれない時間の表現となります。ここでは、まとめて**恒常的表現**と呼ぶことにします。（習慣や繰り返しの事態も過去から未来にかけて起きているという意味で「恒常的表現」の中で扱うことにします。）

恒常的表現		
過　去	現　在	未　来

以下の表では、恒常的表現を通常のテンスの表現と比べながら挙げてあります。個別的表現（未来）との違いを確認してください。

	恒常的表現	個別的表現（未来）
1	日本人は魚をよく<u>食べる</u>。（一般的事実）	私はこれから弁当を<u>食べる</u>。
2	私は毎日図書館で<u>勉強する</u>。（繰り返し）	私は今から家で<u>勉強する</u>。
3	太陽は東から上って西に<u>沈む</u>。（真理）	もうすぐ太陽が向こうの山に<u>沈む</u>。
4	オートバイでの通学を<u>禁止する</u>。（規則）	A業者の出入りは今後<u>禁止する</u>。
5	猿も木から<u>落ちる</u>。（ことわざ）	枝が折れ、その猿が木から<u>落ちる</u>。

> ! **確認しよう！**

次の文の下線を引いた部分は、①過去、②現在、③未来、④恒常的表現の中のどれに当たるでしょうか。

(　　　)　(1) 今日は富士山がよく<u>見える</u>ね。
(　　　)　(2) 「風が吹けば桶屋が<u>もうかる</u>」って、どういう意味ですか。
(　　　)　(3) これから銀行に<u>行きます</u>。
(　　　)　(4) 父なら、書斎で本を<u>読んでいます</u>。
(　　　)　(5) 地球は太陽の周りを<u>回ります</u>。
(　　　)　(6) 町の中心街はとても<u>賑やかでした</u>。
(　　　)　(7) 彼は毎週プールで<u>泳ぎます</u>。
(　　　)　(8) 私は頭が<u>痛い</u>。

4．絶対テンス

　テンスを考える場合、通常は発話時を基準として、事態がそれより**前**か、**同時**か、**後**かという判断をすることになります。前の場合はタ形、同時か後の場合はル形が使われます。

　1）太郎は東京に<u>行った</u>。　（発話時より前－タ形）
　2）太郎はあそこに<u>いる</u>。　（発話時と同時－ル形）
　3）太郎は東京に<u>行く</u>。　（発話時より後－ル形）

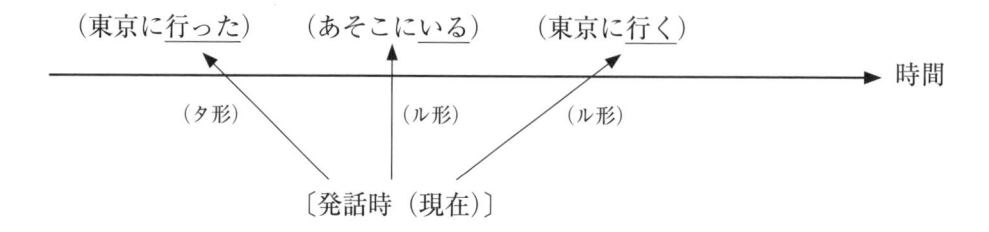

```
（東京に行った）   （あそこにいる）   （東京に行く）
      ↑                ↑                ↑           → 時間
    （タ形）          （ル形）          （ル形）
         ＼             ｜             ／
          〔発話時（現在）〕
```

このようなテンスのあり方を**絶対テンス**と呼びます。絶対テンスでは発話時を基準としてタ形とル形が決定されます。前ページの表で確認した述語のル形とタ形は、恒常的表現を除けば、基本的にすべて絶対テンスとなります。

5．相対テンス（継起関係の従属節）

　ところが、日本語の文を観察すると、絶対テンスだけでは説明できないような言語事実に直面します。例えば、

　　　　電車に乗るまえに、切符を買った。

という文では、明らかに「電車に乗る」という行為はすでに過去のもの（発話時以前）であるにもかかわらず、「電車に乗る」とル形が使われています。この現象はどのように説明したらいいのでしょうか。実は、このような現象は**相対テンス**という考え方で説明することができます。この考えでは、時を決定する基準点は発話時（現在）ではなく、主節の動作が行われた時点（ここでは「切符を買った」時点）にあると考えます。その上で、この基準時より**前**に起きていると「タ形」が、**同時**か**後**に起きていれば「ル形」が使われるというものです。

　　　　電車に乗るまえに、切符を買った。
　　　　（従属節）　　　　　（主節）

　これを理解するためには、皆さんの視点を一度「主節の時点」に移してみると良いでしょう。主節の動作である「切符を買っている」自分を想像してみてください。その上で、「電車に乗る」のは、それより前にあったのか、これから後のことなのかを考えてみてください。普通は切符を買ってから電車に乗りますので、「電車に乗る」という動作は主節の「切符を買う」という動作の**後**になります。したがって、従属節である「電車に乗る」のテンスは、ル形になるわけです。これを図式化すると、以下のようになります。（なお、主節である「切符を買う」は絶対テンスですので、タ形となります。）

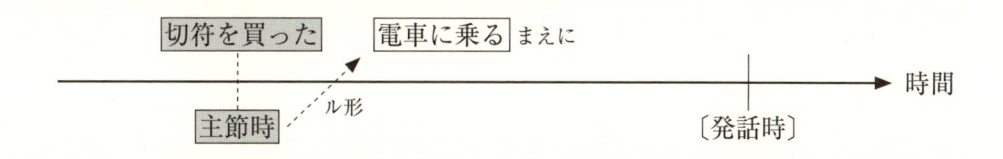

　　　切符を買った　　電車に乗る　まえに
　　　　　　　　　　↗
　──────────────────────────→ 時間
　　　主節時　ル形　　　　　　　　〔発話時〕

　もし、この順番が逆の場合、つまり、切符を買う時間がなくて、慌てて電車に乗り、電車の中で車掌さんから切符を買ったとします。その場合は、順番が逆になり、「電車に乗る」という動作は主節の「切符を買う」という動作の**前**になりますので、従属節の「電車に乗る」はタ形になります。

　　　　電車に乗ったあとで、切符を買った。

　　　電車に乗った　あとで　　切符を買った
　　　　　　　　　↘
　──────────────────────────→ 時間
　　　　　　タ形　　主節時　　〔発話時〕

第 5 章　テンス

67

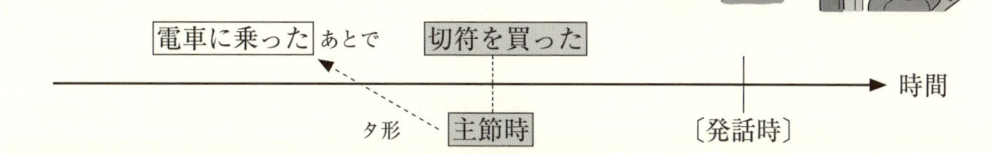

このように、従属節のテンスは主節の時点が基準になって決まるわけです。なお、従属節のテンスはあくまで主節との関係で決まるため、主節の絶対テンスが過去であろうと未来であろうと、相対テンスの解釈には変わりはありません。

1) 電車に乗るまえに、切符を買いました／買います。
2) 電車に乗ったあとで、切符を買いました／買います。

このことから、「〜まえに」という従属節は必ず主節の後に起こることからル形に、「〜あとで」という従属節は必ず主節の前に起こることからタ形になることがわかります。「〜したまえに」や「〜するあとで」が不自然になるのはこのためです。外国人に日本語を教えるときには「〜するまえに」と「〜したあとで」で覚えてもらうと、このような複文の間違いが少なくなります。

ただし、「〜ときに」では、主節との前後関係をしっかりと見極め、「〜ときに」の前をル形にするかタ形にするか決める必要があります。

3) 電車に乗るときに、切符を買いました。(「切符を買う」→「電車に乗る」)
4) 電車に乗ったときに、切符を買いました。(「電車に乗る」→「切符を買う」)

このように、1つの文で2つの出来事を表すとき（主となるものを主節、従となるものを従属節と呼び、文の並びにおいては主節は原則的に最後に来ます）、従属節のテンスは主節の時点を基準に決定されるわけです。

⚠ 確認しよう！

相対テンスの考え方について、以下の4つの例文で確認してみましょう。まずは、下線の従属節の出来事は、主節の出来事と比べ、「前」なのか、「後」なのか、（ ）に書き入れてください。ポイントは主節の行為に自分の視点を移して考えてみることです。

(1) オーストラリアに行くときに、パスポートを取得した。　　　（過去の文）
　　　　（　　　）

(2) オーストラリアに行くときに、パスポートを取得する。　　　（未来の文）
　　　　（　　　）

(3) オーストラリアに行ったときに、コアラの人形を買った。　　（過去の文）
　　　　（　　　）

(4) オーストラリアに行ったときに、コアラの人形を買う。　　　（未来の文）
　　　　（　　　）

そのうえで、従属節が主節より後に起きていれば、ル形となり、主節より前に起きていれば、タ形となっていることを確認してください。これらのことを図式で表すと、以下のようになります。(■主節　□従属節)

(1) オーストラリアに行くときに、パスポートを取得した。

```
        ┌─────────────┐   ┌──────────────┐
        │パスポートを取得した│   │オーストラリアに行く│ときに
━━━━━━━━━━━━━━━━━━━━━━━━━━━━━━━━━━━━━━━━━━━━━━━━━━━━━━━━━▶ 時間
              ⋮            ⋮
            [主節時]  ル形   [発話時]
```

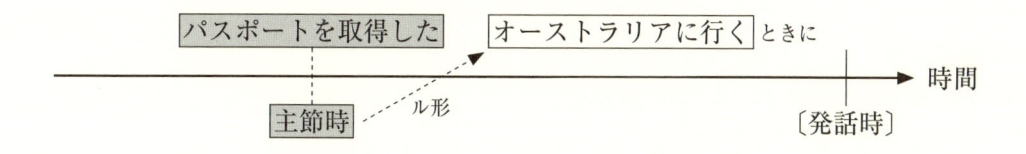

(2) オーストラリアに行くときに、パスポートを取得する。

```
              ┌─────────────┐   ┌──────────────┐
              │パスポートを取得する│   │オーストラリアに行く│ときに
━━━━━━━━━━━━━━━━━━━━━━━━━━━━━━━━━━━━━━━━━━━━━━━━━━━━━━━━━▶ 時間
       ⋮         ⋮       ル形
    [発話時]   [主節時]
```

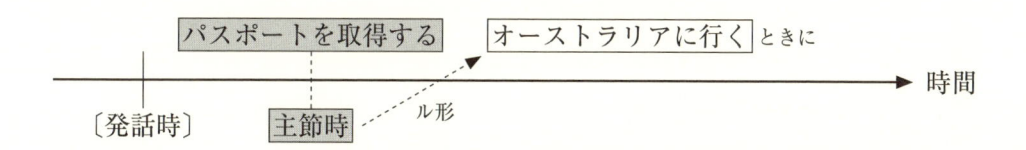

(3) オーストラリアに行ったときに、コアラの人形を買った。

```
        ┌──────────────────┐   ┌──────────────┐
        │オーストラリアに行った│ときに│コアラの人形を買った│
━━━━━━━━━━━━━━━━━━━━━━━━━━━━━━━━━━━━━━━━━━━━━━━━━━━━━━━━━▶ 時間
                タ形          ⋮         ⋮
                          [主節時]    [発話時]
```

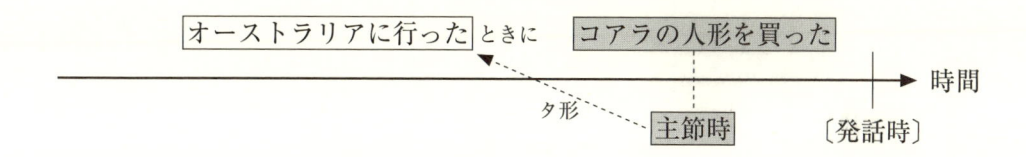

(4) オーストラリアに行ったときに、コアラの人形を買う。

```
        ┌──────────────────┐   ┌────────────┐
        │オーストラリアに行った│ときに│コアラの人形を買う│
━━━━━━━━━━━━━━━━━━━━━━━━━━━━━━━━━━━━━━━━━━━━━━━━━━━━━━━━━▶ 時間
       ⋮       タ形          ⋮
    [発話時]                [主節時]
```

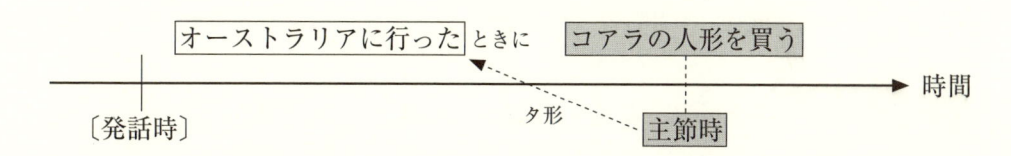

このように、主節の出来事が起きた時を基準とするテンスを相対テンスと呼び、発話時を基準とする絶対テンスと区別されます。相対テンスになる従属節は、「～ときに」「～まえに」「～あとに」など、2つの事柄が順番に起こる継起的な場合に限られます。また、主節は必ず絶対テンスとなります。

6．同時関係の従属節

　このように、従属節のテンスは主節との前後関係で決まる相対テンスです。この視点は、主節と従属節の事態が時間的に重なる場合も同様です。（以下、実線は絶対テンス、点線は相対テンス）

　1）二人は日本に留学しているときに、知り合った。

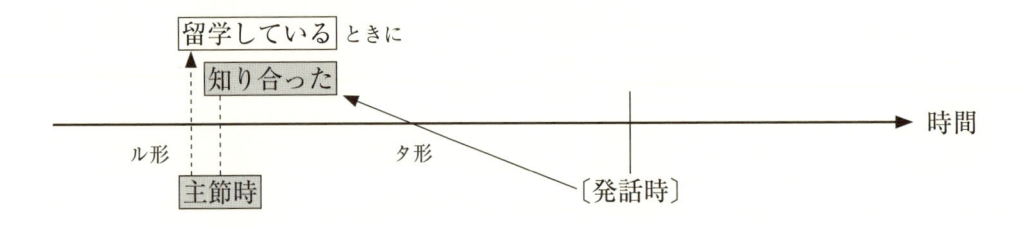

　ところが、従属節は主節の事態と同時関係にあることから、主節とともに一括して、絶対テンスの解釈を受けることがあります。

　2）二人は日本に留学していたときに、知り合った。（絶対テンスの解釈）

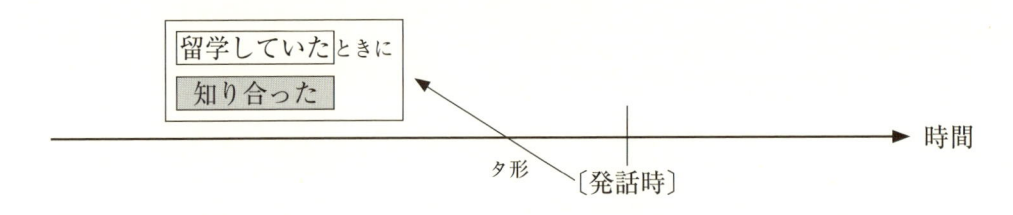

このような捉え方では、従属節のテンスも主節のテンスと同様に絶対テンスとなります。以下の例においても同様に、相対テンスと絶対テンス両方の解釈が可能となります。

　3）太郎が寝ているときに、布団をかけた。（相対テンスの解釈）
　4）太郎が寝ていたときに、布団をかけた。（絶対テンスの解釈）

　以上、同時関係の従属節は基本的には相対テンスとなりますが、主節と一緒にまとめて捉えられると、絶対テンスとなります。

7. 相対テンスのまとめ

単文や主節のテンスは絶対テンスであるのに対し、複文における従属節のテンスは、過去や未来などとは関係なく、主節との関係で決まる相対テンスです。従属節のテンスをまとめると、以下のようになります。

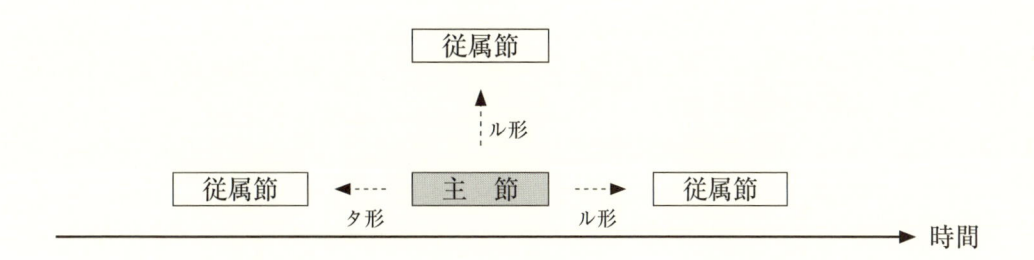

```
                    ┌─────┐
                    │従属節│
                    └─────┘
                       ▲
                       ┆ル形
                       ┆
    ┌─────┐ ◀┄┄┄┄ ┌─────┐ ┄┄┄┄▶ ┌─────┐
    │従属節│        │ 主 節 │        │従属節│              時間
    └─────┘         └─────┘         └─────┘  ─────────▶
             タ形            ル形
```

ただし、主節と同時関係にある従属節は、主節とともに一括して捉えられると、主節と同じ絶対テンスとなります。

確認しよう

次の下線の述語のテンスは、①絶対テンス、②相対テンスのどちらでしょうか。

(・) (1) 家を出るまえに雨戸を閉めておいてね。すごい夕立が来るそうよ。
(・) (2) 試合が終わった後に、皆で焼肉屋に行った。
(   ) (3) バーベキューをしているときに、雨が降ってきた。
(   ) (4) バーベキューをしていたときに、雨が降ってきた。
(   ) (5) 今度ヨーロッパに遊びに行きます。
(   ) (6) どこかでウグイスが鳴いている。
(   ) (7) 歯医者に行くときは歯を磨いてね。
(   ) (8) なんか胸がむかむかする。

> 従属節は「同時関係」を除いて、基本的に相対テンスになるんだね。

その2　テンス以外のタ形

　ここまで、日本語の「ル形」と「タ形」はテンスを表すとしてきましたが、テンスだけでは説明できないことがあります。例えば、下の質問に対してどちらの答えが適当であるかを考えてみてください。

1）もう宿題をやりましたか？
　□　いえ、やりませんでした。
　□　いえ、まだやっていません。

2）昨日宿題をやりましたか？
　□　いえ、やりませんでした。
　□　いえ、まだやっていません。

1）の答えは「いえ、まだやっていません」、2）の答えは「いえ、やりませんでした」となるはずです。なぜ、答え方が異なるかというと、1）の「やりました」は**現在完了**を、2）の「やりました」は過去を表しているからです。英語で表すと、

1'）Have you done your homework yet?
2'）Did you do your homework yesterday?

となり、違いがはっきりとします。このような完了の意味はアスペクトの範疇に入り、1）の「タ形」は現在完了を表すとされます。なお、過去の否定が「タ形」であるのに対し、現在完了の否定は「テイル形」となる点に注意してください。また、アスペクトについては、第6章で詳しく見ていきます。

1．「現在完了」のタ形
　「現在完了」は過去の事態を現在とつなげるアスペクトの視点です。過去に起きたことと現在が関連していることを示します。これに対し、「過去」の視点ではそのような現在との関わりはなく、すでに終わっている過去の出来事として捉えます。

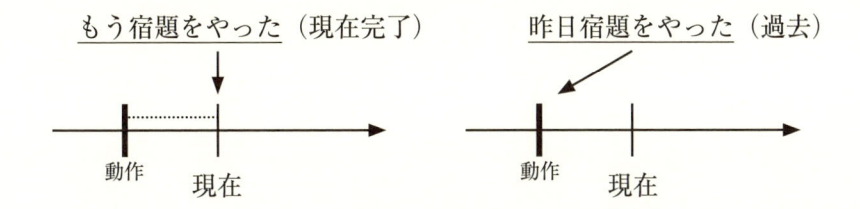

もう宿題をやった（現在完了）　　　昨日宿題をやった（過去）

「現在完了」は過去のどの時点で事態が起きたのかは問題にしません。例えば、「もう宿題をやった」という事態であれば、宿題をやった時点は①でも②でも③でも、どの時点でもいいことになります。重要なのは、過去に起きた事態を現在との関わりの中で捉えるという視点です。

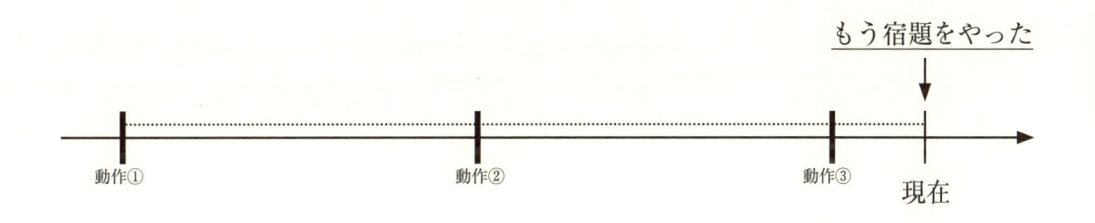

このような「現在完了」と「過去」の視点について、以下の例文でその違いを確認してください。

1）（友人との待ち合わせで）
　　「Aさんはもう来た？」
　　　　→　現在完了（現時点での到着の有無を聞いている。）
　　「あっ、ちょうど今来た。」
　　　　→　現在完了（現時点での到着の有無を伝えている。）

　　（その翌日）
　　「昨日はAさんは来たの？」
　　　　→　過去（昨日の時点での到着の有無を聞いている。）
　　「うん、来たよ。」
　　　　→　過去（昨日の時点での到着の有無を伝えている。）

2）（最近話題になっている映画について）
　　「ねえ、見た、あの映画？」
　　　　→　現在完了（現時点での映画鑑賞の有無を聞いている。）
　　「ううん、まだ見てない。今日見るつもり。」
　　　　→　現在完了（現時点での映画鑑賞の有無を伝えている。）

第5章　テンス

（その翌日）
「見るって言ってたあの映画、昨日見た？」
　　→　過去（過去の時点での映画観賞の有無を聞いている。）
「ううん、用事があったから、見なかったよ。」
　　→　過去（過去の時点での映画観賞の有無を伝えている。）

「現在完了のタ形」の多くは、アスペクトの表現である「〜ている」や「〜たところだ」などで言い換えることが可能です。

3）Aさんはもう来た？　→　Aさんはもう来ている？
4）もう宿題は終わった。　→　もう宿題は終わっている。
5）ちょうど今来た。　→　ちょうど今来たところだ。
6）先生はちょうど今帰った。　→　先生はちょうど今帰ったところだ。

2．特殊なタ形

次に見るタ形は、テンスやアスペクトとは異なる意味を持ちます。

1）（八百屋の店先で）さあ、買った、買った。安いよ。

1）のタ形は、「買う」という行為がまだ行われているわけではないので、「過去」でも「現在完了」でもないことは明らかです。では、どうして「タ形」が使われているのでしょうか。実は、この「タ形」は「買う」という事態がすでに実現したものとして、相手を促すときに使われると言われています。その他にも、以下のような状況でタ形が使われます。

2）あった、あった、こんなところにあった。（探していたものを発見したとき）
3）あなたはA大学出身だったんですか。（知らなかった事実に気がついたとき）
4）そうだ、今日は飲み会だった。（以前に聞いた事柄を思い出したとき）
5）インチキだってわかってれば買わなかったよ。（実際は実現しなかった反事実）

このように、過去や現在完了で説明できない「タ形」は「**特殊なタ形**」として扱うことにしますが、話し手の認識と深い関係にあることから、「ムードのタ」や「モダリティのタ」、「叙想的テンス」などと呼ばれることがあります。（ムードについては、第7章で詳しく扱います。）

確認しよう！

次のタ形は①絶対テンス（過去）、②現在完了、③特殊なタ形の中のどれでしょうか。

(　　) (1)「そのお皿はどうして割れているの？」「昨日子どもが割ったんだよ。」
(　　) (2)「ねえ、夕刊、来た？」「まだ、来てないよ。」
(　　) (3)「ネットで頼んでおいたチケットは？」「2日前に届いたよ。」
(　　) (4) そうだ、君はまだ未成年だったね。ジュースで乾杯しよう。
(　　) (5)（実家に帰って）ただいま、今着いたよ。誰かいない？
(　　) (6) やっと掃除が終わったよ。ちょっと休憩！
(　　) (7) 借金があるとわかっていたら、結婚しませんでした。

文法チェック ❹ "完了と過去の見分け方"

　もともと日本人の意識の中では「現在完了」と「過去」を分けていませんので、両者を見分けるのは難しいかもしれません。見分けるポイントは、「現在完了」のタ形は過去に起きた事態と現在とをつなげて見る表現ですので、多くの場合「もう」「すでに」「今」「やっと」など過去と現在のつながりを暗示する副詞と共起します。これに対し、「過去」のタ形では「昨日」「去年」「1週間前」など、過去を明示する副詞を伴うことが多いと言えます。

＜現在完了＞
・やっと掃除が終わったよ。
　→「やっと」により、動作が今終了したことがわかる。
・ご飯はもう食べたよ。
　→「もう」により、現在までに食べ終えていることがわかる。

＜過去＞
・昨日東京に行った。
　→「昨日」により、過去の動作であることがわかる。
・2週間前に大きな地震があった。
　→「2週間前に」により、過去の出来事であることがわかる。

それでは、「テンス」の章で扱った内容について、以下の練習問題で確認しましょう。

練習しよう！

次のル形とタ形はどのような用法でしょうか。下の選択肢の中から一番適当なものを1つ選んでください。

(1)「ねえ、小包はもう届いた？」
　　□　絶対テンス（過去）　　□　現在完了　　□　特殊なタ形
(2) 秋になると、山の木々が紅葉する。
　　□　絶対テンス（未来）　　□　相対テンス　　□　恒常的表現
(3) 首相が答弁しているときに、その議員は折り紙をしていた。
　　□　絶対テンス（現在）　　□　相対テンス　　□　現在完了
(4) ウグイスが鳴いている。もう春だねえ。
　　□　絶対テンス（現在）　　□　相対テンス　　□　恒常的表現
(5) えっ、君はまだ学生だったの？　社会人かと思ったよ。
　　□　絶対テンス（過去）　　□　現在完了　　□　特殊なタ形
(6) スポーツをしたあとで、シャワーを浴びた。
　　□　絶対テンス（過去）　　□　相対テンス　　□　現在完了

やってみよう！

「確認しよう」で、これまでやったテンスやテンスに関わる表現を確認できたでしょうか。それでは、もっと多くの例で練習してみましょう。次のル形とタ形はどのような用法でしょうか。次の中から1つ選んでください。

①絶対テンス（過去・現在・未来）　②相対テンス　③恒常的表現
④現在完了　⑤特殊なタ形

(　　)　(1) テレビを見るまえに、宿題をやりなさい。
(　　)　(2) 試験に備えて、一生懸命勉強した。
(　　)　(3) 日本では小学校と中学校で義務教育が行われる。
(　　)　(4)「ねえ、ドラマ、もう終わった？」「うん。」「じゃあ、チャンネル変えてもいい？」
(　　)　(5) 住宅不況が来るとわかっていたら、その物件は買わなかったよ。

(　) (6) 溺れる者は藁をもつかむ。
(　) (7) ほら見て、やっぱり山田さんだった。
(　) (8) よく耳を澄ましてごらん。虫の鳴き声が聞こえるよ。
(　) (9) 今日は友達に会ったあとに、図書館に行きます。
(　) (10) パパ、もうご飯、食べた？　食べたら宿題を手伝ってね。

(　) (11) 今度のミーティングは金曜日でしたっけ？
(　) (12) テレビを見ていたときに、友達から電話がありました。
(　) (13) お風呂に入るとき、体重計で体重を量りました。
(　) (14) 私はスパゲッティを食べるとき、フォークとスプーンを使います。
(　) (15) （電車の中で寝ている友達に）おい、駅に着いたよ、降りるよ！

(　) (16) （キッチンで）お鍋のお湯が沸騰したよ、早くスパゲッティを入れて！
(　) (17) そうだ、今日は約束があった。忘れるところだったよ。
(　) (18) ええ！　昨日東京で地震があったって？　新宿にいたけど、気がつかなかったよ。
(　) (19) 京都を観光したあと、奈良に行く予定です。
(　) (20) 春になると、日本中で桜の花が咲きます。

(　) (21) いい匂いがするね、今日は中華かな。
(　) (22) 水は100度になると沸騰します。
(　) (23) 「太郎がやっと寝ついたわ。」「そうか、じゃあDVDでも見ようか。」
(　) (24) 雨が降るので、傘を持っていきます。
(　) (25) さあ、食った、食った！　今日は俺のおごりだ。

(　) (26) そうそう、彼はそのプロジェクトの責任者だったね。今思い出したよ。
(　) (27) 最近よく雨が降るね。
(　) (28) 先週出された課題のエッセイ、今やっと終わったよ。
(　) (29) この間もらったケーキ、おいしかったよ。ありがとう。
(　) (30) 今度出かけたときに、お父さんがおもちゃを買ってあげるね。

3. 日本語教育の観点から

　テンスとは話をしている現在から見て、出来事がそれより前に起きたのか、今まさに起きている（または続いている）のか、これから起きるのか、を示す文法カテゴリーです。ただし、このカテゴリーは普遍的なものではありません。中国語やインドネシア語にはテンスはありません。動詞は変化しないで、「昨日」や「明日」などの副詞によって表されるのです。相対テンスの概念は理論的に考えると非常に複雑で、日本人ですら簡単には理解できません。といっても、日本人は理論など関係なく、無意識に視点を移しながら、正しく使っているわけです。ある方から、こんなに難しい理論をどのように学習者に教えるのかと質問されたことがあります。相対テンスの概念をそのまま学習者に伝える必要はありませんが、日本語教育に携わる者にとっては、知識として備えるべき事項であることは確かです。教科書では、「～するまえに」「～したあとに」「～するときに」「～したときに」などの表現で具体的な例文で教えていきます。日本語のル形とタ形にテンス以外の意味もあることは、中・上級になるにしたがって必要に応じて教えていくことになります。

まとめ

> テンスとは、出来事などの時間的前後関係を示す文法カテゴリーです。

1. **絶対テンス**
   単文や複文の主節は、絶対テンスとなる。
   → 「動き動詞」のル形は未来、「状態性述語」のル形は現在となる。

2. **相対テンス**
   複文（継起・同時関係）における従属節は、相対テンスとなる。
   → ただし、同時関係の複文においては、絶対テンスになることもある。

3. **恒常的表現（ル形）**
   「動き動詞」であっても、一般的事実や繰り返し、真理、法則、規則などを述べる場合にはル形が使われる。

4. **「現在完了」のタ形**
   過去の事態を現在とつなげる視点の用法

5. **特殊なタ形**
   話し手の認識と深く関わる用法

練習問題

次の下線部のル形とタ形は、①絶対テンス、②相対テンス、③恒常的表現、④現在完了、⑤特殊なタ形の中のどれでしょうか。

(　) (1) ご飯を<u>食べる</u>とき、手を洗った。
(　) (2) パソコンを<u>打っている</u>ときに、電話が鳴った。
(　) (3) 外から<u>帰った</u>ときは、必ずうがい手洗いをする。
(　) (4) 昨日友達と居酒屋で酒を<u>飲んだ</u>。
(　) (5) 今度の「飲み会」って、<u>いつでしたっけ</u>？
(　) (6) 2かける3は<u>6である</u>。
(　) (7) アメリカに<u>いた</u>ときに、妻と知り合いました。
(　) (8) （カレンダーを見て）まずい、今日は<u>結婚記念日だった</u>。
(　) (9) あっ、車が<u>衝突した</u>。すぐ110番して！
(　) (10) 天皇は、国会の指名に基づいて、内閣総理大臣を<u>任命する</u>。
(　) (11) ねえ、お父さんはもう会社に<u>行った</u>？

COLUMN 5 — 内的状態動詞

　大多数の動詞はル形で未来の事態を表しますが、状態動詞と内的状態動詞の一部はル形で現在の状態を表すことを見ました。状態動詞については、第6章のアスペクトで扱いますので、ここでは内的状態動詞について、説明することにします。すでに成立している性質や存在、関係を表す状態動詞に対し、話し手の心の状態（思考や感情、知覚、感覚）を表すのが、内的状態動詞です。実は、この内的状態動詞と呼ばれる動詞グループは、テンスという面では3種類に分かれます。ル形で現在の状態を表すもの、ル形で未来を表すもの、そして、タ形で現在の状態を表すものです。ル形で未来を表すものは、動き動詞として扱うことができますので、ここではル形とタ形で現在の状態を表す内的動詞について見ることにします。

　内的状態動詞がル形で現在の話者の心の状態を描写するということはすでに第5章の中でも触れました。ル形で現在の状態を表すという意味では、状態動詞と共通する性質を持っていると言えるでしょう。ところが、内的状態動詞の中には、タ形で現在の心的状態を表すものがあります。両者の動詞例は以下のとおりです。

種類	特徴	動詞例
内的状態動詞	ル形で現在の状態を表す	思う、わかる、気になる、見える、聞こえる、匂う／臭う、味がする、音がする、臭いがする、予感がする、めまいがする、吐き気がする、いらいらする、はらはらする、ざらざらする、すべすべする、つるつるする、ぬるぬるする、どきどきする、じとじとする、べたべたする、むんむんする、ふらふらする、ふわふわする、くらくらする、ひりひりする、ずきずきする、がんがんする、じんじんする、かさかさする
	タ形で現在の状態を表す	飽き飽きする、呆れる、安心する、驚く、びっくりする、〜くなる（「眠くなる」、「悲しくなる」など）、がっかりする、困る、せいせいする、助かる、ほっとする、まいる、弱る、しびれる、疲れる、（のどが）渇く、（腹が）減る、（腹が）空く

　タ形で現在の状態を表すと言ってもピンと来ない人がいるかもしれませんので、具体的な例で説明します。例えば、

1）君の態度には呆れたよ。
   2）あー、のどが渇いた。

などの例に見ることができます。1）の例では、呆れた気持ちが、2）の例では、のどが渇いた感覚が、現在も続いていることを意味しています。タ形で現在の心の状態を表す動詞は、数から言えば決して多くはありませんが、この表にあるように、日常的によく使われる表現が多く含まれているのが特徴です。

＜一人称の心の状態を表す＞

　思考や感情、知覚、感覚などの心の状態は、基本的に本人にしかわからないため、一人称の表現となります。そして、これらの表現が使われるとき、話者の気持ちであることは明らかであるため、主語は省略されるのが普通です。

   3）答えがわからなくて、いらいらする。（ル形）
   4）そんなところにいて、驚いたよ。（タ形）

「私」を入れた表現は、強調する場合を除いては、少しくどい感じになります。

   5）答えがわからなくて、私はいらいらする。
   6）そんなところにいて、私は驚いたよ。

話し手の心の描写となるために、三人称の表現は不自然となります。

   7）？答えがわからなくて、父はいらいらする。
   8）？そんなところにいて、父が驚いたよ。（過去の意味ではOKとなる。）

これらの動詞をテイル形で表すと、一人称であるという制約は外れます。

   9）答えがわからなくて、父がいらいらしている。
  10）そんなところにいて、父が驚いている。

ただし、このような動詞が第三者に使われるのは、外観から第三者の心の様子がわかるときに限られます。

　日本語の初級教科書では、これらの内的状態動詞についてあまり触れていませんが、日常的によく使われる表現ですので、必要に応じて、動詞例を紹介するといいかもしれません。

第6章　アスペクト

　アスペクトという言葉は英語の"aspect"から来ています。日本語では「相」と訳され、「継続相」や「結果相」などと呼ばれます。この文法概念もヨーロッパ言語から来ており、特にロシア語などではアスペクト独自の表現が文法的に確立しています。

　日本語のアスペクトは、動き動詞の表す事態のどの局面を取り上げるかによって、様々な文法形式を取ります。例えば、「作る」という動作であれば、その動作のどの局面に注目するかによって、以下のようなアスペクトの表現が可能となります。なお、下の図では、「作る」という動作の始まりから終わりまでを実線で、動作の結果を点線で示してあります。

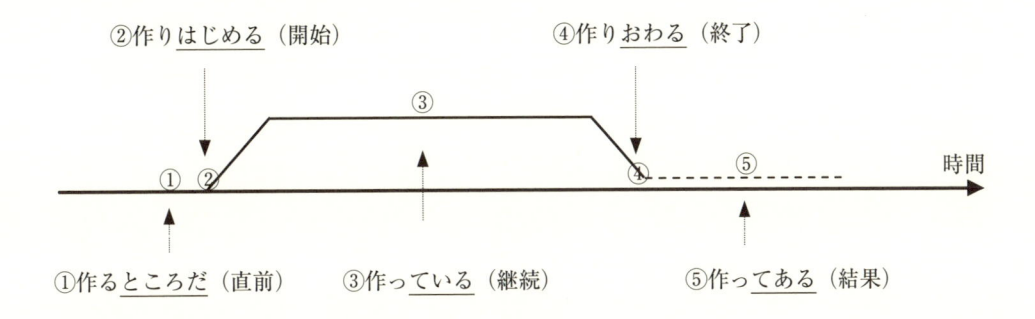

②作りはじめる（開始）　　　　　　　　　④作りおわる（終了）

③

①作るところだ（直前）　　③作っている（継続）　　⑤作ってある（結果）

　上の表現で見る「～ところだ」「～はじめる」「～ている」「～おわる」「～てある」がアスペクトの表現ということになります。これらの形式によって、「作る」という動作の様々な局面を表すことが可能になるわけです。

　ところで、これらの表現はアスペクト独自の形式ではありません。日本語では、他の品詞を借りる形で、「複合動詞」や「テ形＋補助動詞」、「形式名詞＋だ」などによってアスペクトを表します。日本語の主なアスペクトの表現は、付録9（P.168）にまとめてありますので、参照してください。特に初級で扱う表現は網かけで示してあります。

　第6章では、すべてのアスペクトの表現について取り上げるわけではありませんが、アスペクトの代表的な表現である「～ている」と「～てある」を中心に、アスペクトによる動詞分類も含め、考えていきたいと思います。

その1 「〜ている」と「〜てある」

1. 「〜ている」の用法

「〜ている」は、日本語文法の中でも重要な表現の1つです。初級の教科書において必ず学習者が学ぶ項目となっています。しかし、学習者にとっては、必ずしも理解しやすい表現ではありません。それは、「〜ている」の持つ異なる意味が学習者を困惑させるからです。

考えてみよう！

以下の3つの「落ちている」の意味の違いを考えてみてください。

1) ごらん、枯葉が1枚木からひらひら落ちている。

2) 昨夜の強風でこんなに枯葉が落ちている。

3) うちの子ども、2度もその木から落ちているのよ。
　もうその木に登るのは止めてほしい。

このような「〜ている」の持つ意味は、大きく分けて次の5つの用法に分かれます。なお、「〜ている」の意味分類については研究者によって異なりますが、ここでは吉川武時（1976）の分類に基づいています。

(1) 動きの進行（ある動きが進行中である。）

　①子どもが公園で野球をしている。
　②山の上は今雪が降っている。

(2) 動きの結果の状態（ある動きの結果が継続している。）

　①石田さんは帽子をかぶっている。
　②家の窓が閉まっている。

(3) 状態の継続*（ある状態が長い間続いている。）

　①その家の玄関は北を向いている。
　②山下選手の記録は飛びぬけている。
　（*この用法は動きの一面を表していないため、アスペクトの表現ではありません。）

(4) 繰り返し（ある動きが繰り返されている。）

　①次郎は毎週テニスをしている。
　②毎日日本中のどこかで振り込め詐欺が起きている。

(5) 経験（ある動きがこれまでに起きているが、目に見える形で残存していない。無生物の主体も含まれる。）

　①その俳優は今までに4回も結婚している。
　②このエアコンはこれまでに何度も故障している。

練習しよう！

それでは、次のテイル文の用法について、下にある選択肢の中から適当なものを1つ選んでください。

(1) どうしたの。服が汚れているよ。
　　□動きの進行　　□動きの結果の状態　　□状態の継続

(2) 風で日章旗（日の丸）がなびいている。
　　□動きの進行　　□動きの結果の状態　　□繰り返し

(3) 毎日朝5時に起きて、ラジオ体操をしている。
　　□動きの進行　　□繰り返し　　□経験

(4) 村上春樹の作品は全部読んでいる。
　　□動きの進行　　□動きの結果の状態　　□経験

(5) ナイフの先はとがっている。
　　□動きの進行　　□動きの結果の状態　　□状態の継続

(6) 誰か部屋にいるのかな。ドアが開いている。
　　□動きの進行　　□動きの結果の状態　　□状態の継続

やってみよう！

前ページの「練習しよう」で「〜ている」の用法の違いを確認することができたでしょうか。それでは、以下のテイル文を次の5つの用法に従って、分類してください。
①動きの進行　②動きの結果の状態　③状態の継続　④繰り返し　⑤経験

( ) (1) 太郎の部屋は南に面している。
( ) (2) 飛行機が次から次へと飛び立っている。
( ) (3) 彼の家なら数えきれないくらい行っている。
( ) (4) その映画はもう見ているので、僕は行かない。
( ) (5) 台風がこちらに向かっている。
( ) (6) 携帯電話にはカメラ機能が付いている。
( ) (7) 彼は今アメリカに行っていて、ここにはいない。
( ) (8) 中島さんはイギリスに2度留学している。
( ) (9) その夫婦はしょっちゅう喧嘩している。
( ) (10) あれっ、自転車がパンクしている。
( ) (11) 太郎は今手紙を書いている。
( ) (12) 花瓶が割れているよ。
( ) (13) 風に小枝が揺れている。
( ) (14) 彼は話術に長けている。
( ) (15) 道が曲がっている。
( ) (16) 誰かがそこに倒れている。
( ) (17) この車は今までに3度も故障している。
( ) (18) 彼の成績はずばぬけている。
( ) (19) 今日はやけに風が吹いているな。
( ) (20) アフリカでは飢餓で毎日人が死んでいる。
( ) (21) この部屋は電気が点いている。
( ) (22) 僕はいつも図書館で勉強している。
( ) (23) その夫婦は毎年ハワイに行っている。
( ) (24) 伊豆の海はとても澄んでいる。
( ) (25) あっ、雨が降っている。
( ) (26) 私はそのレストランで何回か食事している。
( ) (27) 中田さんは毎朝ジョギングをしている。
( ) (28) 友達があそこで話をしている。
( ) (29) もうやり方は教わっているので、大丈夫だと思う。
( ) (30) 道端に猫が死んでいる。

文法チェック ❺ "述語の分類"

　述語が描写する内容に関して、このテキストでは、**動き、状態、動作、変化**などという用語を使います。まず、時間の流れの中で展開する事態のことを**動き**と呼びます。これに対し、時間的な展開の過程のない、静的な事態のことを**状態**と言います。「歩く」「たたく」「消える」「壊れる」などの動詞は前者を表し、**動き動詞**と呼ばれます。「いる」「似合う」「美しい」「静かだ」「学生だ」などの述語は後者を表し、**状態性述語**と呼ばれます。さらに、動き動詞は、主体の**動作**に焦点を当てた**動作動詞**と主体の**変化**に焦点を当てた**変化動詞**とに分かれます。先ほどの例で言うと、「歩く」「たたく」などは動作動詞、「消える」「壊れる」などは変化動詞ということになります。これをまとめると、以下のようになります。

述語の分類
- 動き動詞
  - 動作動詞—歩く、たたく、食べる、流れる
  - 変化動詞—消える、壊れる、折れる、死ぬ
- 状態性述語
  - 状態動詞—いる、似合う、値する、強すぎる
  - 形　容　詞—美しい、静かだ、青い、賑やかだ
  - 名詞述語—学生だ、大人だ、海だ、故郷だ

2.「～てある」の用法

　「～ている」には5つの異なる用法があるのを見ましたが、「～てある」の基本的用法は「動きの結果の状態」です。

1）窓が<u>開けてある</u>　←　（誰かが窓<u>を</u>開けた）

2）花が<u>生けてある</u>　←　（誰かが花<u>を</u>生けた）

　1）の文では、「誰かが窓を開けた」という動きの結果が、2）の文では、「誰かが花を生けた」という動きの結果が描かれており、そのような人為的状況が過去から現在まで続いていることを表しています。なお、目的語のヲ格は「～てある」ではガ格になるのに注意してください。ここで問題となるのが、「～ている」の表す「動きの結果の状態」との違いです。両者の相違については、次頁「考えてみよう」に挙げてある具体的な例文で考えてみましょう。

考えてみよう！

次の例文を比べながら、「～てある」と「～ている」に使われる動詞について、以下の質問に答えてください。

「～てある」　電気が<u>点けて</u>ある　機械が<u>止めて</u>ある　皿が<u>割って</u>ある
「～ている」　電気が<u>点いて</u>いる　機械が<u>止まって</u>いる　皿が<u>割れて</u>いる

質　問	～てある	～ている
1）自動詞か他動詞か		
2）意志動詞か無意志動詞か（→P.169）		
3）意図性を感じるか感じないか		

「考えてみよう」から、自他の対応のある動詞に関して、「～てある」は他動詞の意志動詞が使われ、意図的な状況を表すのに対し、「～ている」は自動詞の無意志動詞が使われ、意図性の感じられない客観的な状況を表すことがわかります。このことから、「～てある」では、意図的表現との共起が可能となりますが、「～ている」では不可となります。

　　空気の入れ替えで、窓が<u>開けて</u>ある。（意図性の表現と共起する）
　？空気の入れ替えで、窓が<u>開いて</u>いる。（意図性の表現とは共起しない）

以上のことから、同じ「結果の状態」を表す「～てある」と「～ている」ですが、意図性という点で、異なる状況を表していることがわかります。

練習しよう！

例にならって、テアル文はテイル文に、テイル文はテアル文に直してください。やり方は、テアル文の場合は「他動詞＋てある」→「自動詞＋ている」に、テイル文の場合は「自動詞＋ている」→「他動詞＋てある」に変えます。自動詞と他動詞は対応する動詞のペアで考えてください。

　　（例1）窓が<u>開けてある</u>　→　窓が<u>開いている</u>
　　（1）ドアが<u>壊して</u>ある　→　_____
　　（2）ふとんが<u>温めて</u>ある → _____
　　（3）針金が<u>曲げて</u>ある　→　_____
　　（4）部屋が<u>片付けて</u>ある → _____
　　（5）枝が<u>折って</u>ある　　→　_____

（例2）雑巾が濡れている → 雑巾が濡らしてある
(6) 部屋が散らかっている → _____
(7) 小屋が建っている → _____
(8) 銅像が倒れている → _____
(9) 車が止まっている → _____
(10) お金が貯まっている → _____

文法チェック❻ "「〜てある」の用法"

これまでに見た「〜てある」の特徴は「〜ている」との対応において言えたものです。無対他動詞のテアル文には、対応するテイル文がありません。そのような場合、意図性がないテアル文となることがあるので、注意してください。

1）あっ、あんな所に弁当が置いてある。（うっかり忘れた場合／わざと置いた場合）
2）封筒に会社名が印刷してある。（見たままを述べる場合／わざと印刷した場合）

また、ここまでは「〜が〜てある」という形式だけを見てきました。この形式では、動作の対象がガ格となり、具体的な動作主（動作の主体）は不明です。

窓が　開けてある　（← 誰かが　窓を　開けた）
対象　　　　　　　　　動作主　対象

これに対し、「〜が〜を〜てある」という形式が存在します。この構文では、具体的な動作主がガ格で示され、対象はヲ格のままです。

私が　窓を　開けてある　（← 私が　窓を　開けた）
動作主　対象　　　　　　　　動作主　対象

この構文の特徴は、話者が動作主を認識しており、明白な意図でそのような準備的状況を作り出していることにあります。ただし、使用頻度はそれほど高くありません。以下に、この構文の例文を挙げておきます。

3）部屋の空気を入れ替えるために、（私は）窓を開けてあります。
4）田中さんは先生を結婚式に招待してあるそうです。

3．アスペクトとは異なる表現

　日本語にはアスペクトだけを表す文法形式がないため、他品詞を借りる形で複合述語を形成しアスペクトを表します。そのため、アスペクトとして使われている場合ともともとの品詞の意味で使われている場合とがありますので注意が必要です。以下にそのような例を挙げますが、a の文はアスペクトの表現として、b の文はもともとの品詞の意味で使われています。

1) 〜てしまう
　　a. 借りた本はもう読んでしまった。(「動きの完了」のアスペクト)
　　b. へそくりをタンスの奥に入れてしまった。(「入れて、しまった」という意味)

2) 〜だす
　　a. 子どもが急に泣きだした。(「動きの開始」のアスペクト)
　　b. 箱からおもちゃを取りだした。(「取って、出した」という意味)

3) 〜ところだ
　　a. 学校へこれから行くところだ。(「動きの直前」のアスペクト)
　　b. 学校は勉強するところだ。(「場所」という意味)

4) 〜きる
　　a. 源氏物語を最後まで読みきった。(「動きの完遂」のアスペクト)
　　b. ライターでひもを焼ききった。(「焼いて、切った」という意味)

5) 〜てくる
　　a. 最近だんだん暑くなってきた。(「事態の出現・進展・継続」のアスペクト)
　　b. 子どもが走ってきた。(「走って、来た」という意味)

6) 〜かける
　　a. ボールを投げかけたが、止めた。(「動きの直前」のアスペクト)
　　b. コートを脱いで、ハンガーラックに投げかけた。(「投げて、掛けた」という意味)

がんばろう！

その2　金田一の動詞分類

これまでアスペクトの代表的な表現である「～ている」と「～てある」の用法を見てきました。ここからは、アスペクト研究の原点とされる金田一（1976）の動詞分類を概観します。

1．金田一の動詞分類

国語学者であった金田一春彦は、動詞によって、「～ている」を付けたときの意味が異なることに注目し、日本語動詞をアスペクトの観点から4種類に分類しました。以下は、金田一の分類をまとめたものです。

第1種の動詞 ル形 （現在の状態）	ル形で現在の状態を表します。（「～ている」が付く動詞と付かない動詞があります。） （例）値する、相当する、似合う、～れる／られる（可能形）、～すぎる ・その骨董品は10万円に値する。（→ ×値している） ・その服はあなたによく似合う。（→ 似合っている）
第2種の動詞 テイル形 （動きの進行）	「～ている」を付けると、通常「動きの進行」を表します。 （例）食べる、降る、遊ぶ、描く、建てる、作る、拭く、洗う、使う ・太郎はカレーライスを食べている。（動きの進行） ・雨が強く降っている。（動きの進行）
第3種の動詞 テイル形 （動きの結果）	「～ている」を付けると、通常「動きの結果の状態」を表します。 （例）死ぬ、倒れる、完成する、閉まる、汚れる、曲がる、凍る、腐る ・カブトムシが死んでいる。（動きの結果の状態） ・道の上に木が倒れている。（動きの結果の状態）
第4種の動詞 テイル形 （状態の継続）	「～ている」を付けると、「状態の継続」を表します。必ず「～ている」とともに使われ、ル形での使用は不自然になります。 （例）ずばぬける、優れる、ひょろひょろする ・彼の成績はクラスの中でずばぬけている。（状態の継続） ?彼の成績はクラスの中でずばぬける。（ル形では使われない）

練習しよう！

次の動詞は、金田一の動詞分類のどれに当たるでしょうか。括弧内の例文から考えてみてください。

(　　) (1) 走る（犬が公園を走っている）
(　　) (2) 離婚する（太郎は離婚している）
(　　) (3) 濡れる（雑巾が濡れている）
(　　) (4) 読める（私はハングルが読める）
(　　) (5) しゃれる（あの店はしゃれている　×あの店はしゃれる）

やってみよう！

それでは、金田一の分類に従って、以下の動詞を第1種から第4種に分類してください。（恒常的な表現ではない、個別的な具体例で考えるのがコツです。）

(　) (1) ばかげる	(　) (2) 泳ぐ	(　) (3) 要する	(　) (4) わかる
(　) (5) 結婚する	(　) (6) 話せる	(　) (7) 泣く	(　) (8) 歌う
(　) (9) しゃべる	(　) (10) 届く	(　) (11) 存在する	(　) (12) 笑う
(　) (13) 読む	(　) (14) 書く	(　) (15) 点く	(　) (16) 消える
(　) (17) 寒すぎる	(　) (18) 優れる	(　) (19) そびえる	(　) (20) 卒業する
(　) (21) 砕ける	(　) (22) 乾く	(　) (23) 歩く	(　) (24) ある
(　) (25) ありふれる	(　) (26) 枯れる	(　) (27) 働く	(　) (28) 起きる
(　) (29) 外れる	(　) (30) 料理する	(　) (31) 震える	(　) (32) やせる

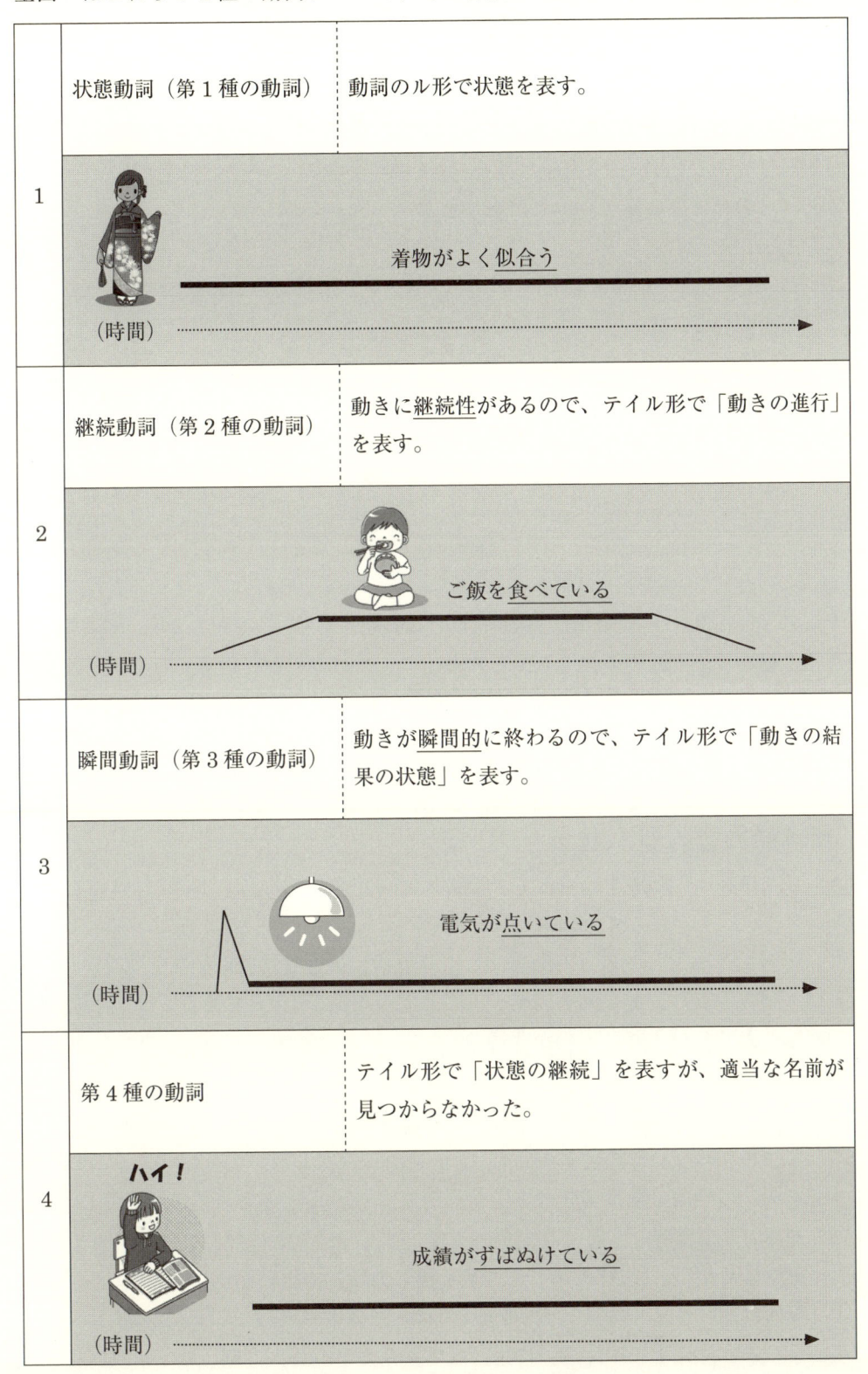

金田一はこれらの4種の動詞について、その特徴から次のような名前を付けました。

1	状態動詞（第1種の動詞）	動詞のル形で状態を表す。
	着物がよく似合う（時間）	
2	継続動詞（第2種の動詞）	動きに継続性があるので、テイル形で「動きの進行」を表す。
	ご飯を食べている（時間）	
3	瞬間動詞（第3種の動詞）	動きが瞬間的に終わるので、テイル形で「動きの結果の状態」を表す。
	電気が点いている（時間）	
4	第4種の動詞	テイル形で「状態の継続」を表すが、適当な名前が見つからなかった。
	成績がずばぬけている（時間）	

第6章 アスペクト

> ### 文法チェック ❼ "継続性と瞬間性"
>
> 　前項の金田一の命名した動詞名については、これらの動詞の事態と必ずしも一致するものではないとして批判が起こりました。例えば、「やせる」や「乾く」は継続性のある動詞でありながら、「～ている」とともに結果を表すことから、金田一の分類では「瞬間動詞」になります。
> ・太郎は<u>やせている</u>
> 　（→瞬間的に「やせる」わけではないが、テイル形で結果の状態を表す。）
> ・服が<u>乾いている</u>
> 　（→服が「乾く」には時間がかかるが、テイル形で結果の状態を表す。）
> また、「打つ」や「振る」などは、個々の動きは瞬間的に終わるにもかかわらず、一続きのまとまった動きの進行形となることから、「継続動詞」に分類されます。
> ・大工が柱に釘を<u>打っている</u>。（→釘を打ち続けるという動きが継続される。）
> ・子どもがバットを<u>振っている</u>。（→バットを振り続けるという動きが継続される。）
>
> 　このことから、日本語記述文法研究会（2007）では、「やせる」や「乾く」などの動詞は、主体の変化を表す「継続動詞」、「打つ」や「振る」などの動詞は、主体の動作を表す「瞬間動詞」に分類しています。（→「付録10」p.169）

2．日本語教育の観点から

　アスペクトは動きの直前から結果までの段階を示す文法手段で、日本語には様々な形式があります。ここでは、その代表的な表現である「～ている」と「～てある」を見てきました。両者ともアスペクトの表現としては最初に初級教科書に登場します。「～ている」は「動きの進行」と「動きの結果の状態」の用法が、「～てある」は「意図的な結果の状態」として導入されるのが普通です。特に、「自動詞＋ている」と「他動詞＋てある」との比較で、教えられることが多いと言えます。さらに、「～ておく」も一緒に導入されることがありますが、「～ておく」は準備的動作を表す点で、結果状態の「～ている」と「～てある」とは異なりますので、両者が混乱しないように教えることが重要です。金田一の動詞分類はアスペクト研究の原点という意味で非常に有名ですので、基本的な知識として理解しておく必要があるでしょう。学習者に対してはそのまま教えることはありませんが、「状態動詞」と「第4種の動詞」は状態性述語として、「継続動詞」と「瞬間動詞」は動き動詞として整理しておくといいでしょう。なお、日本語動詞の代表的な分類は付録10（P.169）にまとめてありますので、参照してください。

まとめ

> アスペクトとは、動きの開始前から終了後までのそれぞれの段階を示す文法手段です。

1．「～ている」の用法
　①動きの進行（ある動きが進行している）
　②動きの結果の状態（ある動きの結果が継続している）
　③状態の継続（長い期間ある状態が続いている）
　④繰り返し（ある動きが繰り返されている）
　⑤経験（ある動きが過去に起きている）
2．「～てある」の用法　動きの結果の状態（意図的）
3．「～ている」と「～てある」（自他のペアの場合）
　自動詞＋ている（客観的な結果の状態）　他動詞＋てある（意図的な結果の状態）
4．金田一の動詞分類
　①状態動詞　ル形で現在の状態を表す。
　②継続動詞　テイル形で「動きの進行」を表す。
　③瞬間動詞　テイル形で「動きの結果の状態」を表す。
　④第4種の動詞　テイル形で「状態の継続」を表す。通常ル形では使用されない。

練習問題

【問題1】次の下線部は、上の「～ている」の用法の①～⑤のどれですか。
　（　）　(1) 母がスーパーで買い物をしている。
　（　）　(2) お台場の海岸に自由の女神が立っている。
　（　）　(3) その夫婦はハワイに何度も行っている。
　（　）　(4) 僕はいつも図書館で勉強している。
　（　）　(5) 美咲さんはぽっちゃりしている。

【問題2】次の動詞は、上の金田一の動詞分類の①～④のどれですか。
　(1) 曇る＿＿　(2) 焼く＿＿　(3) 苦しむ＿＿　(4) 要る＿＿　(5) 焦げる＿＿
　(6) ひょろひょろする＿＿　(7) 割れる＿＿　(8) 熱すぎる＿＿　(9) 電話する＿＿

【問題3】次のテイル文を、対応する他動詞でテアル文にした場合、文として不自然になるのはどれでしょうか。
　(1) 電気が点いている　　(2) 時計が進んでいる　　(3) 太陽が照っている
　(4) 財布がなくなっている　　(5) 手紙が破れている　　(6) 看板が倒れている
　(7) 絵が掛っている　　(8) （夜露で）葉っぱが濡れている　　(9) 服が乾いている

COLUMN 6 － 日本語動詞の形態論

　読者の皆さんは、ヴォイスの形式がなぜ動詞の種類によって異なるのか考えたことはありませんか。つまり、受身形にはなぜ「れる」と「られる」があるのか、使役形にはなぜ「せる」と「させる」があるのかという疑問です。これについては、音韻論・形態論的に、次のように説明することができます。

1）受身形

　受身形は動詞の語幹に受身を表す /rare/ が付き、そのあとに非過去を表す /ru/ が付くと考えます。これを音韻的に表すと以下のようになります。

動詞の種類		語幹＋受身＋非過去		
子音動詞	壊す	kowas + r̶are + ru	→	kowas-are-ru
	書く	kak + r̶are + ru	→	kak-are-ru
母音動詞	食べる	tabe + rare + ru	→	tabe-rare-ru
	見る	mi + rare + ru	→	mi-rare-ru
不規則動詞	する	sa + r̶are + ru	→	sa-re-ru
	来る	ko + rare + ru	→	ko-rare-ru

　この表で注目してほしいのが、子音動詞の語幹に受身の /rare/ が付くときです。なぜかというと、日本語の基本的な音韻構造として、子音＋子音という組み合わせはあり得ないからです。「壊す」の例であれば、/kowasrareru/ とは言えません。日本語の基本的な音韻構造は「子音＋母音」と「母音」で成り立っています。したがって、子音語幹動詞に /rare/ が付く場合、子音が2つ重なるために音韻的な変化が起きます。ここでは、/rare/ の最初の子音が脱落します。こうすることで、「子音＋母音」という組み合わせになり、日本語として自然な音の流れになるわけです。母音動詞については子音が重ならないため、そのまま /rare/ が付きます。不規則動詞は文字通り、語幹を含め、不規則に変化しますので、不規則な形として理解してください。

2）可能形

　可能形は歴史的に見ると、すべての動詞に受身と同じ /rare/ が付いていましたが、江戸時代以降、子音動詞では /ra/ が落ちた /re/ が使われるようになったと言われています。受身形の接続と同様に /re/ との接続では、重なる子音が脱落します。母音動詞と「来る」は /rare/ のままですが、最近では子音動詞と同様に /ra/ が落ちることが多く、ら抜き言葉と呼ばれています。（→「COLUMN 4」P.61）

動詞の種類		語幹＋可能＋非過去		
子音動詞	死ぬ	sin + ~~re~~ + ru	→	sin-e-ru
	書く	kak + ~~re~~ + ru	→	kak-e-ru
母音動詞	食べる	tabe + rare + ru	→	tabe-rare-ru
	見る	mi + rare + ru	→	mi-rare-ru
不規則動詞	する	deki-ru		
	来る	ko + rare + ru	→	ko-rare-ru

3）使役形

使役形は動詞の語幹に /sase/ が付きますが、子音動詞は会話で /e/ が抜けて、/sas/ になることがあります（短縮形）。ただし、サ行の子音動詞は短縮形にはなりません。ここでも、子音が２つ重なる接続ではどちらかの子音が消去されます。短縮形の使役形は「～す」という形になるため、「殺す」「壊す」「話す」などの「す」で終わる子音動詞との混同に気をつけてください。

動詞の種類		語幹＋使役＋非過去	短縮形
子音動詞	咲く	sak + sase + ru → sak-ase-ru	sak + sas + ~~r~~u → sak-as-u
	書く	kak + sase + ru → kak-ase-ru	kak + sas + ~~r~~u → kak-as-u
	貸す	kas + sase + ru → kas-ase-ru	—
母音動詞	食べる	tabe + sase + ru → tabe-sase-ru	—
	見る	mi + sase + ru → mi-sase-ru	—
不規則動詞	する	sa + ~~sase~~ + ru → sa-se-ru	—
	来る	ko + sase + ru → ko-sase-ru	ko + sas + ~~r~~u → ko-sas-u

4）使役受身形

使役受身形は、使役＋受身＋テンスという順番になります。子音動詞では短縮形がよく使われます。

動詞の種類		語幹＋使役＋受身＋非過去	短縮形
子音動詞	飲む	nom + sase + rare + ru → nom-ase-rare-ru	nom-sas-rare-ru
	書く	kak + sase + rare + ru → kak-ase-rare-ru	kak-sas-rare-ru
母音動詞	食べる	tabe + sase + rare + ru → tabe-sase-rare-ru	—
	見る	mi + sase + rare + ru → mi-sase-rare-ru	—
不規則動詞	する	sa + ~~sase~~ + rare + ru → sa-se-rare-ru	—
	来る	ko + sase + rare + ru → ko-sase-rare-ru	—

第7章　ムード

　第4章から第6章まで見てきたヴォイス、テンス、アスペクトは日本語の述語に現れる主要な文法カテゴリーであり、次のような階層構造を持っています。

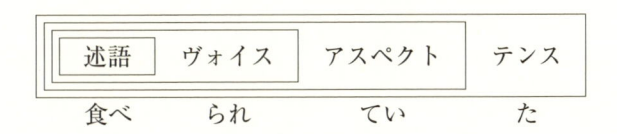

述語	ヴォイス	アスペクト	テンス
食べ	られ	てい	た

これらの文法カテゴリーはコトの内容を形成する要素であり、このままでは通常、文として発話されることはありません。文として成立するためには、ムードの表現が必要となります。

　第2章でも簡単に触れましたが、日本語文は、文の基本的な部分である**コト**（命題、言表事態、叙述内容）とそれに対する話し手の主観を表す**ムード**（モダリティ、言表態度、陳述）からなり、文の骨格とも言えるコトをムードの表現で覆うような関係にあります。

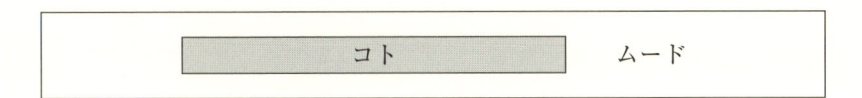

コト	ムード

例えば、「おそらく山田さんは仕事をしていたにちがいない。」という文であれば、次のような構造で説明することができるでしょう。

おそらく　　山田さん　は　仕事を　していた　　にちがいない。

第2章で扱った主題化もムードの表現の1つです。主題化では視覚的にわかりやすく説明するために、主題化される事柄をすべてムードとして提示しましたが、実際には「は」の部分がムードと考えます。日本語の骨組みであるコトの部分は格成分と述語（ヴォイス・アスペクト・テンスを含む）からなり、それを話者がどのように判断したり、聞き手に伝えたりするかという部分がムードの表現ということになります。なお、ムードという用語は、英語の"mood"（「直説法」や「仮定法」などの「法」の意味）から来ています。

　話し手の気持ちを表すムードの表現は非常に多くあり、文法書にも詳細な分類が紹介されています。ただ、日本語教育の現場では、1つ1つのムードの表現を、実際の運用面から導入していきますので、ムードの細かい分類にはそれほどこだわらなくてもいいと思います。ここではムードの表現とはどういうものなのかという観点から初級教科書で扱う表現を中心に見ていくことにします。

1. 対事的ムードと対人的ムード

　ムードは、コトの内容を話し手がどのように捉えるのかを表す**対事的ムード**と、コトの内容をどのように聞き手に働きかけるのかを表す**対人的ムード**とに分かれます。

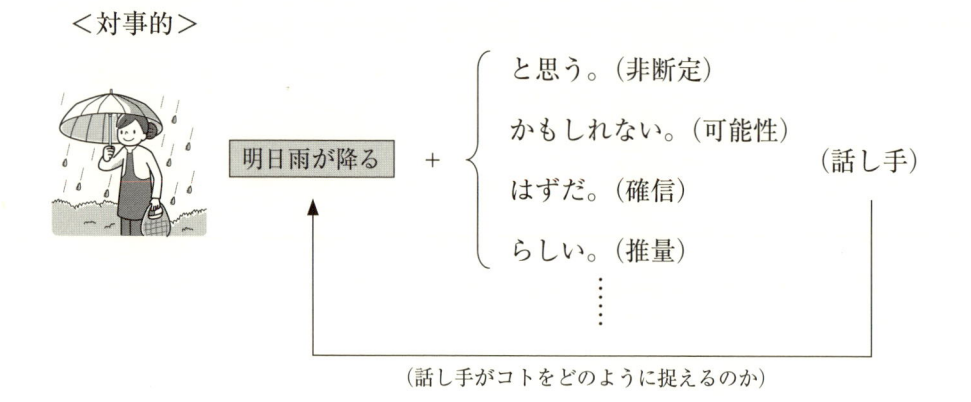

<対事的>

明日雨が降る ＋ 　と思う。（非断定）
　　　　　　　　　かもしれない。（可能性）
　　　　　　　　　はずだ。（確信）　　　　（話し手）
　　　　　　　　　らしい。（推量）
　　　　　　　　　……

（話し手がコトをどのように捉えるのか）

<対人的>

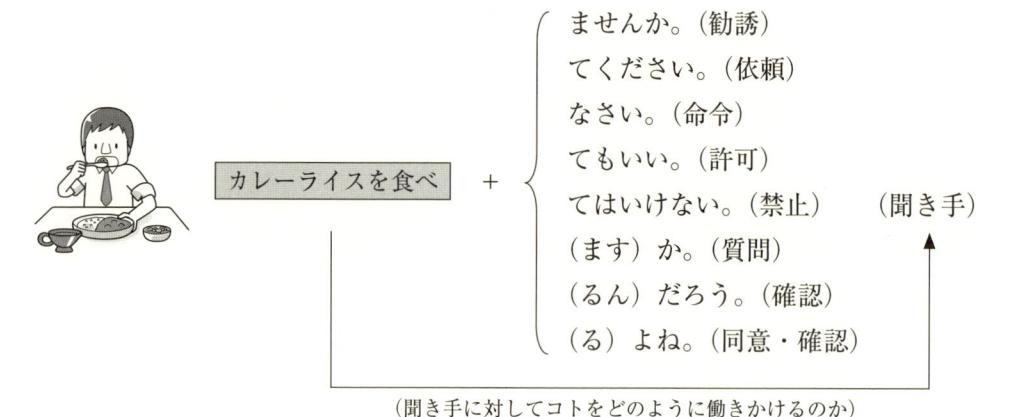

カレーライスを食べ ＋ 　ませんか。（勧誘）
　　　　　　　　　　　てください。（依頼）
　　　　　　　　　　　なさい。（命令）
　　　　　　　　　　　てもいい。（許可）
　　　　　　　　　　　てはいけない。（禁止）　（聞き手）
　　　　　　　　　　　（ます）か。（質問）
　　　　　　　　　　　（るん）だろう。（確認）
　　　　　　　　　　　（る）よね。（同意・確認）

（聞き手に対してコトをどのように働きかけるのか）

　ムードの形式は単独で使われる場合もありますが、多くの場合、複数の形式が組み合わさって表現されることになります。対事的ムードと対人的ムードが一緒に表される場合は、基本的に「対事的ムード」→「対人的ムード」の順番になります。

1）彼は　10月の試験を受ける　<u>つもり</u>　<u>だろう</u>　<u>か</u>。
　　　　　　　　　　　　　　　対事的　　対事的　　対人的

2）今日は　雨が降る　<u>かもしれない</u>　<u>ね</u>。
　　　　　　　　　　　対事的　　　　　　対人的

2．断定と意志のムード

　会話文の基本的な機能は、話し手が現実世界において捉えた事態を聞き手に伝えることにあります。このような話し手の認識を伝えるのが**断定のムード**「φ（ゼロ）」です。表面的には何も見えませんが、ゼロの形式が付いているとされます。動詞・形容詞・名詞述語によって文が言いきられると、通常「断定のムード」になります。

　　1）太郎は図書館で勉強している φ。（動詞）

　　2）海外で働けるのがとても嬉しい φ。（イ形容詞）

　　3）今日の海は穏やかだ φ。（ナ形容詞）

　　4）人類はこの世で一番進化した動物である φ。（名詞述語）

　（cf.）犯人が彼であるのに気がつきましたか。
　　　　（→「言いきり」ではないので「断定のムード」ではありません。）

ただし、意志を表す動き動詞（意志動詞）が一人称で表されると、断定のムードではなく**意志のムード**として理解されます。意志のムードも「φ」で表されます。

　　5）私は今度アメリカに留学する φ。（一人称の意志動詞）
　（cf.）私が今度アメリカに留学することを知っていますか。
　　　　（→「言いきり」ではないので「意志のムード」ではありません。）

　　6）私は専門学校でフランス料理を習います φ。（一人称の意志動詞）
　（cf.）山田さんは専門学校でフランス料理を習います φ。
　　　　（→主語が三人称の場合は、「意志のムード」ではなく、「断定のムード」となります。）

　このように、述語の部分が言いきりの形になると、断定または意志のムードとなりますが、形式はゼロ（φ）ですので、注意してください。

3．注意すべきムードの用法

　日本語では、文末に来るムードの表現が非常に多く、様々な形式があります。付録11（P.170）に、日本語の教科書で紹介される代表的なものを挙げていますので、ご覧になってください。ここでは、初級教科書でよく扱われる対事的ムードの表現を中心に、見ていくことにします。

3．1　推量のムード（らしい・ようだ・みたいだ・そうだ）

　話し手が何らかの情報によって推量するもので、「～らしい」「～ようだ」「～みたいだ」が状況からの判断であるのに対し、「～そうだ」はある対象の外観の印象から述べる表現です。

（1）～らしい（ある情報による推定）
　　　・山田君は保育園で働いているらしい。
　　　・どうやら田中さんはひそかに結婚したらしい。

（2）～ようだ（話し手の観測による事態の把握）
　　　・山田さんは就職活動もしないで勉強ばかりしている。どうやら、大学院に進学するようだ。
　　　・田中さんから退職すると聞いたが、まだ同僚には話していないようだ。

「～ようだ」の口語体として、「～みたいだ」が使われます。したがって、「～ようだ」は「～みたいだ」で言い換えることが可能です。

（3）～みたいだ（「～ようだ」の口語体）
　　　・山田さんは就職活動もしないで勉強ばかりしている。どうやら、大学院に進学するみたいだ。
　　　・田中さんから退職するって聞いたけど、まだ同僚には話してないみたいだ。

（4）～そうだ（外観を見ての感じ、兆候。動詞の連用形に接続します。）
　　　・今にも雨が降りそうだ。
　　　・あそこの木の枝が折れそうだ。

　これらのムードの表現で気をつけなければならないことは、同じ形式でも意味が異なるものがあることです。以下に、推量のムードとは異なる意味の例を挙げます。

◇**推量のムードとは異なる意味のムード**◇
(1) 典型の「〜らしい」(同類の中でその種類の特徴などを最もよく表すもの)
　　・男<u>らしい</u>人　・学生<u>らしい</u>髪型　・サラリーマン<u>らしい</u>格好
(2) 比喩の「〜ようだ／みたいだ」(わかりやすいものに例えて示すこと)
　　・あの雲はまるで人間の顔<u>のようだ／みたいだ</u>。
(3) 伝聞の「〜そうだ」(人から聞いたこととして述べること。<u>辞書形に接続</u>。)
　　・山田さんはメロドラマが好き<u>だそうだ</u>。

❗ 確認しよう！

それでは、これらのムードの意味の違いについて確認してみましょう。次の下線を引いた表現の中から、他とは異なるものを1つ選んでください。

(1) らしい
（　）①明日はどうやら雪<u>らしい</u>。　　（　）②怪我をしたのはうちの子ども<u>らしい</u>。
（　）③このバッグは偽物<u>らしい</u>。　　（　）④１人で行くなんていかにも彼<u>らしい</u>。
（　）⑤会社を辞めるって本当<u>らしい</u>。

(2) ようだ
（　）①今日は店が休み<u>のようだ</u>。　　（　）②どうやらこれは縄文土器<u>のようだ</u>。
（　）③体が冷たくて氷<u>のようだ</u>。　　（　）④この計画は失敗<u>のようだ</u>。
（　）⑤外は雨<u>のようだ</u>。

(3) そうだ
（　）①パソコンが壊れ<u>そうだ</u>。　　（　）②デパートでセールをやる<u>そうだ</u>。
（　）③首相がまた辞任する<u>そうだ</u>。　（　）④山田さんが課長に昇進する<u>そうだ</u>。
（　）⑤明日は晴れる<u>そうだ</u>。

3.2　確信のムード（はずだ・にちがいない）

話し手が確信や期待をもって行う判断です。「〜はずだ」がある事実や根拠からの判断であるのに対し、「〜にちがいない」は客観的な基準を必要としない判断です。

(1) 〜はずだ（話し手が客観的な証拠に基づいて推測した結果の確信）
　　・あれだけ一生懸命練習したのだから、きっと一番になる<u>はずだ</u>。
　　・その手口からみて、犯人は犯行現場に再び現われる<u>はずだ</u>。

（2）～にちがいない（主観的な思い込みでもよい確信。客観的な証拠を必要としない）
　　・山田さんは彼のことを思って、黙っていたにちがいない。
　　・あいつは俺のことを好きにちがいない。

◇確信のムードとは異なる意味のムード◇
(1) 疑問氷解・納得の「～はずだ」（疑問に感じていた気持ちがある事実を知って納得させられる）
　　・なーんだ、うまいはずだよ。（元テニスプレーヤーだと聞いて）
(2) 確認の「～にちがいない」（前提となっている事実を確認する）
　　・確かに彼が犯人にちがいないが、殺意があったとは思えない。

⚠ 確認しよう！

次の下線を引いた表現の中から、確信のムードとは異なるものを1つ選んでください。

(1) はずだ
　　（　）①もう5時なので、そろそろ学校から子どもが帰って来るはずだ。
　　（　）②彼は工学部を卒業しているのだから、機械は得意なはずだ。
　　（　）③家に明かりが点いているから、誰かいるはずだ。
　　（　）④カナダに留学していたんですか。どうりで、英語が上手なはずだ。
　　（　）⑤これまでの経緯から、彼はこの計画にきっと興味を示すはずだ。
(2) にちがいない
　　（　）①1時間前に帰ったから、もう家には着いているにちがいない。
　　（　）②アリバイがないということは、彼が犯人にちがいない。
　　（　）③この鞄はあなたのものにちがいないですね。
　　（　）④あの態度からして、あいつは俺のことを嫌っているにちがいない。
　　（　）⑤所長が交代したので、また営業方針が変わるにちがいない。

3.3　説明のムード（のだ・わけだ）

　「～のだ」は、ある状況の説明を表し、話し言葉では「～んだ」となります。日本人が会話で頻繁に使いますが、学習者には難しい表現です。「～わけだ」は、確信的な気持ちを表しますが、説明の意味でも使われますので、ここでは説明のムードに分類します。なお、「～のだ」も「～わけだ」も、聞き手に対する働きかけはなく、事実に対する説明を表している点で、対事的ムードに分類されます。相手と話していても、相手に対する働きかけがなければ対人的ムードにはなりません。

（1）〜のだ（ある前提や状況に対する説明）
・「ちょっと僕にも貸して。犬が大好きなんだ。」
（前文に対する補足説明）

・「熱心に勉強しますね。」「あしたテストなんです。」（理由の説明）
・「買い物に行ってくれる？」「やだ、今勉強してるんだ。」（断りの説明）

（2）〜わけだ（ある前提や状況からの推論の結果、当然そうなると判断される事態）
・円安の進行でガソリンが高くなっているわけだ。（ガソリン高騰の説明）
・誰も言うことを聞かないんだから、先生も怒るわけだ。（先生の怒りの説明）

◇説明のムードとは異なる意味のムード◇
(1) 発見・命令の「〜のだ」（新しいことを発見する・何かを命令する）
・あっ、そうか、こうすればいいんだ。（発見）
・もっと早く走るんだ。（命令）
(2) 言い換えの「〜わけだ」（同じ内容を別の言葉で言い換える）
・山田さんは今度本社に異動するそうだ。つまり、栄転するってわけだ。

確認しよう！

次の下線を引いた表現の中から、説明のムードとは異なるものを一つ選んでください。

(1) のだ
（　）① 「まだ、いたの？」「なかなか仕事が終わらないんだ。」
（　）② 「店長、掃除が終わりました。」「だめ、もっときれいに掃くんだ。」
（　）③ 「どうしたんだい？」「バスがまだ来ないんだ。」
（　）④ 「いつもマスクしてますね。」「おれ、花粉症なんだ。」
（　）⑤ 「どこへ行くんですか。」「ちょっとそこまで。」

(2) わけだ
（　）① 中山さん、来月結婚するんだって。だから、機嫌がいいわけだ。
（　）② 山田さんは肉も魚も食べない。つまり、ベジタリアンってわけだ。
（　）③ 古川さんは、掃除をしてほしいから、お母さんに来てもらっているわけだ。
（　）④ 台風が近づいているそうだよ。だから、ビーチには人がいないわけだ。
（　）⑤ インフルエンザが流行っているから、皆マスクをしているわけだ。

3.4 当然・回想／勧め・詠嘆のムード（ものだ／ことだ）

「～ものだ」は「当然」と「回想（昔のことを思い出すこと）」を、「～ことだ」は「勧め」と「詠嘆（感動を声に出すこと）」を表します。「回想」と「詠嘆」は対事的、「勧め」は対人的となります。「当然」の用法では聞き手に向かって言うときは対人的ムード、一般的な考えを述べるときは対事的ムードになります。

（1）～ものだ
・たまには家の手伝いぐらいする<u>ものだ</u>。（当然→対人的）
・景気がいいときは、何をやっても儲かる<u>ものだ</u>。（当然→対事的）
・あの頃は、皆でよく飲んだ<u>ものだ</u>。（回想→対事的）

（2）～ことだ
・遠慮しないで、思いきりやってみる<u>ことだ</u>。（勧め→対人的）
・幼い子どもが虐待されて死ぬなんて、何と痛ましい<u>ことだ</u>。（詠嘆→対事的）

◇形式は同じでもムードではない表現◇

(1) 所有や具体物を表す「～ものだ」
・これは、私の<u>ものだ</u>。（所有）
・この自転車は母が使っている<u>ものだ</u>。（具体的な物、自転車を指している）

(2) 主語の名詞を受ける「～ことだ」　→　名詞節（→P.118）
・<u>私の目標</u>は、<u>政治家になることです</u>。（「こと」によって文を名詞化する）

🛈 確認しよう！

次の下線を引いた表現の中で括弧内の観点から異なるものを1つ選んでください。

(1) ものだ（当然のムード）
　（　）①若いころは死に物狂いで働いた<u>ものだ</u>。
　（　）②就職が決まったら恩師のところへ挨拶に行く<u>ものだ</u>。
　（　）③親切にされたらお礼くらいする<u>ものだ</u>。
　（　）④そういうことは事前に伝えておく<u>ものだ</u>。
　（　）⑤授業中は携帯電話の電源を切っておく<u>ものだ</u>。

(2) ことだ（勧めのムード）
　（　）①公務員の使命は国民に奉仕する<u>ことだ</u>。
　（　）②これからは二人して仲良くやっていく<u>ことだ</u>。
　（　）③まずは体当たりでやってみる<u>ことだ</u>。

(　　) ④いろいろ言われてもあまり気にしないことだ。
(　　) ⑤つらいと思ったら、一人で我慢しないことだ。

3.5　義務・必要のムード（べきだ・なければならない・なければいけない）

「〜べきだ」は、あることが当然なされなければならないとする判断の表現で、「〜なければならない・〜なければいけない」は、どうしてもしなければならない義務や必要性を表す表現です。両者とも一般的な考えを述べるときは対事的ムードとなりますが、聞き手への忠告として使われると、対人的ムードとなります。

（１）〜べきだ
　　・風邪をひいたらマスクをするべきなのに……。
　　　（一般的な考え → 対事的）
　　・君はもっと努力するべきだ。（聞き手への忠告 → 対人的）

（２）〜なければならない
　　・地球に住む人間全員が環境を意識して生活しなければならない。
　　　（一般的な考え → 対事的）
　　・君が志望校に受かるためには１日 10 時間は勉強しなければならない。
　　　（聞き手への忠告 → 対人的）

◇義務・必要のムードとは異なる意味のムード◇
当然の「〜なければならない」（道理から考えて、そうなるのが当たり前である）
・その品物は１週間前に発注したので、もう届いていなければならない。

⚠ 確認しよう！

次の下線を引いた表現の中で括弧内の観点から異なるものを１つ選んでください。

(1) べきだ（対事的ムード）
　　(　　) ①天下りは完全に廃止すべきだ。
　　(　　) ②政治家はもっと国民目線で政策を立案すべきだ。
　　(　　) ③君はもっと真剣にこの問題に取り組むべきだ。
　　(　　) ④行政は住民の住宅環境をもっと改善すべきだ。
　　(　　) ⑤日本は名実ともに環境先進国となるべきだ。

(2) なければならない（義務・必要のムード）
　　(　　) ①今日はこれから夕飯のしたくをしなければならない。
　　(　　) ②明日までに企画書を仕上げなければならない。

（　　）③今月のノルマとして新車を5台売らなければならない。
（　　）④予定通りなら飛行機はもう到着していなければならない。
（　　）⑤明日から出張でタイに行かなければならない。

4．その他のムードの表現

　ここでは扱いませんでしたが、主題化と同様のプロセスでコトの成分を取り立てる助詞として、「も」「こそ」「でも」「だけ」「ばかり」「のみ」「さえ」などの「とりたて助詞」があります。文の中の基本的な成分の中から話者が取り出して特別な意味を加えるという意味で、「は」と同様のメカニズムの上に成り立つムード的な表現となります。

　1）父も一緒にカラオケに行った。（ガ格成分「父が」の取り立て）
　2）子どもが朝からゲームばかりやっている。（ヲ格成分「ゲームを」の取り立て）

　また、副詞の中にも、「きっと」「確かに」「まるで」「なんて」「当然」「幸い」など、ムード的な意味を持つものがたくさんあります。

　3）ぜひ家に遊びに来てください。
　4）あいにく用事があって、行けませんでした。

　さらに、付録11（P.170）の表にはありませんが、丁寧の表現は「伝達のムード」と呼ばれます。聞き手や発話状況に応じて、述語のスタイル（「丁寧形」にするか、「普通形」にするか）の選択が行われます。丁寧の表現を含めた敬語表現全体については、付録12（P.171）をご覧になってください。

5．日本語教育の観点から

　ムードの形式は、コミュニケーションを成立させる上でとても重要な表現で、無味乾燥で客観的なコトの部分を生き生きとした表現に変える働きがあります。日本語の教科書では、話者の気持ちを伝える伝達手段として具体的に1つ1つ導入されていきます。それぞれのムードは複数の形式を持つものが多く、またニュアンスも微妙に異なることがあるため、それらをすべて整理して頭の中に入れておくことは大変です。したがって、ムードは、コトに対する話し手の気持ちを伝える手段であるという基本的な概念を理解した上で、対事・対人という大きな枠組みの中で整理しておくといいでしょう。

まとめ

> ムードとは話者の気持ちを伝える表現です。文の骨格であるコトに肉付けをします！

1. ムードの種類
   (1) 対事的ムード：コトの内容に対する話し手の捉え方を表す。
   (2) 対人的ムード：聞き手に対する話し手の態度を表し、聞き手に何らかの働きかけを行うことが多い。

2. 主なムードの表現
   (1) 断定と意志のムード（φ）　(2) 推量のムード（らしい・ようだ・みたいだ・そうだ）　(3) 確信のムード（はずだ・にちがいない）　(4) 説明のムード（のだ・わけだ）　(5) 当然・回想／勧め・詠嘆のムード（ものだ／ことだ）　(6) 義務・必要のムード（べきだ・なければならない・なければいけない）

3. 上のムードとは異なる表現
   (1) 典型の「～らしい」　(2) 比喩の「～ようだ／みたいだ」　(3) 伝聞の「～そうだ」　(4) 疑問氷解・納得の「～はずだ」　(5) 確認の「～にちがいない」　(6) 発見・命令の「～のだ」　(7) 言い換えの「～わけだ」　(8) 所有や具体物を表す「～ものだ」　(9) 主語の名詞を受ける「～ことだ」　⑩ 当然の「～なければならない」

練習問題

次の下線を引いた表現の中で、それぞれの観点から1つだけ異なるものを選んでください。

(1) 対事的ムード
　（　）①あの二人は結婚する<u>かもしれない</u>。
　（　）②これから寒波が来て、急に寒くなる<u>らしい</u>。
　（　）③今度一杯飲みに行き<u>ませんか</u>。
　（　）④この雲行きだと、明日は雪が降る<u>にちがいない</u>。
　（　）⑤あの看板は古くて、倒れ<u>そうだ</u>。

(2) 意志のムード
　（　）①何と言われても上司に私は<u>言います</u>。
　（　）②彼は「絶対に<u>あきらめない</u>」と言っていた。
　（　）③私は資格を取って、日本語教師に<u>なります</u>。
　（　）④隣の家のお子さんが来年カナダへ<u>留学します</u>。
　（　）⑤用事があるので、そろそろ<u>帰ります</u>。

COLUMN 7 — ハとガ

　日本語教師を悩ませる問題の1つに「ハとガをどのように教えるか」ということがあります。この問題は古くから延々と議論されているテーマの1つでもあります。おそらく日本語教育に関する論文の中で、ベスト3に入るテーマであることは間違いないでしょう。では、なぜハとガの違いの説明は難しいのでしょうか。それは、両者は構文的にまったく異なる構造を持っているからです。すでにテキストの中で見てきましたように、ハは話者の気持ちを表すムードに属し、コトの中から様々な部分を主題として取り立てるものです。これに対し、ガは基本的に述語との論理的関係を示すコトの成分です。そもそも両者を同じ立場で比較すること自体に無理があるのです。

　にもかかわらず、ハとガの使い分けが日本語教育で問題となるのは、主題として一番よく提示されるのがガ格であり、その一方でガ格は主題化されないでそのまま使われることがあるからです。つまり、ガ格の主題化された文（**有題文**）とガ格が主題化されない文（**無題文**）との違いが問題となるのです。両者は主語がハかガの違いだけで、そのほかの成分はまったく同じです。しかし、文の持つ意味も使われる状況も異なることから、日本語の学習者にとっては使い分けが難しい文法事項の一つとなっているわけです。ただし、有題文と無題文という観点に立てば、両者の違いに関し研究者の間にあまり意見の相違はありません。ここでは両者の基本的な違いについて説明したいと思います。

1．「主題」と「対比」のハ

　一般的にコトの中からガ格成分を**主題**として取り立てるということは、話者が特に伝えたい内容を選択して話し手に提示するということです。そして、提示された主題について、解説するということになります。

　1）花子さん<u>は</u>太郎さんと結婚します。

1）の例文は、「花子さんについて言えば、太郎さんと結婚します。」という意味合いです。形容詞文と名詞文は2）と3）のように主体の性質や属性などを述べることが多く、有題文となるのが普通です。

　2）富士山<u>は</u>美しい。
　3）私<u>は</u>日本人です。

また、2つの事柄が主題として比較対照されることがあります。この場合、主題という

よりも、比較の意味合いが強くなることから、**対比**と呼ばれます。

 4）九州は暖かいが、北海道は寒い。
 5）日本は島国だが、モンゴルは内陸国だ。

典型的な対比の文は、「～ハ～が、～ハ～。」のような構文となります。また、主題と対比の両方のハがともに表されることもあります。

 6）私は魚は嫌いだが、肉は好きです。

最初のハが主題で、後の2つのハは対比です。さらに、対比では比較される2つの事柄がいつも明示されるとは限りません。

 7）私はミカンは嫌いです。

この文の最初のハは主題で、その後のハは対比となります。対比のハではミカンを何か他のものと比べており、その他の果物なら嫌いではないという意味を感じます。ただ単にミカンが嫌いであることを述べるのであれば、ハではなくガにします。

 8）私はミカンが嫌いです。

こうすることで、対比の意味が消え、単にミカンが嫌いであるという意味になります。

2．「中立描写」と「排他」のガ
　ハとガの文の大きな違いは主題化されているかいないかです。ガが使われる場合は無題文になります。主題化されないということは、コトが表す事実を話者がそのまま話し手に伝えるということです。（この場合、断定のムードφが付くことになります。）

 1）あっ、雨が降ってきたφ。　←〔雨が降ってきた〕コト
 2）荷物が届いたφ。　←〔荷物が届いた〕コト

このような無題文は、「中立描写文」「中立叙述文」「現象文」などと呼ばれます。典型的な発話の状況は、上の例文のように新しい事実を発見したときです。このように、発話の時点で知覚したことをそのまま話し手に伝えるときに、ガが使用されます。
　また、無題文のガには「排他」という用法があります。この用法では、複数の選択肢の中から焦点となっている事柄を主語として選び、その事実を話者に伝えます。典型的

な「排他」文は、疑問語疑問文に対する答えの文です。

　3）（バイキングで）「何がおいしかったですか。」
　　　「パスタと手作りプリンがおいしかったです。」

主語である「パスタと手作りプリン」はたくさんある食べ物の中から選ばれているという点で、排他的な意味が出ているわけです。この「排他」のガは、比較の文においてもよく使われます。

　4）その帽子よりこっちの帽子のほうがカッコいい。（たくさんある帽子の中で）
　5）クラスの中でミヒャエルさんが一番大きい。（クラスの学生の中で）

このような「排他」の用法は、「焦点となっている総ての事柄を記す」という意味で、「総記」という言葉が使われることがあります。

3．新情報と旧情報

　ハとガの用法については、談話的な観点から主語が聞き手にとって未知のものなのか（新情報）、既知のものなのか（旧情報）という区別があります。ハによって提示されるものは聞き手にも何らかの情報がある既知のもので、ガが使われる事柄は未知のものであると言われます。よく紹介される例は、昔話の語り始めの部分です。

　1）昔昔あるところにおじいさんとおばあさんがいました。おじいさんは山へ柴刈り
　　　に、おばあさんは川へ洗濯に行きました。

「おじいさんとおばあさん」という聞き手にとって新しい情報はまずガで提示され、一度聞き手に理解されることで既知の情報となり、その後はハで示されるというものです。また、次のような例でも、その違いを未知・既知で説明することができます。

　2）富士山は美しい。
　3）富士山が美しい。

2）の「富士山」は誰でも知っている一般的な「富士山」という意味ですので、既知の情報となります。これに対し、3）が使われる状況は、富士山が見えるところで、「見てごらん、富士山が美しいよ。」などと言うときではないでしょうか。ここで示された「富士山」は目の前にある美しい富士山であり、富士山一般ということではなく、今見ている富士山という意味で、聞き手にとっては新しい情報になるわけです。

第8章 複文の構造

　第7章までで、単文における文の仕組みについて概観しました。これまで見てきたような単文では限られた意味内容しか相手に伝えることはできません。より高度で複雑な情報を伝達するためには、複数の文から構成される複合的な文を産出する必要があります。そのためには、複数の文をどのようにつなげ、組み立てていくのかという知識が必要となります。第8章では、このような複数の文から構成される文の仕組みについて考えていきます。

　複文とは、複数の文を持つ文のことを言いますが、その中で中心となる文を**主節**、そうではない文を**従属節**と呼びます。従属節は主節の様々な部分に意味的に添う形でつながりますが、そのつながり方によって、**名詞修飾節**、**補足節**、**副詞節**の3つに分類されます。なお、**節**の規定については難しいものがありますが、ここでは基本的に1つの述語を中心にまとまりのある語の集合を節と呼ぶことにします。独立した単文と比べると、文として不完全なものも多く含まれます。

1. 名詞修飾節（名詞につながり、文を構成する成分となる。）
　　私は　この間読んだ小説に　とても　感動した。

2. 補足節（「の」、「こと」、「と」などにつながり、文を構成する成分となる。）
　　私は　花子が公園にいたのを　見た。

3. 副詞節（接続助詞などにつながり、全体として主節の述語にかかっていく。）
　　山田さんは　寝坊したので、会社に　遅れた。

また、2つの節が対等な関係で結びついたものを**並列節**（等位節）と呼びます。

4. 並列節（他の節に依存しないで、2つの節が対等な関係にある。）
　　昨日は雨が降って、　今日は風が吹いた。

1．名詞修飾節

名詞修飾節の分類には、名詞修飾節の構造によるものと機能によるものとがあります。前者の分類を**内・外の関係**、後者の分類を**限定・非限定用法**と呼びます。

1.1　内・外の関係

名詞修飾節は修飾する成分とそれを受ける名詞（被修飾名詞）との構造的な関係から、「内の関係」と「外の関係」に分かれます。

（1）内の関係

被修飾名詞が名詞修飾節の内に入る関係にあることを言います。つまり、被修飾名詞が格成分として修飾する節の中に入ることができることを意味します。

・この間見た映画は面白かった。（「この間映画を見た」と言える）

1) Aさんは苦楽を共にした友人と再会した。（「友人と苦楽を共にした」と言える）
2) 3年間学んだ学校を あとにした。（「学校で3年間学んだ」と言える）

（2）外の関係

被修飾名詞が名詞修飾節の外にある関係、つまり、被修飾名詞が格成分として名詞修飾節の中に入らないものを言います。

・子どもが魔法使いになる映画を見た。（「子どもが魔法使いになる」という内容の映画）

3) 試験に合格した喜びに浸っている。（「試験に合格した」ことによる喜び）
4) 海外で日本語を教える夢を持っている。（「海外で日本語を教える」という夢）

確認しよう！

次の下線の名詞修飾節は、①内の関係、②外の関係のどちらでしょうか。

（　　）(1) 首相は衆議院を解散する決断を下した。
（　　）(2) 衆議院を解散する首相に非難の声が上がった。
（　　）(3) 枯葉を焼く煙が上がった。
（　　）(4) 枯葉を焼く山から煙が上がった。
（　　）(5) 姉が弾いているバイオリンはドイツ製だ。
（　　）(6) バイオリンを弾いている音が聞こえる。

(3)「外の関係」の下位分類

　外の関係の名詞修飾節はさらに、**内容補充節**（内容補充修飾節）と**付随名詞節**（付随名詞修飾節）と**相対名詞節**（相対名詞修飾節）の3種類に分かれます。

①内容補充節

　名詞修飾節が被修飾名詞の内容を表している関係にあるものを言います。「という」がしばしば入ります。

・高速道路で大事故が起きたというニュースが流れた。

「ニュース」の内容は「高速道路で大事故が起きた」ということになります。

5）日本人留学生が銃で撃たれて死んだという事件を覚えていますか。
6）子どもが廊下を走り回る光景が目に浮かぶ。

②付随名詞節

　名詞修飾節が被修飾名詞の内容を表さないで、単に事態との関わりがあることを示します。

・高速道路で大事故が起きた原因は雨によるスリップだった。

「原因」の内容は「雨によるスリップ」であり、「高速道路で大事故が起きた」ということではありません。名詞修飾節の内容を生じさせた「原因」という関係になっています。したがって、付随名詞節となります。付随名詞節では一見被修飾名詞の内容を表すように感じられますので、注意が必要です。以下の例でも、「結果」と「衝撃」の内容は名詞修飾節にはなく、その後に続く述語の部分にあります。

7）景気が低迷した結果、株価が大幅に下落した。
8）その飛行機が墜落した衝撃はものすごいものだった。

③相対名詞節

　名詞修飾節が相対名詞の時間や空間を特定する関係にあります。相対名詞（→ P.14）とは基準が定まらないと具体的な時間や場所などが決まらない名詞のことを言います。相対名詞節に使われる時間の名詞には、「前」「後」「直前」「直後」「前日」「翌年」などがあります。空間の名詞には、「上」「下」「前」「後」「横」「右」「左」「向こう」「近く」などがあります。これらの名詞に名詞修飾節が付くことで、具体的な時間や空間が特定

されることになります。

・母親は、子どもを出産した翌年に、職場に復帰した。（時間）

「翌年」だけでは、どこを基準にした「翌年」なのか不明です。したがって、「子どもを出産した」という名詞修飾節が付くことで、具体的な時が特定されるわけです。

9）日本に帰国した翌日に、友達に会った。（時間）
10）私がテレビを見ている横で、妻が料理を作っている。（空間）

確認しよう！

次の下線を引いた「外の関係」の名詞修飾節の種類は、①内容補充節、②付随名詞節、③相対名詞節のどれでしょうか。

（　）（1）校則が厳しすぎるという不満をよく耳にする。
（　）（2）今回の事件が冤罪であるという証拠がありますか。
（　）（3）父が振りむいた向こうに母がいた。
（　）（4）放送内容が不適当であるという苦情が番組に寄せられた。
（　）（5）土砂崩れが起きる兆候は前日に観測されていた。
（　）（6）飛行機に乗る3日前に予約を確認しなければなりません。

文法チェック ❽　"連体修飾と連用修飾"

文の中で、ある部分が他の部分にかかっていくことを「修飾する」と言い、名詞にかかることを「連体修飾」、述語にかかることを「連用修飾」と呼びます。このような働きを持つ語のことを修飾語（連体修飾語または連用修飾語）と呼びます。

1）連体修飾（名詞などにかかる）　連体修飾成分　名詞（被修飾名詞）

（例）明るい女性　　母の手紙　　走っている犬　　歌を忘れたカナリヤ

2）連用修飾（述語にかかる）　連用修飾成分　述語

（例）ゆっくりと歩く　泣きながら帰る　3時に会う　雨が降ったら、中止だ

１．２．限定用法（制限用法）と非限定用法（非制限用法）

被修飾名詞の意味に制限を与えているかどうかという機能的な観点から、限定用法と非限定用法という分類に分かれます。限定用法では、一般的に「食料品、学生、帽子」などの普通名詞（→ P.137）を修飾し、ある一定の意味を加えることで名詞の内容を限定します。多くの名詞修飾節は限定用法であると言えます。これに対し、被修飾名詞が固有名詞の場合、初めから限定されているために、非限定用法となります。

（１）限定用法
・両親が送ってくれた食料品は腐っていた。

「食料品は腐っていた。」だけではどの食料品なのかが不明です。「両親が送ってくれた」という名詞修飾節が付くことで意味内容が具体化されます。ただし、「食料品」だけでも文脈の中で限定されて使われることもあります。（cf.「災害に備えて、食料品が備蓄してある。」←「災害のための食料品」として理解されている。）

１）その自転車を盗んだ学生は停学処分となった。
２）マイケル・ジャクソンが愛用した帽子が競売にかけられた。

（２）非限定用法
・山田さんは 昨年 日本で一番大きな湖である琵琶湖を訪れた。

「山田さんは昨年琵琶湖を訪れた」だけでも意味は明らかです。琵琶湖は１つしかありませんので、名詞修飾があろうとなかろうと、琵琶湖の意味するものは変わりません。

３）今年の夏は日本一の山である富士山に登りたい。
４）古い寺院が残されている京都は外国人観光客に人気がある。

⚠ 確認しよう

次の下線を引いた名詞修飾節は、①限定用法、②非限定用法のどちらでしょうか。

（　　）⑴ 夏休みを祖父母と過ごした思い出は今でも忘れない。
（　　）⑵ 泥棒を捕まえた男性が警察から表彰された。
（　　）⑶ 久しぶりに訪問した中国は以前とは大きく変わっていた。
（　　）⑷ 私がプレゼントした鞄を父は今でも大事に使っている。
（　　）⑸ 首位を走っていたジャイアンツが突然５連敗した。

1.3　名詞修飾節における「が」と「の」の交替

　名詞修飾節の中では、主語を表す「が」を「の」に変えることができます。ただし、主語と述語の間に多くの語が入ったり、「という」が挿入されたりすると、「の」は不自然になるようです。

1）太郎が言っていることは理解できない。
　　→　太郎の言っていることは理解できない。
　　→？太郎の昔からさんざん言っていることは理解できない。
2）知人の子どもがT大に受かった噂を聞いた。
　　→　知人の子どものT大に受かった噂を聞いた。
　　→？知人の子どものT大に受かったという噂を聞いた。
3）雨が降っている日は自転車に乗らないでください。
　　→　雨の降っている日は自転車に乗らないでください。
　　→？雨の非常に激しく降っている日は自転車に乗らないでください。

2．補足節

　述語に対して文の成分（→ P.2-3）を構成する節を補足節と言います。補足節には名詞節、引用節、疑問節があります。

2.1　名詞節

　形式名詞である「の」「こと」「ところ」につながることで文全体を名詞化し、文の成分として成立させます。なお、名詞節の中には主題の「は」は現れません。（→ P.125）

（サンタがプレゼントを持ってくる。それは本当だ。）
　　↓名詞化
・サンタがプレゼントを持ってくるのは、本当だ。

（赤ちゃんが生まれる。それを子どもが楽しみにしている。）
　　↓名詞化
・赤ちゃんが生まれることを、子どもが楽しみにしている。

（虫を捕っていた。そこに、セミが飛んできた。）
　　↓名詞化
・虫を捕っていたところに、セミが飛んできた。

1）イギリスに留学する<u>の</u>を決心した。（の）
2）私の趣味は写真を撮る<u>こと</u>です。（こと）
3）<u>彼の一生懸命努力するところ</u>が好きだ。（ところ）

文法チェック❾ "「の」と「こと」の使い分け"

　名詞節における「の」と「こと」の使い分けは、難しい問題の1つです。初級で教えるときは、基本的に両方の使用が可能であるとし、それぞれの形式だけが使えるケースについて説明するのがいいでしょう。ここでは、初級教科書で教えるのに必要な表現に限定して、簡単に紹介します。
　日本語学習者がイメージしやすいのは、英語の"It is ～ that ～"の強調構文です。この場合、通常両方の使用が可能になります。

・太郎と花子が結婚する<u>の／こと</u>は本当です。
・二人のような似合いのカップルを見つける<u>の／こと</u>は難しい。

その上で、「の」と「こと」だけが使えるケースを教えます。

◇「の」だけが使えるケース◇
①感覚を表す動詞（「見る」「見える」「聞く」「聞こえる」「感じる」など）
　・太郎が歩いている<u>の</u>（×こと）を見ました。
　・船が揺れている<u>の</u>（×こと）を感じます。
②「～のは～だ」という構文（格成分と述語の主題化「分裂文」→P.22、23、26参照）
　・かさを忘れた<u>の</u>（×こと）は次郎です。
　・太郎が見た<u>の</u>（×こと）は花子さんです。

◇「こと」だけが使えるケース◇
①「～は～ことだ」という構文（ただし、ムードの表現ではありません。）
　・私の夢はニューカレドニアで暮らす<u>こと</u>（×の）です。
　・趣味はギターを弾く<u>こと</u>（×の）です。
②「～ことがある」「～ことにする」「～ことになる」「～ことができる」の表現
　・ナイアガラの滝に行った<u>こと</u>（×の）がある。
　・今度引っ越す<u>こと</u>（×の）になった。

2.2 引用節

従属節を「と」「よう（に）」につなげることで、述語の表す内容を具体的に表します。

・私は日本語はそれほど難しくないと思う。（思考の内容）

1）彼は今日はバイトを休むと言った。（発言の内容）
2）上司から明日までにこの企画を仕上げてくれと頼まれた。（依頼の内容）

・庭に水をまくように子どもに言った。（命令の内容）

3）妻が夫にもっと家事を手伝うように頼んだ。（依頼の内容）
4）先生から宿題をしっかりやるように言われた。（叱責の内容）

2.3 疑問節

不確定な内容を、「か」「かどうか」などによって表すものです。なお、「のか」「のかどうか」となることもあります。

・飲み会に参加するか、後で連絡します。（か）

・今晩山田さんが来るかどうか、わからない。（かどうか）

1）彼が本当にそんなことを言ったのか、疑問だ。（のか）
2）雨が止むのかどうか、様子を見よう。（のかどうか）

！ 確認しよう！

次の文で使われている「ところ」の中で、1つだけ名詞節ではないものがあります。それはどれでしょうか。

（　　）(1) 二人でこっそり会っているところは誰にも見られなかった。
（　　）(2) ちょうど食事が終わったところに電話がかかってきた。
（　　）(3) 警備員は高校生が万引きするところを捕まえた。
（　　）(4) ちょうどお腹がすいたところで食事が出てきた。
（　　）(5) 父がちょうど今帰ってきたところです。

3．副詞節（連用修飾節）

副詞と同じように述語（主節の述語）にかかっていくことから、副詞節と呼ばれます。連用修飾節と呼ばれることもあります。副詞節には条件節、原因・理由節、時間節、目的節、様態節などがあります。

3．1 条件節

条件節には、予期された通りの結果となる順接条件節、予期する結果とはならない逆接条件節があります。

（1）順接条件節（〜と、〜ば、〜たら、〜なら）
　1）春になると、花が咲きます。
　2）雨が降れば、遠足は中止です。
　3）試験が終わったら、旅行に行きたいです。
　4）彼女が行くなら、僕も行きます。

（2）逆接条件節（〜が、〜けれども、〜のに、〜ても）
　1）台風が上陸したが、幸いにも大きな被害はなかった。
　2）息子は頭は悪いけれども、運動には自信がある。
　3）塾に行っているのに、成績が上がらない。
　4）いくら謝っても、なかなか許してくれない。

3．2 原因・理由節

従属節が、主節の原因や理由となります。（〜から、〜ので、〜ために、〜て）

　1）今日はとても寒いから、お鍋にしましょう。
　2）雨が降るので、傘を持って行ったほうがいい。
　3）ボーナスが減ったために、ローンの返済が苦しくなった。
　4）電車が遅れて、遅刻した。

3．3 時間節

主節の事態が起きた時間を表します。「〜とき（に）」「〜てから」「〜あと（に／で）」「〜まえ（に）」「〜うちに」などがあります。

　1）歩いているときに、転んでお尻を打った。
　2）郵便局に寄ってから、銀行に行った。
　3）洗濯物を取り込んだあとに、雨が降ってきた。

4）食事をするまえに、手を洗いましょう。
5）映画を見ているうちに、眠ってしまった。

3.4 目的節

主節の事態の目的を表す従属節で、「～ため（に）」「～ように」「～のに」「～には」などがあります。

1）母国の大学教員になるために、日本の大学院で勉強しています。
2）人前で上手に話せるように、話し方教室に通っています。
3）この商店街は、買い物をするのにとても便利がいい。
4）大工として一人前になるには、かなりの年月が必要です。

3.5 様態節

主節の事態のあり方を述べる従属節です。「～ように」「～みたいに」「～ほど」「～ながら」などがあります。

1）バケツの水をひっくり返したように、雨が降った。
2）泥棒が入ったみたいに、部屋が散らかっている。
3）思わず息が止まりそうになるほど、驚いた。
4）傘を差しながら、自転車に乗るのは危険です。

確認しよう！

下線部の「～のに」の中で他と異なるものを１つ選んでください。

（　　）(1) 雨が降っているのに、散歩に出かけた。
（　　）(2) ダイエットをしているのに、体重が減らない。
（　　）(3) 京都に行くのに、新幹線を利用した。
（　　）(4) せっかくお弁当を作ったのに、雨でピクニックが中止になった。
（　　）(4) 止めろと言っているのに、全然言うことを聞かない。

3.6 「と」「ば」「たら」「なら」の用法

副詞節の中の条件節を代表する「と」「ば」「たら」「なら」の表現は、学習者だけでなく、日本語教師にとっても頭が痛い文法事項です。それぞれの特徴で大まかに整理しておくと便利です。この４つの表現の中では、「なら」だけが他と異なりますので、「と」「ば」「たら」の３つの表現から見ていくことにしましょう。これらの３つの特徴は、次の表にまとめてあります。

条件	と	ば	たら
反復的	◎春になると、 　　　桜が咲く	○春になれば、 　　　桜が咲く	○春になったら、 　　　桜が咲く
仮定（一般）	?雨が降ると、 　　　傘をさす	◎雨が降れば、 　　　傘をさす	○雨が降ったら、 　　　傘をさす
仮定（個別）	×東京へ行くと、 　　　買い物しよう	?東京へ行けば、 　　　買い物しよう	◎東京へ行ったら、 　　　買い物しよう
反事実	×知っていると、 　　　買わなかった	○知っていれば、 　　　買わなかった	○知っていたら、 　　　買わなかった

◎典型的な表現　　○自然な表現　　?不自然な表現　　×非文法的な表現

　「と」の典型的な文は、反復的な因果関係の表現です。前件（前の文）の事態が起こると、必ず後件（後の文）の事態が起こるというものです。そこから、順次動作的な表現にもよく使われます。「右に曲がると、交番があります」「お金を入れると、ジュースが出ます」などです。「ば」の特徴は、一般的な仮定条件です。「一生懸命頑張れば必ず報われる」「風が吹けば桶屋がもうかる」などの例です。個別の仮定条件では意志の表現が使えないことがあります。「たら」の典型的な文は、個別的な仮定条件です。「宝くじに当たったら、家を買いたい」「先生に会ったら、よろしくね」などの例です。この3つの表現をまとめると、「と＜ば＜たら」という関係になります。つまり、「ば」は「と」の用法を兼ね、「たら」は「と」と「ば」の用法を兼ねるという関係です。すべてに当てはまるわけではありませんが、イメージとして持っていると整理しやすいでしょう。

　そこで、「なら」の用法ですが、典型的な文は態度表明文です。前件の事実を知って、自分の態度を表明するというものです。例えば、

1）君が行くなら、僕も行く。
2）京都へ行くなら、新幹線で行きます。

などの文です。したがって、前件が必ず起こる反復的な事態や後件が態度の表明ではない既定事実になると表せません。

3）×春になるなら、桜を見に行こう。（前件が反復的な事実）
4）×京都へ行くなら、友達が案内してくれる。（後件が既定事実）

また、「ば」の名詞述語文である「～であれば」は「なら」で言い換えることができます。その場合、形の上では「なら」になっていますが、「ば」の一般的な仮定条件の用法となります。

 5）日本人なら（＝日本人であれば）、日本語が教えられるだろう。
 6）弁護士なら（＝弁護士であれば）、法律に詳しくて当然だ。

その他にも、とりたて助詞の「なら」として、主題などを表す用法があります。接続助詞（仮定条件）の「なら」との混同に気を付けてください。

 7）コーヒーならブルーマウンテンだ。（×コーヒーであれば）
 8）父なら出かけています。（×父であれば）

4．並列節

2つの節が対等な関係で並ぶもので、テ形、連用形、「～が」、「～たり」、「～し」などがあります。

 1）父親は本屋に行って、母親は買い物に出かけた。（テ形）
 2）その店員は愛想が良く、感じも良かった。（連用形）
 3）日本の大学は入るのは難しいが、出るのは簡単だ。（が）
 4）休みの日は家でテレビを見たり、本を読んだりしている。（たり）
 5）彼は頭が切れるし、ルックスもいい。（し）

4.1　テ形

並列節*の中でも、テ形による文と文の接続には様々な用法がありますので、以下に紹介します。

	用法	例文
並列節	(1) 並列（＝そして）	この部屋は暗くて寒い。
	(2) 対比（＝が）	夏は暑くて、冬は寒い。
副詞節	(3) 原因・理由（＝ので／から）	用事があって、行けません。
	(4) 付帯状況（＝ながら）	その男は腕を組んで、立っていた。
	(5) 継起（＝てから）	服を洗って、外に干した。

	(6) 手段・方法（＝で／によって）	娘がクレヨンを使って、上手に絵を描いた。
	(7) 逆接（＝のに）	知っていて、教えてくれない。
	(8) 仮定（＝たら）	歩いて、10分もかかりませんよ。

＊この中で並列節は(1)と(2)の用法だけで、(3)～(8)の用法では前の節が主節にかかっていく副詞節になります。(3)は原因・理由節、(4)は様態節、(5)は時間節、(6)は様態節、(7)は条件節（逆接条件節）、(8)は条件節（順接条件節）となります。

確認しよう！

次の(1)～(5)のテ形文について、同じ用法のテ形文を右のa～eの中から選んで、その記号を入れてください。

（　）(1) 手を振って歩く。　　　　　a. 手紙を書いてポストに入れた。
（　）(2) 風邪をひいて学校を休んだ。　b. 波が荒くて出港できない。
（　）(3) 上着を脱いでネクタイを外した。　c. 涙を流して立っていた。
（　）(4) そのアパートは古くて汚かった。　d. 怒鳴って子どもを追い払った。
（　）(5) 自転車に乗って学校に通う。　e. その店員は愛想が良くて親切だ。

5．従属節における主題の「は」

これまで見てきましたように、複文においては名詞修飾節・補足節・副詞節が従属節として文を形成します。このような従属節の中では、通常主題の「は」は現れません。

1) うちの子どもが気に入っている服を買った。（名詞修飾節）
　?うちの子どもは気に入っている服を買った。
2) 娘が風船をもらうのを見た。（補足節）
　?娘は風船をもらうのを見た。
3) お母さんが行けば、僕も行く。（副詞節）
　×お母さんは行けば、僕も行く。

これは、主題の「は」は主題としての影響力が強く、従属節の枠の中には納まらないからです（→P.25）。ただし、主題ではなく、対比を表す場合は、従属節の中でも使えるようになります。

4) 隣の子どもは嫌っているがうちの子どもは気に入っている服を買った。
5) 息子はおもちゃをもらうのを、娘は風船をもらうのを見た。

　また、主節に対して独立度が高い従属節（文としても独立できるような節）においては、主題の「は」であっても、使うことが可能となります。このような従属節には、「～から」「～ので」「～が」などの接続助詞によるものや引用の「～と」「～ように」などがあります。

6) その映画は興味がないので、見ません。（～ので）
7) 太郎はまだ若いが、しっかりとした考えを持っている。（～が）
8) 明日は結婚記念日だと夫が言った。（～と）

6．日本語教育の観点から

　学習者が複文を使えるようになると、かなり複雑な内容を伝えることができるようになります。特に作文を書くときに役立ちます。いろいろな国からの学習者の作文を見ていると、共通した不自然な表現があります。例えば、原因・理由の従属節に「～から」だけを使って「～ので」を使わなかったり、出来事の並列に「～し」を多用したりすることです（「～から」「～ので」「～し」の使い方の違いについては、「解答と解説」のP.57で説明しています）。これらの表現はすべて初級で覚える事項なのですが、その使用がそのまま固定化され、どのような状況でも同じ表現を使おうとするわけです。その結果、しばしば文のつながりにおいて、不自然な表現となってしまうのです。したがって、中級になるにつれ、状況に応じた複数の表現の使い分けができるようになることが求められます。そのためには、まず教師自身がその違いをしっかりと理解した上で、適切でわかりやすい例文を与えていくことが、学習者に表現の違いを理解させる最善の方法となるでしょう。

> 昨日は宿題をやったし、
> 洗濯をしたし、
> 買い物に行きました。

まとめ

> 複数の節を持つ文を複文と呼びます。中心となる節を主節、それに意味を添える節を従属節と言います。

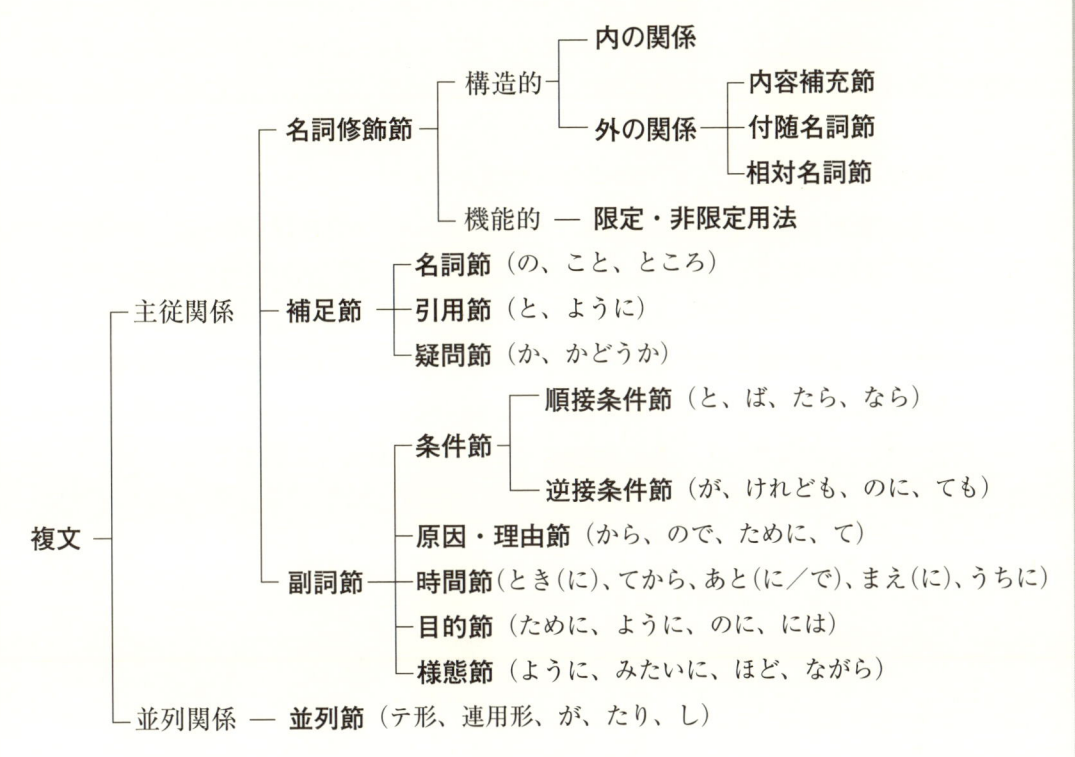

```
複文 ─┬─ 主従関係 ─┬─ 名詞修飾節 ─┬─ 構造的 ─┬─ 内の関係
      │            │              │          └─ 外の関係 ─┬─ 内容補充節
      │            │              │                        ├─ 付随名詞節
      │            │              │                        └─ 相対名詞節
      │            │              └─ 機能的 ── 限定・非限定用法
      │            ├─ 補足節 ─┬─ 名詞節（の、こと、ところ）
      │            │          ├─ 引用節（と、ように）
      │            │          └─ 疑問節（か、かどうか）
      │            └─ 副詞節 ─┬─ 条件節 ─┬─ 順接条件節（と、ば、たら、なら）
      │                       │          └─ 逆接条件節（が、けれども、のに、ても）
      │                       ├─ 原因・理由節（から、ので、ために、て）
      │                       ├─ 時間節（とき（に）、てから、あと（に／で）、まえ（に）、うちに）
      │                       ├─ 目的節（ために、ように、のに、には）
      │                       └─ 様態節（ように、みたいに、ほど、ながら）
      └─ 並列関係 ── 並列節（テ形、連用形、が、たり、し）
```

練習問題

次の下線を引いた節について、①名詞修飾節、②補足節、③副詞節、④並列節の中から、当てはまるものを選んで、その番号を入れてください。

(1) (　　) <u>雨が降りそうなので</u>、洗濯物を取り込みます。
(2) (　　) 丸山さんは<u>将来日本語教師になりたい</u>と言った。
(3) (　　) 国民の多くは<u>政治改革が進むこと</u>を願っている。
(4) (　　) あの<u>派手なシャツを着た</u>人は誰ですか。
(5) (　　) <u>そこの交差点を曲がると</u>、銀行が見えます。
(6) (　　) <u>小百合さんは美人だし</u>、成績も優秀です。
(7) (　　) <u>妻は買い物に行って</u>、夫はパチンコに行った。
(8) (　　) <u>ペットショップで見つけた</u>犬はとてもかわいかった。

COLUMN 8 － テ形の導入

　初級教科書で教えた経験がある人であれば、テ形の重要性は身にしみて感じることができると思います。テ形が作れるようになることで、「～ている」や「～てある」などのアスペクト、「～てほしい」「～てください」などのムードの表現を始めとし、「～ておく」「～てみる」などの多くの複合述語の使用が可能になるからです。また、テ形で文と文をつなぐこともできるようになります。このように日本語教育で重要な位置を占めるテ形ですが、それを導入するにあたっては次の2点に配慮する必要があります。

1．辞書形から教えるか、丁寧形から教えるか。

　この問題はそれまでに学習者が丁寧形を学んでいるか、辞書形を学んでいるかによります。通常の初級教科書では丁寧形から覚えていきますので、丁寧形からテ形を作る方法が一般的です。学習者が辞書形を知っているようであれば、辞書形からテ形を作ることもできます。定住外国人でそれまでに日本語を学んだことはないが、ある程度の日本語ができる人などがそのような学習者と言えます。教え方としては、子音動詞のテ形の作り方がポイントとなります。それぞれの音便形の形を覚える必要があるからです。母音動詞は辞書形であれば、「る」を取って「て」を、丁寧形であれば「ます」を取って「て」を規則的に付けるだけです。不規則動詞は2つだけですので、そのまま「来て」「して」と覚えます。

	辞書形	丁寧形	テ形	テ形	音便形
子音動詞	買う 立つ やる	買います 立ちます やります	って	買って 立って やって	促音便
子音動詞	死ぬ 飛ぶ 読む	死にます 飛びます 読みます	んで	死んで 飛んで 読んで	撥音便
子音動詞	書く 漕ぐ	書きます 漕ぎます	いて いで	書いて 漕いで	イ音便*
子音動詞	貸す	貸します	して	貸して	―
母音動詞	起きる 食べる	起きます 食べます	て	起きて 食べて	―
不規則動詞	来る する	来ます します	て	来て して	―

＊「行く」は例外で、イ音便ではなく、促音便となります。

子音動詞の音便形への変化は、前ページの表にある網掛け部分をキーにして、覚えてもらいます。辞書形であれば、「う、つ、る」→「って」、「ぬ、ぶ、む」→「んで」、「く」→「いて」、「ぐ」→「いで」、「す」→「して」となります。同様に、丁寧形であれば、「ます」を取って「い、ち、り」→「って」、「に、び、み」→「んで」、「き」→「いて」、「ぎ」→「いで」、「し」→「して」となります。この規則を理解させてから、フラッシュ・カードなどを使い、完全に言えるようになるまで練習します。

2．ひらがなで教えるか、ローマ字で教えるか。

　この質問は、学習者がどこの国の人かによります。中国や韓国などの漢字圏の国であれば、ひらがなで学ぶことに抵抗感が少なく、スムーズに導入することができます。それに対し、非漢字圏の国の学習者にはローマ字での導入のほうが効果的であることがあります。どちらにも長所と短所があり、一概にどちらが良いとは断言できません。

	辞書形	丁寧形	テ形	音便形
子音動詞	ka(w)-u tat-u yar-u	ka(w)-imasu tat-imasu yar-imasu	t-te	kat-te tat-te yat-te	促音便
	sin-u tob-u yom-u	sin-imasu tob-imasu yom-imasu	n-de	sin-de ton-de yon-de	撥音便
	kak-u kog-u	kak-imasu kog-imasu	i-te i-de	kai-te koi-de	イ音便
	kas-u	kas-imasu	s-ite	kas-ite	―
母音動詞	oki-ru tabe-ru	oki-masu tabe-masu	-te	oki-te tabe-te	―
不規則動詞	ku-ru su-ru	ki-masu si-masu	-te	ki-te si-te	―

　例えば、ローマ字で教える利点としては、母語でアルファベットを使っている学習者には理解しやすく、正確な語幹の知識も得ることができます。また、辞書形からも丁寧形からもルールは同じなので簡単です。欠点としてはひらがなへの対応が遅くなる点と発音がローマ字の音声になってしまうことが挙げられます。これに対し、ひらがなで教える利点は日本語で覚えていくため、自然な習得として定着しやすく、その後の対応がスムーズになることです。ただし、初級の段階でひらがなの能力が不完全であると、学習者にとっては二重の負担となり、テ形の作り方が理解できず、大混乱となる可能性が

あります。どのような教科書を使うかにもよりますが、様々な国の学習者のいるクラスではひらがな表記の教科書で、ひらがなで教えることが多いようです。その場合、ひらがながしっかりと定着してから導入する必要があります。

ローマ字で教える場合は、母音動詞は語幹に /-te/ を付けるだけです。不規則動詞は /ki-te/、/si-te/ で覚えてもらいます。子音動詞の場合、辞書形も丁寧形も語幹の最後の子音をキーにしてテ形を作ります。つまり、/w,t,r / → /t-te/、/n,b,m/ → /n-de/、/k/ → /i-te/、/g/ → /i-de/、/s/ → /s-ite/ という規則になるわけです。

テ形の導入は、まずルールを覚えることから始まりますが、教室ではルールを歌にして覚えやすくすることがよく行われています。たとえば、以下のフレーズを「ロンドン橋」のメロディーに合わせて、歌いながら覚えていきます。ここでは、例外の「行く」も入っています。

♪ いーちりって ♪
にびみんで
きいて、ぎいで
いーきます、いーって
しぃーして

い・ち・り → って
に・び・み → んで
き → いて、ぎ → いで
行きます → 行って
し → して

この他にも「雪山賛歌（いとしのクレメンタイン）」や「むすんでひらいて」など、様々な曲のバージョンがあります。興味のある方は「テ形の教えかた」をインターネットで検索すると、具体的な導入の仕方がいろいろと紹介されています。

終わった!!

特別編　品詞分類

　特別編では品詞分類について説明しますが、すでに基本的な知識のある人は読み流してください。文法を考えていく上で品詞の知識はどうしても必要であるため、品詞の基礎知識をつけたい人のために特別に用意した章です。

　品詞分類とは「言葉の分類」のことです。日本語のすべての語は大きく2つに分けることができます。それは、**自立語**と**付属語**です。自立語とは、それだけで1つの言葉として認められる語です。これに対し、付属語とは、単独では存在できず、自立語に付くことで初めて文の構成素として成立する語です。例えば、「食べる」「なつかしい」「きれいだ」「先生」「突然」「小さな」「しかし」などが自立語で、「られる」「ようだ」「が」「を」「だけ」「ので」などが付属語です。付属語は単独では意味不明ですが、「食べられる」や「先生が」などと、自立語に付くことで「受身」や「主語」としての存在価値が生まれるわけです。

　次に、自立語と付属語は活用を持つかどうかで、2つのグループに分かれます。活用があるかないかというのは、その語が規則的な変化を持つかどうかということです。例えば、「食べる」であれば、「食べた」「食べない」「食べます」「食べません」など、変化の形を持ちます。したがって、活用があるということになります。これに対し、「先生」という語は変化の形を持っていませんから、活用がないということになります。このようにして、日本語の語は大きく4つのグループに分かれます。その4つのグループをさらに機能・形態別に分けたのがそれぞれの品詞ということになります。

自立語	活用する	動詞・形容詞・形容動詞
	活用しない	名詞・副詞・連体詞・接続詞・感動詞
付属語	活用する	助動詞
	活用しない	助詞

　なお、伝統的な呼び方では、自立語を**詞**、付属語を**辞**、述語となる語（動詞・形容詞・形容動詞）を**用言**、名詞（数詞・代名詞・形式名詞など）を**体言**と呼びます。

　この章では、学校文法に基づき、日本語の品詞分類を解説しますが、一部日本語教育の考えも入れながら、説明していくことにします。

1．動詞

　動詞の特徴は、活用を持つ自立語で、述語になり、終止形がウ行で終わるというものです。動詞は活用の形から、五段活用動詞、上一段活用動詞、下一段活用動詞、カ行変格活用動詞、サ行変格活用動詞の5つに分かれます。付録2「述語の活用表（学校文法）」（P.161）を見てください。五段活用動詞から説明していきます。

1．1　五段活用動詞（五段動詞）

　活用表の見方ですが、上から2段目の「語幹」とは動詞の変化しない部分です。変化する部分は活用（語尾）と呼ばれます。「未然形」は「未（いま）だ然（しか）らず」、つまり、「まだそうなっていない」という意味です。「ない」「う／よう」や「れる／られる」「せる／させる」に続く形です。「連用形」は「ます」「た」「て」に続きます。用言（述語）にかかったり、文を中止したり、他の品詞と複合語を作ったりします。「終止形」は言いきる形です。「連体形」は「とき」や「の（で）」など、体言（名詞）に連なる形です。「仮定形」は「ば」に続き、仮定の意味を表します。「命令形」は命令する形です。

　五段動詞の最初の例である「買う」で説明すると、「未然形」は「かわない」「かおう」という形になり、語幹「か」と「ない」「う」に挟まる部分が活用となります。したがって、「買う」の未然形は「わ」と「お」になります。同様にして、すべての活用が表の中に入ります。

　五段動詞の活用パターンは全部で9つあり、活用の音によって表の左からワ・ア行、タ行、ラ行、ナ行、バ行、マ行、カ行、ガ行、サ行の活用となります。ワ・ア行は、ワ行とア行が一緒に現れるので、そのような名前がついています。

　この9つの活用ですべての五段動詞を説明できます。例えば、「買う」を代表とするワ・ア行であれば、「言う」「かまう」「食う」「縫う」などの動詞が同じパターンになります。同様に、その他のグループごとに同じ活用をする動詞があるわけです。これについては、付録6「述語の活用表（日本語文法）」（P.164）の中の「その他の動詞例」を参照してください。ちなみに、五段動詞と呼ばれる理由は、それぞれの活用でア・イ・ウ・エ・オの五段の音がすべて現れるためです。

　五段動詞の「連用形」では音便という音が変化する現象が起こります。「買う」「立つ」「やる」であれば、本来「買いて」「立ちて」「やりて」となるべきところが、「買って」「立って」「やって」と小さな「っ」が現れます。このような変化を**促音便**と言います。同様に、「死ぬ」「飛ぶ」「読む」では「死んで」「飛んで」「読んで」となり、**撥音便**と呼ばれます。「書く」と「漕ぐ」は「書いて」と「漕いで」になり、**イ音便**と呼ばれます。「貸す」だけは「貸して」となり、音便形はありません。

1.2　上一段活用動詞・下一段活用動詞（一段動詞）

　活用形に、アイウエオの真ん中（ウ段）から見て、1つ上（イ段）の音が現れるのが、上一段活用動詞です。ウ段から1つ下（エ段）の音が現れるのが下一段活用動詞です。語幹に○が付いているのは、語幹と活用語尾との区別がないとされるものです。一段動詞には音便形はありません。その他の動詞例は、先ほどの付録6（P.164）を参照してください。

1.3　カ行変格活用動詞・サ行変格活用動詞（カ変動詞・サ変動詞）

　「来る」と「する」に代表される動詞です。語幹も活用も不規則に変化します。カ変動詞には、「来る」以外の動詞はありませんが、サ変動詞には、「する」以外に「勉強する」「運動する」「活動する」などの「名詞＋する」の動詞が多くあります。

◇動詞の活用の種類の見分け方◇

　これらの動詞の活用の種類の見分け方ですが、動詞の辞書形の最後の形が「る」となるかどうかで判断します。「る」以外で終わる動詞（「言う」「打つ」「遊ぶ」「混む」「置く」「泳ぐ」「押す」など）はすべて五段動詞となります。

　「る」で終わる動詞は、五段動詞、一段動詞、カ変・サ変動詞の可能性があります。まず、過去形にした場合、促音便「っ」が現れるのが五段動詞です。例えば、「取る」「帰る」であれば「取った」「帰った」となります。一段動詞は音便形を持ちませんので、「見る」なら「見た」、「食べる」なら「食べた」と、そのまま過去形の「た」が付きます。上一段と下一段の区別は、「た」の前がイ段であれば上一段、エ段であれば下一段となります。カ変動詞は「来る」だけですし、サ変動詞は「する」か「名詞＋する」という動詞に限られます。

　以上のように、どのように動詞の活用の種類を見分けるかは、「る」で終わる動詞の見極め方がポイントとなります。

🛈 確認しよう！

次の動詞の活用の種類を言ってください。

（　　）⑴ 満ちる　　（　　）⑵ 転ぶ　　（　　）⑶ 来る　　（　　）⑷ 編集する

（　　）⑸ 研ぐ　　（　　）⑹ 散る　　（　　）⑺ 泣く　　（　　）⑻ 似る

（　　）⑼ 換える　（　　）⑽ 変わる　（　　）⑾ 試す　　（　　）⑿ 起きる

2．形容詞・形容動詞

　形容詞と形容動詞は、活用を持つ自立語で、主体の性質・状態や感情・感覚を表します。両者を区別するのは活用の形で、終止形と連体形が「〜い」となるのが形容詞で、終止形が「〜だ」、連体形が「〜な」という形になるのが形容動詞です。

2.1　形容詞

　付録2「述語の活用表（学校文法）」（P.161）を見てください。動詞と同様に活用表が載っていますが、「未然形」と「連用形」が動詞とは少し異なります。「否定形」の「〜ない」は動詞では「未然形」ですが、形容詞と形容動詞では「連用形」になっています。これは、動詞に接続する「ない」は助動詞、形容詞と形容動詞に接続する「ない」は補助形容詞（形式形容詞）とされるためです。両者の違いは、動詞の場合、「ない」の前に「は」を入れることができないのに対し、形容詞の場合は入れることができることです（×食べはない　○高くはない）。また、「未然形」の「〜う」は、現在ではほとんど使われません（高かろう）が、形としては残っています。「命令形」は形容詞と形容動詞にはありません。

　形容詞の中には、他の自立語に付いて、補助的な役割を持つ形容詞もあります。「食べやすい」「住みよい」「去りがたい」などの例です。先ほどの形容詞と形容動詞の「否定形」の「ない」も補助形容詞です。単独で使われる「ない」や動詞に接続する「ない」とは品詞が異なりますので、注意してください。

　　1）ここにあった本がない。　　→　形容詞
　　2）彼は貧しくない。　　　　　→　補助形容詞（形式形容詞）
　　3）彼は貧乏でない。　　　　　→　補助形容詞（形式形容詞）
　　4）彼はコーヒーを飲まない。　→　助動詞

補助形容詞には、他にも、「（て）ほしい、づらい、にくい」などがあります。

2.2　形容動詞

形容動詞は、形容詞と同様に主体の性質や状態を表します。

　　1）彼はいつも明るくて、さわやかだ。
　　2）町の中心部はとても賑やかだ。

　形容動詞の語幹は独立性が強く、語幹が名詞であると考える人もいるほどです。語幹で文を終止することができ、この点で名詞と酷似しています。

3）そのハンカチ、とてもすてき。
4）カラオケは嫌？
5）奥さんは元気？
6）この辺はとても静か。

形容動詞なのか、名詞なのかで迷うときは、連体形で判断します。「～な」となるのが形容動詞で、「～の」となるのが名詞です。

7）その仕事をやるのは、派遣社員だ。　→　派遣社員の仕事（名詞）
8）このプレゼントは特別だ。　→　特別なプレゼント（形容動詞）
9）彼が自殺した理由はなぞだ。　→　なぞの自殺（名詞）
10）その部族の男は勇敢だ。　→　勇敢な男（形容動詞）

中には名詞と形容動詞の両方の特徴を持つ語も存在します。その場合、文脈や使われる意味によって変化しますので、注意してください。

11）日本は平和だ。　→　平和な日本（形容動詞）
12）鳩のシンボルは平和だ。　→　平和のシンボル（名詞）

このような両者の性格を持つ語には、「元気・自由・親切・幸せ・けち・健康」などがあります。

確認しよう！

以下の下線を引いた語の品詞は、①名詞、②形容動詞のどちらでしょうか。

（　　）(1) 電車が遅れたという理由は本当だ。
（　　）(2) サッカーが上手な内田君はこの辺では有名だ。
（　　）(3) 山田さんはいつも親切だ。
（　　）(4) 国民の権利の1つが自由だ。
（　　）(5) 子どもの火遊びは危険だ。

2.3　感情形容詞と属性形容詞

形容詞と形容動詞は大きく分けると**感情形容詞**と**属性形容詞**に分かれます。形容詞という呼び方ですが、形容動詞も含めた表現となっていますので、注意してください。以下、主なものを表にまとめます。

種類	特徴	例	
感情形容詞	人の感情や感覚などを表す	形容詞	うれしい・苦しい・痛い・眠い
		形容動詞	嫌だ・不安だ・心配だ・苦手だ
属性形容詞	性質や性状などの属性を表す	形容詞	大きい・青い・少ない・若い
		形容動詞	賑やかだ・賢明だ・静かだ

　感情形容詞の特徴として、心の内面の表現であるため、話者である一人称の表現に限られるという制約があります（その場合、主語である「私」は通常省略されます）。このため、二人称と三人称の場合は、その人の様子を外面から判断できる表現でなければなりません。

1）　ペットの犬が死んで、とても悲しい。
2）？ペットの犬が死んで、父はとても悲しい。
3）　ペットの犬が死んで、父はとても悲しがっている／悲しそうだ／悲しんでいる。

ただし、感情形容詞でも「好きだ」「嫌いだ」「苦手だ」は三人称でも使うことができます。

4）私は花子さんが好きだが、山田君も花子さんが好きだ。

これは、「好き嫌い」や「苦手」という気持ちは表に出ることが多く、その人の様子から判断できるからだと思われます。なお、英語の感情を表す形容詞には日本語に見るような人称による制約はないようです。属性形容詞にも、感情形容詞に見られる制約はありません。

5）As our dog died, my father and I are very sad.
6）私は背が低いが、山田さんは背が高い。

感情形容詞と属性形容詞の境界線ははっきりとしているわけではなく、状況によって両方に使われる場合があります。

＜寂しい＞
　・（私は）とても寂しい。（感情形容詞。自分の気持ちを表している。）
　・この道は寂しい。（属性形容詞。道の様子を表している。）
＜気持ち悪い＞
　・（私は）トカゲが気持ち悪い。（感情形容詞。自分の気持ちを表している。）
　・トカゲは気持ち悪い生き物だ。（属性形容詞。トカゲの一般的特徴を表している。）

その他にも、感情形容詞と同じ働きのある述語に「ほしい」「～たい」「～てほしい」などの願望の表現があります。（→「付録11」P.170）

> **!** 確認しよう！

次の形容詞は、①属性形容詞、②感情形容詞のどちらでしょうか。

(　　　) (1) 山や海に囲まれ、静岡は自然が豊かだ。
(　　　) (2) 試合に負けて、とても悔しい。
(　　　) (3) 日本の夏は本当に蒸し暑い。
(　　　) (4) さっきから背中がかゆい。
(　　　) (5) 今日は朝からよく晴れていて、太陽がまぶしい。

3．名詞

　名詞は、事物の名称を表します。活用はなく、助詞によって述語との関係が示され、主語や目的語になることができます。名詞の分類は文法書によって異なりますが、このテキストでは、(1) 普通名詞、(2) 固有名詞、(3) 数詞、(4) 形式名詞、(5) 人称代名詞、(6) 指示代名詞、の6種類で説明することにします。

3.1　普通名詞

　普通名詞は、同類のものすべてに通じる一般的な名称を表します。具体的な内容を表すものを**具体名詞**、抽象的な内容を表すものを**抽象名詞**と呼びます。具体名詞は目に見えるもので、一般的に触ることができますが、抽象名詞は目に見えない概念的なものであるために、触ることはできません。

　＜具体名詞＞　家、学校、机、海、川、石、人間、動物、山、空、空気など。
　＜抽象名詞＞　幸福、義務、感覚、意識、心情、愛、やる気、時間、気持ちなど。

3.2　固有名詞

　固有名詞は、特定されたものを呼ぶ名称として用いられます。世の中に1つしかないものを指します。

　ケネディ大統領、ビートルズ、松尾芭蕉、太平洋、利根川、富士山、など。

3.3　数詞

　数詞は、数量や順序を表す品詞です。数量詞と呼ぶこともあります。数量を表すものを**基数詞**、順序を表すものを**序数詞**と呼びます。

<基数詞>　（数量）1枚、2個、3冊、4羽、5本、6つ、7匹など
<序数詞>　（順番）1つ目、2番目、第3、4枚目、5番、第6号など

1）公園では3人の子どもが遊んでいた。（基数詞）
2）その2番目の机を動かしてください。（序数詞）

数詞がその他の名詞と区別される理由として、基数詞が副詞的に（格助詞を付けないで）、単独で用いられるということがあります。

3）公園では子どもが3人遊んでいた。
4）その本を1冊取ってください。
5）すごろくをあと5回やろう。

3.4　形式名詞

名詞に分類されながら、具体的な意味に欠け、単独では主語や述語になれないものがあります。このようなものを**形式名詞**と呼んでいます。特徴としては、実質的な意味が希薄で、独立しては用いられず、修飾を受ける形のみで用いられるということが挙げられます。

1）大きいことはいいことだ。
2）そんな発明品があるものか。
3）知らぬふりをする。
4）東のほうへ進む。
5）そんなはずがない。

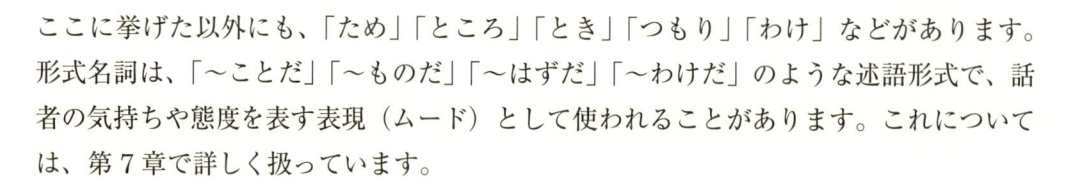

こと？　もの？　ふり？
ほう？　名詞？

ここに挙げた以外にも、「ため」「ところ」「とき」「つもり」「わけ」などがあります。形式名詞は、「～ことだ」「～ものだ」「～はずだ」「～わけだ」のような述語形式で、話者の気持ちや態度を表す表現（ムード）として使われることがあります。これについては、第7章で詳しく扱っています。

確認しよう！

形式名詞は実質的な意味を持ちませんが、中には実質的な意味を持つものがあります。以下の「もの」の中から、より実質的な意味に近い「もの」を1つ選んでください。

（　　　）(1) 父が怒ったらあんなものじゃない。
（　　　）(2) 喧嘩なんてもうやるものか。
（　　　）(3) 失くした財布は戻ってこないものと思いなさい。
（　　　）(4) 壊したら弁償するものとする。
（　　　）(5) それは僕が買ったものだよ。

3.5 代名詞

人物や物などを指し示す一般的な名称で、日本語には、人称代名詞と指示代名詞があります。

(1) 人称代名詞

人物を指し示す名詞で、指し示す相手によって、次のように分類されます。

　　①一人称（自称）　わたし、おれ、わたくし、僕……
　　②二人称（対称）　あなた、あんた、きみ、おまえ……
　　③三人称（他称）　彼、彼女、あいつ……

日本語の代名詞は、英語を代表とするヨーロッパ言語の代名詞とは大きく異なっています。英語はどの人物でも代名詞で言い換えることができますが、日本語では代名詞による言い換えはあまり多くないと言えます。日本語の代名詞は数が多く、それぞれの固有の意味によって使い分けられます。

　〔首相に〕　　1）　　What do you think of this issue?
　　　　　　　1')　×あなたはこの問題についてどのように考えますか。

　〔妻が夫に〕　2）　　I will follow you.
　　　　　　　2')　　あなたについていきます。

日本語では、国会などの答弁を除き、一般の人が首相に対して「あなた」という呼びかけは非常に失礼な言い方になるでしょう。この場合、「首相は」と聞くべきです。しかし、夫婦間で女性が男性に対する呼びかけとしては使うことがあります。このように、日本語の代名詞は、自分と相手との社会的、人間的関係によって使い分けられます。また、二人称や三人称は親しい間柄以外ではあまり使われず、その人の地位・役職・二者間の関係（「先生」「社長」「先輩」など）で呼ばれるのが普通です。

　　3）〔生徒が先生に〕
　　　　×あなたは来週試験をしますか。（→先生）
　　4）母は料理が得意です。
　　　　×今度彼女の料理を食べに来ませんか。（→母）

日本語学習者の多くが人称代名詞の間違った認識から、話し相手なら「あなた」、女性なら「彼女」、男性なら「彼」と呼ぶことがあります。日本語の人称代名詞はヨーロッパ言語の人称代名詞とは異なることを早い段階から教える必要があると言えるでしょう。

（2）指示代名詞

　指示代名詞は、人物を指し示す人称代名詞に対して、事物・場所・方角を表します。「こそあど」や「指示詞」とも呼ばれます。付録4（P.162）を見てください。名詞的用法、連体詞的用法、副詞的用法に分かれ、それぞれの系列にしたがって体系的に並びます。指示代名詞は、発話の場面で直接指示される**現場指示**と話の中で話題となった事柄を指し示す**文脈指示**とに分かれます。

(1) 現場指示

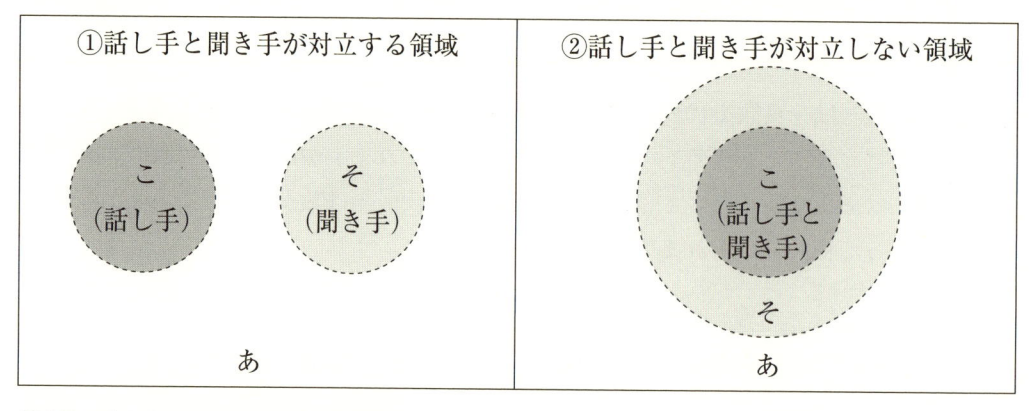

①話し手と聞き手が対立する領域　　　②話し手と聞き手が対立しない領域

（図：①では「こ（話し手）」と「そ（聞き手）」の円が分かれており、外側が「あ」。②では「こ（話し手と聞き手）」の円が共通領域となり、外側に「そ」、さらに外側に「あ」）

①話し手と聞き手が対立する領域

　現場指示では、通常話し手と聞き手はお互いに対立する関係にあります。

　　こ：話し手の領域にあるもの
　　そ：聞き手の領域にあるもの
　　あ：両者から離れたところにあるもの

（教室の中で）
話し手：<u>そこ</u>にあるバッグを取ってください。
聞き手：<u>これ</u>ですか。
話し手：そうです。ところで、<u>あそこ</u>にある鞄は誰のでしょうかね。

②話し手と聞き手が対立しない領域

　話し手と聞き手が接近している場合、両者が対立しない「共有の場」が形成されると考えられます。

　　こ：話し手と聞き手の領域にあるもの
　　そ：話し手と聞き手の領域から少し離れたもの
　　あ：両者から離れたところにあるもの

(電車の中で)
　　話し手：おい、ここはどこだ。
　　聞き手：ここはもう熱海だよ。
　　話し手：じゃあ、早く電車を降りて、
　　　　　　そこの売店で駅弁でも買おう。
　　聞き手：いや、あそこに見えるファミレスのほうがいいよ。

(2) 文脈指示
　　こ：話の中で話し手が自分との関連性が強いと感じる事柄を指す
　　　　・画期的な長寿の薬を開発しました。これを飲めば100歳まで生きられますよ。
　　　　　　　　　　　　　　　　　　　　　（自分の思い入れがこもっている）

　　そ：話の中で言葉として発せられた事柄を客観的に指す
　　　　・去年白川村に行きました。そこには大小様々な合掌造りの家がありました。
　　　　　　　　　　　　　　　　　（事実をそのまま指している）

　　あ：頭の中にあるイメージなどを指す
　　　　・おい、あれはどこに置いてある？

◇**ダイクシス（Deixis）**◇

　発話の場にいなければ十分に理解できないという性質、特徴のことを言語学用語で、**ダイクシス**と言います。日本語では「直示」と訳されます。例えば、「そこで一杯飲もう。」という文を何の文脈・状況もなしに聞いたら、「そこ」の具体的な場所はわからないでしょう。また、「彼が犯人です。」という文だけを聞いて、誰が犯人かわかる人はいないでしょう。

　このように、ダイクシスとは言葉の意味が発話の状況に大きく依存する表現のことを言います。人称代名詞や指示代名詞、「昨日」「今日」などの時の名詞が典型的なダイクシスと言われています。その他にも、視点が関係する「あげる」「くれる」や「行く」「来る」などもダイクシスの表現であると言われています。

! 確認しよう！

下線を引いた「そ」の用法の中で1つだけ違うものがあります。どれでしょうか。

( ) (1)「これ、誰の本だ？」
　　　「あ、それは山田さんのです。」

( ) (2)「誰か僕の類語辞典知らないか。」
　　　「その本なら隣の部屋にありましたよ。」

( ) (3)「ちょっと、そこの君、学生証を落としたよ。」
　　　「えっ、あっ、どうもありがとうございます。」

( ) (4)「このカメラはこうやってフィルムを入れるんだよね。」
　　　「だめだめ、そんなふうに入れたら、壊れるよ。」

( ) (5)「そのブローチ、素敵ですね、どこで買ったんですか。」
　　　「トルコに行ったときに買ったんです。」

4．副詞

　副詞は自立語ですが、活用はありません。主に述語を修飾する連用修飾語（→ P.116）として機能します。学校文法では一般的に、「状態副詞」「程度副詞」「陳述副詞」の3種に分類されます。

4.1　状態副詞（情態副詞・様態副詞）

　動詞にかかってその状態を説明するものです。様子を感覚的に音声化した擬態語や音をまねた擬声語、同じ音を繰り返す畳語に多く見られます。また、時間や数量を表すものもあります。文法書によって、情態副詞、様態副詞とも呼ばれます。

(1) 動きの様子
　「のんびり（と）」「ゆっくり」「急いで」「こっそり（と）」「じっと」など。
　　・のんびり休む　・ゆっくり歩く　・急いで帰る　・じっと見つめる

(2) 擬声語・擬音語・擬態語（「オノマトペ」とも呼ばれます。）
　「ヒヒーンと」「カーンと」「ドカーンと」「ピカッと」「ザアーと」など。
　　・馬がヒヒーンといなないた　・カーンと打った　・稲妻がピカッと光った

(3) 畳語
　「ぐんぐん」「ころころ」「ひらひら」「くどくど」「そよそよ」など。
　　・語彙力がぐんぐん伸びる　・葉っぱがひらひら落ちてきた

(4) 時間や数量

「もう」「まだ」「すでに」「しばらく」、「すべて」「すっかり」「たくさん」など。

・<u>もう</u>着いた　・<u>まだ</u>来ない　・<u>すでに</u>飲んでしまった　・<u>しばらく</u>いた

(4) のような時や数量を表すものを**時数副詞**と呼び、状態副詞と区別することがあります。また、**数量の副詞**は次に紹介する程度副詞の中に含める考えもあります。

4.2　程度副詞

述語が表す動作や状態の程度を表します。程度副詞は、用言（動詞・形容詞・形容動詞）だけでなく、名詞や副詞を修飾するものがあります。（「きわめて」「とても」「大変」「ずいぶん」「かなり」「多少」「わりと」「けっこう」など。）

・<u>少し</u>わかる　　　　　（動詞を修飾）
・<u>かなり</u>寒い　　　　　（形容詞を修飾）
・<u>たいそう</u>静かだ　　　（形容動詞を修飾）
・<u>もっと</u>ゆっくり歩け　（副詞を修飾）
・<u>ずっと</u>昔の話　　　　（名詞を修飾）

4.3　陳述副詞

述語の陳述の仕方（文のまとまり方）を表します。「打ち消し」「推量」「仮定」「疑問」「比況」などの表現で<u>文末</u>と呼応するのが特徴です。

・<u>決して</u>忘れ<u>ません</u>（打ち消し）
・<u>たぶん</u>来る<u>だろう</u>（推量）
・<u>もし</u>雨が降る<u>なら</u>（仮定）
・<u>どうして</u>そんなことをしたの<u>ですか</u>（疑問）
・<u>まるで</u>雪が降っている<u>ようだ</u>（比況）

これらの陳述副詞に、「幸い」「あいにく」「もちろん」「せめて」などの評価の副詞を加え、誘導副詞（文末を予告して誘導する副詞）と呼ぶことがあります。

> ！ **確認しよう！**
>
> 次の副詞を、①状態副詞、②程度副詞、③陳述副詞に分けてみましょう。
>
> （　　）(1) たとえ　　　（　　）(2) ピヨピヨ　　（　　）(3) 相当
> （　　）(4) 非常に　　　（　　）(5) だいぶ　　　（　　）(6) はたして
> （　　）(7) ぐったり　　（　　）(8) あたかも　　（　　）(9) にっこりと

5．連体詞

連体詞は、自立語ですが、活用がありません。連体修飾だけの機能を持つ品詞で、次のようなものがあります。

(1) 動詞の形に似ているもの
ある、あらゆる、いわゆる、さる、とんだ、かかる、いかなる、来たる

(2) 語の終りに「の」が来るもの
無二の、当の、例の、ほんの、くだんの、（この、その、あの）

(3) 語の終りに「な」が来るもの
大きな、小さな、おかしな

(2)の括弧で挙げた指示代名詞の連体詞的用法（「この」「その」「あの」など）を連体詞と見る考えがあります（→「付録4」P.162）。また、(3)の用法は形容詞の連体形の活用の1つであると見る考えもあります。

6．接続詞

接続詞は活用のない自立語で、2つ以上の語や句、文などを結びつけます。意味的には様々な分類がありますが、定説はありません。

(1) 順接（「だから」「それで」「そこで」「すると」「ゆえに」「ですから」など）
・今年は天候不順が続いている。だから、野菜の値段が高騰している。

(2) 逆接（「しかし」「だが」「ところが」「けれども」「でも」「ですが」など）
・雪が降った。しかし、すぐに解けてしまった。

(3) 並列・累加（「および」「ならびに」「また」・「それに」「なお」「しかも」など）
・日本外交は韓国および中国との関係強化が課題である。
・彼女は美人で、しかも、頭もいい。

(4) 対比・選択（「一方」「反対に」・「あるいは」「それとも」「または」など）
・この店は魚が安い。一方、あの店は肉が安い。
・コーヒーがいいですか。それとも、紅茶がいいですか。

(5) 転換（「さて」「ところで」「ときに」など）
・さて、次の話題に移りますが、……。

> ⚠️ **確認しよう！**

次の接続詞は、A（語と語をつなぐ）、B（句と句をつなぐ）、C（文と文をつなぐ）、D（話題と話題をつなぐ）のうち、どれに当たるでしょうか。なお、句とは2つ以上の語からなる文の成分のことを言います。

(　　　) (1) 雨が降っている。<u>しかし</u>、それほどではない。
(　　　) (2) 田中さんからも、<u>そして</u>、山口さんからも、祝電が届いています。
(　　　) (3) 今度のスポーツ大会は、体育館<u>ならびに</u>運動場で行います。
(　　　) (4) 以上で授業は終わりです。<u>ところで</u>、来週の飲み会ですが、居酒屋「ワイワイ」はどうでしょうか。
(　　　) (5) 作文は、便箋<u>もしくは</u>原稿用紙に書いてください。
(　　　) (6) 本人が来てください。<u>もしくは</u>、委任状を持った人が来てください。

7．感動詞

自立語で、活用がなく、独立して使われる品詞です。驚き、疑問、当惑、詠嘆、歓喜などの感情や注意、制止、勧誘、呼びかけ、応答など、様々な表現があります。感嘆詞や間投詞などとも呼ばれることもあります。

(1) 感情を表す音に由来するもの
　「おお」「ああ」「おや」「まあ」「ええ」など

(2) 他品詞から転じて、呼びかけなどに使われるもの
　「これ」「それ」「どれ」「ちょっと」「もし」「よし」「やった」など

(3) 畳語形式で繰り返されるもの
　「もしもし」「どれどれ」「これこれ」「おやおや」「やれやれ」など

(4) 複合されたもの
　「おやまあ」「いやはや」「あれまあ」「はいよ」「はてな」「あのね」など

(5) 歓呼、歓声、掛け声、まじないなど
　「万歳」「わーい」「こらっ」「せーの」「チチンプイ」「アブラカダブラ」など

(6) その他
　「くわばらくわばら」「なむあみだぶつ」「ジャンケンポン」など

◇複数の品詞にまたがる単語◇

　ここまで、自立語である8つの品詞を見てきましたが、品詞と品詞にまたがるような語も存在します。意味的に変わらないものから、異なる意味で使い分けられているものまで様々です。以下に、そのような例をいくつか挙げます。

①形容詞／形容動詞
　暖かい／暖かだ、柔らかだ／柔らかい、細かい／細かだ
　・沖縄は冬でも暖かい／暖かだ。（両者に意味の違いはない）

②形容詞／連体詞（→「付録3」P.162）
　大きい／大きな、小さい／小さな、おかしい／おかしな
　・ドイツに行ったら、皆大きい人ばかりで驚いた。（客観的）
　・子どもの頃から大きな夢を持つのはいいことだ。（主観的）

③名詞／形容動詞
　健康の／健康な、ばかの／ばかな、幸せの／幸せな、元気の／元気な
　・健康の秘訣を教えてください。（健康になるための）
　・健康な体になるためにはどうしたらいいですか。（健康である）

④名詞／形容動詞／副詞
　特別の／特別な／特別、いろいろの／いろいろな／いろいろ
　・各省で必要に応じて設置される機関の総称を特別の機関と呼ぶ。（特別である）
　・外国籍児童には特別な支援が必要である。（重点的に、他とは区別された）
　・特別変わったことは何もなかった。（特に）

　　すべての語が1つの品詞に収まるとは限らないんだね。

8．助動詞

付属語で、活用があり、おもに述語の一部となって働きます。助動詞だけで独立して使われることはありません。次のようなものが助動詞とされます。

	語	用法・意味	用　例
1	れる／られる	受身	太郎が次郎になぐら<u>れる</u>。
		尊敬	先生が祝辞を述べら<u>れる</u>。
		可能	彼は生肉を食べら<u>れる</u>。
		自発	こんな状態だと、将来が案じら<u>れる</u>。
2	せる／させる	使役	子どもに牛乳を買いに行か<u>せる</u>。
3	たい	願望	私はディズニーランドに行き<u>たい</u>。
	たがる		子どもがディズニーランドに行き<u>たがる</u>。
4	ない	否定	子どもが野菜を全然食べ<u>ない</u>。
	ぬ（ん）		明日は学校へ行きませ<u>ん</u>。
5	まい	否定の推量	そんなことはもう起こる<u>まい</u>。
		否定の意志	2度とそんなことはやる<u>まい</u>。
6	た	過去	昨日は一生懸命勉強し<u>た</u>。
		完了	仕事が終わっ<u>た</u>後に、飲みに行こう。
7	らしい	推量	次郎が来た<u>らしい</u>。
8	ようだ	比況	花びらが散って、まるで雪の<u>ようだ</u>。
9	そうだ	様態	あの人はいかにも気が短か<u>そうだ</u>。
		伝聞	彼の息子がT大に合格した<u>そうだ</u>。
10	だ	断定	明日は運動会<u>だ</u>。
	です	丁寧な断定	明日は運動会<u>です</u>。
11	ます	丁寧	私が行き<u>ます</u>。
12	う／よう	意志・勧誘	皆でこれをやろ<u>う</u>。

助動詞は、その活用の仕方によって、以下のように分類されます。特別型は動詞・形容詞・形容動詞とは異なる活用を持つか、ほとんど活用を持たないものです。

動詞型	形容詞型	形容動詞型	特別型
れる／られる、せる／させる、たがる	ない、たい、らしい	そうだ、ようだ、だ	ます、です、た、う／よう、ぬ、まい

特別編　品詞分類

8.1 断定の助動詞「だ／です」

学校文法でいう断定の助動詞は言語学では**コピュラ**と呼ばれます。名詞に付いて、名詞述語文を形成します。形容動詞の活用語尾と似ていますが、異なるところがあるので注意が必要です。活用については、付録2（P.161）を参照してください。

1) 彼の父は 医者 だ／です 。（名詞＋断定の助動詞の終止形）
2) 駅前は にぎやかだ／です 。（形容動詞の終止形）

丁寧な断定の助動詞「です」は、形容詞の終止形にも付きます。形容動詞には丁寧な活用形があるのに対し、形容詞にはありませんので、注意してください。

3) 富士山は 美しい です 。（形容詞終止形＋丁寧な断定の助動詞の終止形）

名詞述語文は主体の属性などを述べることが多く、通常は有題文（主題文）となります。名詞述語文には次の3つの種類があります。

①措定文
述語名詞が主語の属性などを表します。主語が述語名詞に含まれる関係となります。
・カエルは両生類だ。（カエル＜両生類）
・あの人は留学生だ。（あの人＜留学生）

②指定文
主語が述語名詞と同じものであることを表します。主語と述語名詞が同格の関係となります。
・イタリアの首都はローマです。（イタリアの首都＝ローマ）
・私の辞書はそれです。（私の辞書＝それ）

③うなぎ文（はしょり文）
述語を省略した文を言います。「僕はうなぎだ」という文で有名になりました。表面的な形だけで考えるとナンセンスな文ですが、ある状況の下では文法的となります。下線部の述語が省略された文であると考えられます。
・僕はうなぎだ。
　（←僕はうなぎを注文する／が食べたい　など。）
・母は台所だ。（←母は台所にいる。）

🛈 確認しよう！

次の名詞述語文は、①措定文、②指定文、③うなぎ文の3つの分類のどれでしょうか。

(　　) (1) 母の実家は秋田です。
(　　) (2) コアラは夜行性の動物だ。
(　　) (3) 僕の夢は日本語教師だ。
(　　) (4) オーストラリアの首都はキャンベラだ。
(　　) (5) これが私の求めていたものだ。

🛈 確認しよう！

次の「～は～です」の用法の中で、他と性質が異なるものを1つ選んでください。

(　　) (1) 受付はどこですか。　　(　　) (2) 私の故郷は山梨です。
(　　) (3) 兄は今アメリカです。　(　　) (4) ホテルのロビーは2階です。
(　　) (5) 僕の家は公園の近くです。

9．助詞

付属語で、活用がなく、語と語の関係を示したり、語にある一定の意味を添えたりします。その意味によって、述語との文法関係を示す**格助詞**、文の成分を取り上げて示したり、それに意味を加えたりする**副助詞**、対等な関係にある語を示す**並立助詞**、語句や節などをつなげる**接続助詞**、文の中の語句に付く**間投助詞**、文の最後に付く**終助詞**に分かれます。なお、学校文法では、一般的に間投助詞と並立助詞を設けない4分類で説明しています。

9.1　格助詞

主に名詞につき、その語が他の語に対してどのような関係にあるかを示します。学校文法では、「が、を、に、で、と、へ、から、より、の、や」の10形式がありますが、日本語文法では「の」と「や」は含まず、「まで」を入れた9つの形式となります。日本語文法の格助詞の用例は、第1章その2（P.7）で詳しく説明していますので、そちらを参照してください。

第1章では扱われていない「の」は、「私の本」や「学校のプール」などの名詞と名詞をつなぐ**連体助詞**として、「僕の」や「赤いの」など全体で名詞と同じ働きになる**準体助詞**として扱われます。「や」の用法は「並立助詞」（次頁）で確認してください。

9.2 副助詞

副助詞は、文中の様々な語に付いて、特別な意味を添える働きがあります。「は」「も」「さえ」「でも」「しか」「こそ」を「係助詞」と呼ぶこともあります。日本語教育では、これらに「なら」などを含めて「とりたて助詞」と呼んでいます。

語	用法・意味	用例
は	主題・対比	ハリソンさんはアメリカ人です。
も	追加や列挙など	デザートも食べます。
こそ	強調	今年こそ、がんばるぞ。
さえ	極端な例示など	大学教授にさえ、わからなかった。
でも		そんなことは子どもにでもできる。
まで		弟にまでばかにされた。
しか	限定（否定と呼応）	たった5人しか集まらなかった。
ばかり	限定や程度など	あの先生はいつも怒ってばかりいる。
だけ		それだけやれば十分だ。
ほど	程度など	1時間ほど散歩する。
くらい		駅から歩いて10分ぐらいです。
のみ	限定など	学歴のみでは出世はできない。
など	例示など	食事の支度や片付けなどで忙しい。
きり	限定	それっきり、彼は来なかった。
なり	例示	友達になり相談したらいいだろう。
やら	不確実など	何のことやらさっぱりわからない。
か		その式に出席するか、まだ決めていません。

9.3 並立助詞（並列助詞）

複数の語を並べて示します。学校文法では格助詞・副助詞・接続助詞の中に含まれます。

語	用法・意味	用例
と	並立など	牛乳と卵とバターを買ってきてください。
や		牛乳や卵やバターを買ってきてください。
とか		牛乳とか卵とかバターとかを買ってきてください。
だの		ヘビだのカメだのを飼っている。
の		別れるの別れないのと大騒ぎだった。
なり		電話なりメールなりで返事をください。
か	選択など	出席するかしないかを知らせてください。

9.4 接続助詞

語句や節などをつなげる働きのある助詞です。

語	用法・意味	用例
と	順接など	春になると、桜の花が咲く。
ば	順接・仮定など	春になれば、病状も回復するだろう。
たら	順接・仮定など	春になったら、花見に行こう。
なら	意見表明	君が行くなら、僕も行く。
が	前置き・逆接など	すみませんが、ちょっと教えてください。
けれど(も)	前置き・逆接など	医者に行ったけれど、治らなかった。
のに	逆接（反期待）	薬を飲んだのに、治らない。
ので	原因・理由	風が強いので、外出を控えます。
から	原因・理由	気持ちが悪いから、ちょっと休みます。
ながら	同時進行	テレビを見ながら、宿題をする。
て	継起・対比など	銀行に行って、お金を送金した。
たり	並立・反復など	テレビを見たり、ゲームをしたりした。
し	並立	彼は頭もいいし、スポーツも万能だ。
ては	仮定（否定と呼応）など	こんなことをしてはいられない。
ても	仮定の逆接など	電話しても、彼はいないだろう。

9.5 間投助詞

文の中の語について、語調を整えたり、話者の気持ちを添えたりします。学校文法では終助詞の中で扱われます。

語	用法・意味	用例
ね	同意・確認など	そうね、ちょっとやってみようか。
さ	確認・注意など	彼さ、今度イギリスへ留学するって本当？
よ	確認・注意など	もしもだよ、地震が来たらどうするんだ。
な	確認・注意など	あのな、もう少し考えろよ。
や	強調・呼びかけなど	またもや、勝負に負けた。

9.6 終助詞

文の終わりに付いて、疑問、勧誘、禁止、命令、詠嘆、驚き、強調、確認、不審など、話し手の様々な気持ちを表します。

語	用法・意味	用 例
か	疑問・勧誘など	何をしているんですか。
ね	同意・確認など	絶対に来てね。
な	禁止・命令など	話をするな。
なあ	詠嘆・驚きなど	すごいなあ。
わ		よくやるわ。
ぞ	強調など	こっちのほうがいいぞ。
ぜ	確認など	おい、もうやるぜ。
の	疑問・軽い断定など	何やってるの？
よ		ちょっと疲れたよ。
かしら	疑問・不審など	今日は晴れるかしら。

9.7 複合格助詞

学校文法ではほとんど触れられませんが、日本語教育では複合的な助詞を認めることが多いようです。格助詞のように、文の成分に近い働きを持つために、複合格助詞と呼ばれます。複合格助詞の数は、慣用句的なものまで含めると、非常に数が多くなりますが、ここではそのごく一部だけを紹介します。

語	用法・意味	用 例
について	動きの対象	日本経済について講義する。
に関して	動きの対象	安全運転に関して話をする。
に対して	動きの対象	彼の意見に対して反論が出た。
にとって	動きの受け手	彼女にとって素晴らしい日となった。
において	動きの場所	皇居において認証式が行われた。
によって	動作者、手段・方法	彼によって窓が壊された。
と一緒に	動きの相手	彼女と一緒に映画を見る。
のために	動きの目的	家族のために働く。
として	役割・資格	議長として会議をまとめる。

◇**同じ形式でも種類が違うもの**◇

　日本語の品詞は形式が同じでも種類が異なるものが数多く存在します。以下に、「が」と「の」の例を挙げます。

(1)「が」の類別
　　1）私が行きます。………………………… 格助詞（主体）
　　2）夏は涼しいが、冬は暖かい。………… 接続助詞（逆接）
　　3）夏は涼しい。が、冬は暖かい。……… 接続詞（逆接）

(2)「の」の類別
　　1）学校の図書館で勉強した。…………… 連体助詞（連体修飾）
　　2）その黄色いのをください。…………… 準体助詞（名詞の働き）
　　3）そうなんですの。……………………… 終助詞（軽い断定）
　　4）行くの行かないのと大騒ぎする。…… 並立助詞（並列）

確認しよう！

次の下線部の語の品詞の種類が他と違うものをそれぞれ1つずつ選んでください。

(1) から
（　　）①これは北欧から輸入した民芸品です。
（　　）②会議は3時からです。
（　　）③値段が安いから買います。
（　　）④どこから来たんですか。
（　　）⑤東京から1時間かかります。

(2) が
（　　）①もしもし、田中ですが、先生はいらっしゃいますか。
（　　）②太郎は来たが、花子は来ない。
（　　）③荷物を出すなら、宅配便が便利です。
（　　）④恐れ入りますが、切符を拝見いたします。
（　　）⑤休暇を取れると思ったが、無理だった。

(3) ので
( )　①風が強いので、外出しません。
( )　②それは私ので、これがあなたのペンです。
( )　③彼が来るので、待っています。
( )　④給料が入ったので、飲みに行こう。
( )　⑤彼がそう言ったので、その言葉を信じたいと思います。

(4) と
( )　①秋になると、紅葉する。
( )　②トンネルを抜けると、海が見えた。
( )　③それに触ると、感電する。
( )　④いつも忙しい友人と、なかなか会えない。
( )　⑤夜になると、フクロウが鳴く。

10. 日本語教育の観点から

　日本語の品詞分類は日本語の仕組みを考えていくためには不可欠な知識です。ただ、日本語教育の現場で使うのは、動詞、形容詞、名詞、副詞、接続詞ぐらいで、そのほかの品詞名を学習者に伝えることはありません。したがって、細かい品詞分類にそれほどこだわる必要はありません。学校文法でいう助動詞や助詞などは、日本語教育ではそれぞれの形式で教えられるため、特に品詞名で説明することはないからです。ただ、私たちが学校で習った文法の知識と日本語文法との違いはしっかりと理解する必要があります。日本語を教えるときに、学校文法の考え方と日本語教育の考え方を混同しないようにすることが大切です。

　これで日本語の品詞分類の説明を終えますが、述語の活用のあり方や自立語・付属語・連体詞・助動詞の認定、複合動詞の捉え方など、多くの点で日本語文法の考えと異なるところがあります。このあと、COLUMN 9「学校文法と日本語文法」で両者の違いを説明しますので、そちらを読んで理解を深めてください。

> 学校文法と日本語文法の違いに気をつけてね。

まとめ

日本語を機能と形態によって分類したのが品詞分類です。ことばの基本的な単位となります。

日本語の品詞分類

語	自立語（詞）	活用がある	述語になる（用言）		動詞
					形容詞
					形容動詞
		活用がない	主語になる（体言）		名詞
			修飾語になる	連用修飾語となる	副詞
				連体修飾語となる	連体詞
			接続語になる		接続詞
			独立語になる		感動詞
	付属語（辞）	活用がある			助動詞
		活用がない			助詞

練習問題

次の文章のすべての語について、例にならって下線を引き、その下に品詞名を書き込んでください。書き込む際には以下の略字を使ってください。動（動詞）、形（形容詞）、形動（形容動詞）、名（名詞）、副（副詞）、連体（連体詞）、接（接続詞）、感動（感動詞）、助動（助動詞）、助（助詞）

（例）<u>私たち</u> <u>の</u> <u>使える</u> <u>時間</u> <u>は</u> <u>限ら</u> <u>れ</u> <u>て</u> <u>いる</u>。
　　　　名　　助　　動　　　名　　助　　動　　助動　助　動

ところで、日本人の平均的通勤時間のデータがここにある。それによると日本人男性の通勤時間の平均は79分だそうである。女性は66分である。なぜ、男性と女性との間に時間の差があるかというと、日本の女性の多くはパートで働いているため、労働時間も短く、自宅の近くで働く傾向が強いからだと思われる。

COLUMN 9 — 学校文法と日本語文法

　初めて日本語教育に携わる人が戸惑うことの１つに、小学校や中学校で習った学校文法と日本語文法との違いがあります。同じ日本語の文法なのに、なぜ違いがあるのでしょうか。その一番の理由として日本語を教える対象がまったく異なることが挙げられます。学校文法ではすでに日本語の運用能力がある日本人が対象です。したがって、その目的は日本語の形式の分析が中心となります。これに対し、日本語教育の文法では、対象は日本語がわからない外国人であり、文法は日本語運用能力を身につけるために必要な知識として教えられます。したがって、合理的で明解な文法理論が求められるわけです。

　両者の違いの一番わかりやすい例が「述語の活用」の記述にあります。学校文法では、語幹に活用が付き、それが助動詞や助詞に続いていくとされます。日本語文法と比較するため、以下にローマ字表記による動詞の活用表を挙げます。わかりにくい人は、付録２「述語の活用表（学校文法）」（P. 161）のひらがなによる活用表で確認してください。

活用の種類		五段活用動詞		上一段活用動詞		下一段活用動詞	
（例）		書く (kaku)		見る (miru)		食べる (taberu)	
活用形	活用に続く「助詞・助動詞」など	語幹	活用	語幹	活用	語幹	活用
未然形	nai	ka	ka	–	mi	ta	be
	o/yoo *		ko				
連用形	masu	ka	ki	–	mi	ta	be
	ta, te		i				
終止形	—	ka	ku	–	miru	ta	beru
連体形	toki, node	ka	ku	–	miru	ta	beru
仮定形	ba	ka	ke	–	mire	ta	bere
命令形	—	ka	ke	–	miro / miyo	ta	bero / beyo

＊「う／よう」は音声表記のため「o / yoo」となります。

> み、み、みる、みる
> みれ、みろ（みよ）

　網掛け部分が活用（語尾）とされ、学校で斉唱しながら暗記させられたことを思い出すのではないでしょうか。動詞は、語幹と活用のみで、後に続く形式はその他の品詞（助詞や助動詞など）となります。この活用表で日本語教育の立場から最も問題視するところは、語幹の認定です。語幹は基本的に変わらない部分ということですので、「書く」であれば、/kak-/、「見る」であれば、/mi-/、「食べる」であれば、/tabe-/ となるはずです。しかし、学校文法では、「書く」は「か−」、「食べる」は「た−」であり、「見る」のような動詞は、語幹と活用の区別がないと説明されます。なお、連用形の音便形（ここでは /kai-/）は、特殊な音韻変化であるため、語幹の認定では例外として扱います。

　このような活用のあり方は他の動詞との形式的な違いや古典との対照という観点では意義があるのかもしれませんが、日本語教育の現場ではほとんど意味がないとされます。この活用を覚えたからと言って、特に日本語の運用に役立つわけではないからです。では、日本語教育ではどのような記述で説明されているのでしょうか。以下は、学校文法の活用表を日本語文法の活用にあてはめたものです。

＜日本語文法の活用表＞

学校文法	日本語文法	子音語幹動詞	母音語幹動詞	
		kak-（語幹）	mi-（語幹）	tabe-（語幹）
未然形	否定形	kak-anai	mi-nai	tabe-nai
	意向形	kak-oo	mi-yoo	tabe-yoo
	受身形	kak-areru	mi-rareru	tabe-rareru
	使役形	kak-aseru	mi-saseru	tabe-saseru
連用形	連用形	kak-i	mi-ϕ*	tabe-ϕ*
	テ形	kai-te	mi-te	tabe-te
	過去形	kai-ta	mi-ta	tabe-ta
	丁寧形	kak-imasu	mi-masu	tabe-masu
終止形	辞書形	kak-u	mi-ru	tabe-ru
連体形				
仮定形	バ形	kak-eba	mi-reba	tabe-reba
命令形	命令形	kak-e	mi-ro	tabe-ro

＊ /ϕ/ は言語学でゼロを意味します。

日本語文法では、学校文法でいう語幹と活用と助詞・助動詞などを1つにまとめ、そのうえで、語幹と語尾に分けています。さらに、それぞれを機能別に扱い、学校文法の「未然形」であれば、「否定形」、「意向形」、「受身形」、「使役形」などに分けています。こうすることで、意味と形式が一体化し、矛盾のない活用表ができあがります。

　学校文法は、国文学や古典などを含む国語という大きな枠組みの中で発展してきたために、文語文法（古典文法）との一貫性を重視しているところがあります。このことから、機能よりも形式を重んじるようになり、その結果、言語学的な見地から見ると、矛盾のある体系となっています。一方、日本語文法は古典とは切り離して考えられ、現在の日本語の構造のみに焦点を当て、機能的でわかりやすい体系を目指しています。

　学習者が母語話者か非母語話者かによって、その教育方法や目的が異なり、結果、相反する理論のようになっていますが、日本語文法の基礎がこれまでの学校文法の研究の上に成り立っていることも事実です。日本語教育界では、学校文法をナンセンスで不合理な体系と批判する人が少なくありませんが、これまでの歴史的な背景を考えると、母語話者に対する国語教育という意味での学校文法の意義を認めながら、それとは別の体系として日本語文法を考えていく必要があるのではないでしょうか。なお、両者の用語の違いについては、付録5（P.163）にまとめてあります。

> 特別編から始めた人は、第1章に戻ってがんばりましょう！

付録

1. 日本語の品詞分類

特徴			品詞名	例
自立語（詞）	活用がある	述語になる（用言）	動詞	（五段活用）買う、立つ、死ぬ、読む、書く、貸す （上一段活用）生きる、いる、見る、着る （下一段活用）食べる、消える、吠える、寝る （サ行変格活用）する、〜する（「利用する」など） （カ行変格活用）来る
			形容詞	（属性形容詞）高い、古い、小さい、長い、重い （感情形容詞）なつかしい、眠い、悲しい、苦しい
			形容動詞	（属性形容詞）きれいだ、にぎやかだ、静かだ （感情形容詞）愉快だ、心配だ、嫌だ、好きだ
	活用がない	主語になる（体言）	名詞	（普通名詞）家、学校、山、幸福、義務、考え （固有名詞）富士山、天竜川、北海道、エジソン （形式名詞）こと、もの、ほう、ふう、よう、ため （数詞）1つ、2匹、5冊、3番目、第5週 （人称代名詞）わたし、あなた、彼、彼女 （指示代名詞）これ、そこ、あの、こう、それ
		連用修飾語になる	副詞	（状態副詞）じっと、にこにこ、ワンワン （程度副詞）もっと、たいへん、とても、少し （陳述副詞）けっして、たぶん、まさか、もし
		連体修飾語になる	連体詞	あらゆる、ある、とんだ、（小さな、あの）
		接続語になる	接続詞	（順接）だから、それで、そこで、すると、ゆえに （逆接）しかし、だが、ところが、けれども、でも （並列・累加）および、ならびに・それに、なお （対比・選択）一方、反対に・あるいは、それとも （転換）さて、ところで、ときに
		独立語になる	感動詞	あら、おやおや、もしもし、こらっ、いやはや
付属語（辞）	活用がある		助動詞	（受身・尊敬・可能・自発）れる、られる （使役）せる、させる （願望）たい、たがる （否定）ない、ぬ （否定推量）まい （過去・完了）た （推量）らしい （比況）ようだ （様態・伝聞）そうだ （断定）だ、です （丁寧）ます （意志・勧誘）う、よう
	活用がない		助詞	（格助詞）が、を、に、で、と、へ、から、より、まで （連体助詞／準体助詞）の （副助詞）は、も、こそ、さえ、でも、まで、しか、ばかり、だけ、ほど、くらい、のみ、など、きり、なり、やら、と （並立助詞）と、や、とか、だの、か、の、なり （接続助詞）と、ば、たら、なら、が、けれど（も）、のに、ので、から、ながら、て、たり、し、ては、ても （間投助詞）ね、さ、よ、な、や （終助詞）か、ね、な、なあ、わ、ぞ、ぜ、の、よ （複合格助詞）について、に関して、に対して

2．述語の活用表（学校文法）

（1）五段活用動詞

	（例）	買う	立つ	やる	死ぬ	飛ぶ	読む	書く	漕ぐ	貸す
	語幹	か	た	や	し	と	よ	か	こ	か
未然形	ーナイ／ーウ	わ、お	た、と	ら、ろ	な、の	ば、ぼ	ま、も	か、こ	が、ご	さ、そ
連用形	ーマス／ータ／ーテ	い、っ	ち、っ	り、っ	に、ん	び、ん	み、ん	き、い	ぎ、い	し
終止形	ー。	う	つ	る	ぬ	ぶ	む	く	ぐ	す
連体形	ートキ／ーノ(デ)	う	つ	る	ぬ	ぶ	む	く	ぐ	す
仮定形	ーバ	え	て	れ	ね	べ	め	け	げ	せ
命令形	ー。	え	て	れ	ね	べ	め	け	げ	せ
音便形		促音便			撥音便			イ音便		なし

（2）上一段活用動詞・下一段活用動詞・カ行変格活用動詞・サ行変格活用動詞

動詞の種類		上一		下一		カ変	サ変[2]
（例）		起きる	見る	食べる	出る	来る	する
語幹[1]		お	○	た	○	○	○
未然形	ーナイ／ーヨウ	き	み	べ	で	こ	さ、し、せ
連用形	ーマス／ータ／ーテ	き	み	べ	で	き	し
終止形	ー。	きる	みる	べる	でる	くる	する
連体形	ートキ／ーノ(デ)	きる	みる	べる	でる	くる	する
仮定形	ーバ	きれ	みれ	べれ	でれ	くれ	すれ
命令形	ー。	きよ、きろ	みよ、みろ	べよ、べろ	でよ、でろ	こい	せよ、しろ

(1) 語幹が○で表されるものは、語幹と活用の区別がないものとされる。
(2) サ変動詞の未然形の「さ」は「れる」や「せる」に、「せ」は「ぬ」や「ず」に続く形である。

（3）形容詞・形容動詞・断定の助動詞（参考）

		形容詞	形容動詞		断定の助動詞	
	（例）	高い	静かだ[1]	静かです[2]	だ	です[3]
	語幹	たか	しずか		—	
未然形	ーウ	かろ	だろ	でしょ	だろ	でしょ
連用形	ータ／ーナイ　ーナル	かっ、く	だっ、で、に	でし	だっ、で	でし
終止形	ー。	い	だ	です	だ	です
連体形	ートキ／ーノ(デ)	い	な	です	（な）	（です）
仮定形	ーバ	けれ	なら	—	なら	—
命令形	（なし）	—	—	—	—	—

(1) 「静かだ」の連用形「ーナイ」の活用には「は」は入れない。また、「じゃない」は「ではない」の縮約形である。
(2) 「静かです」を形容動詞の活用に認めない立場もある。その場合、語幹に断定の助動詞「です」が付くとされる。
(3) 断定の助動詞「です」は形容詞の終止形にも付き、丁寧な気持ちを表す。

3. 特別な活用を持つ語

	述語例	活用の特徴
1	行く	連用形がイ音便でなく、促音便となる。
2	問う、乞う	連用形が促音便ではなく、ウ音便の「問うた」「乞うた」となる。
3	要る	原則として、過去形が使われない。
4	愛する、略する	サ変型の活用をするが、五段活用（サ行）と一部重なる。
5	信じる、案じる	上一段活用であるが、「信ずる」「案ずる」の活用と一部重なる。
	信ずる、案ずる	サ変型の活用（ザ行）をするが、「信じる」「案じる」の活用と一部重なる。
6	ある	否定形が「ない」になる。
7	いらっしゃる、おっしゃる	連用形に「いらっしゃった」「おっしゃった」の促音便と「いらっしゃいます」「おっしゃいます」のイ音便を持つ。
8	好きだ、嫌いだ	形容動詞型の活用をするが、会話では「〜を好きだ」「〜を嫌いだ」が許容される場合があり、動詞に近い性格を持つ。
9	同じだ	形容動詞型の活用をするが、連体形は「同じ」となる。
10	良い	終止形と連体形に「よい」と「いい」の2つの形式がある。
11	大きい／大きな 小さい／小さな	連体形が2つあり、「〜い」は客観的な大きさ、「〜な」は主観的に感じる大きさを表すことが多い。
12	おかしい／おかしな	連体形が2つあり、「おかしい」は「笑いたくなるような」、「おかしな」は「奇異な感じがする」という意味で使われる。
13	遠い、近い	単独の連体形のみではあまり使われず（？近い店に行く）、代わりに「遠くの」「近くの」が現在地を基準にする距離感を表す。

4. 指示代名詞（こそあど）

		「こ」系列	「そ」系列	「あ」系列	「ど」系列
名詞的用法	事物 場所 方角・人 方角 人・物	これ ここ こちら こっち こいつ	それ そこ そちら そっち そいつ	あれ あそこ あちら あっち あいつ	どれ どこ どちら どっち どいつ
連体詞的用法	指示 状態	この こんな	その そんな	あの あんな	どの どんな
副詞的用法	状態	こう	そう	ああ	どう

＊指示代名詞を認めない立場では、名詞的用法の指示代名詞を「代名詞」、連体詞的用法（指示）を「連体詞」、連体詞的用法（状態）を「形容動詞」、副詞的用法を「副詞」として扱っている。また、広義では、「このような」「こういう」「こうした」などの連体詞的用法や「このように」「こんなに」「こうして」などの副詞的用法を指示代名詞に含める考え方もある。

5. 学校文法と日本語文法の違い

(1) 主な名称の違い

	学校文法	日本語文法（日本語教育）
1	自立語と付属語	（使用しない）
2	動詞	動詞
3	形容詞	イ形容詞
4	形容動詞	ナ形容詞
5	名詞	名詞
6	副詞	副詞
7	連体詞	（使用しない）
8	接続詞	接続詞
9	助詞	助詞
10	感動詞	（ほとんど使用しない）
11	副助詞（係助詞）	とりたて助詞（「なら」を含む）
12	助動詞	（使用しない） テンス・ムードなどのそれぞれの形式として扱われる。
13	五段活用動詞	子音（語幹）動詞、1グループ動詞、Ⅰ類動詞
14	下一段活用動詞	母音（語幹）動詞、2グループ動詞、Ⅱ類動詞、一段動詞
15	上一段活用動詞	
16	カ行変格活用動詞	不規則動詞、3グループ動詞、Ⅲ類動詞
17	サ行変格活用動詞	
18	終止形	辞書形
19	連用形＋接続助詞「て」	テ形

(2) 主な内容の違い

	内容		学校文法	日本語文法
1	日本語の基本構造		主語と述語からなる。	述語と複数の成分（主語も含む）からなる。
2	格助詞		「の」「や」を含み、「まで」を含まない。	「まで」を含むが、「の」「や」は含まない。
3	述語の活用		付録2「述語の活用表（学校文法）」を参照	付録6「述語の活用表（日本語文法）」を参照
4	語幹の認定	五段活用	か-う・た-つ・や-る し-ぬ・と-ぶ・よ-む か-く・こ-ぐ・か-す	/ka(w)-u/・/tat-u/・/yar-u/ /sin-u/・/tob-u/・/yom-u/ /kak-u/・/kog-u/・/kas-u/
		上一段活用	お-きる・みる*	/oki-ru/・/mi-ru/
		下一段活用	た-べる・でる*	/tabe-ru/・/de-ru/
		カ行変格活用	くる*	/ku-ru/
		サ行変格活用	する*	/su-ru/

*の動詞は語幹と活用語尾との区別がないとされる。

6．述語の活用表（日本語文法）

（1）子音動詞（1グループ動詞）

(例)	買う[1]	立つ	やる	死ぬ	飛ぶ	読む	書く[2]	漕ぐ	貸す
語幹	kaw-	tat-	yar-	sin-	tob-	yom-	kak-	kog-	kas-
辞書形	ka-u	tat-u	yar-u	sin-u	tob-u	yom-u	kak-u	kog-u	kas-u
否定形	kaw-anai	tat-anai	yar-anai	sin-anai	tob-anai	yom-anai	kak-anai	kog-anai	kas-anai
連用形	ka-i	tat-i	yar-i	sin-i	tob-i	yom-i	kak-i	kog-i	kas-i
テ形	kat-te	tat-te	yat-te	sin-de	ton-de	yon-de	kai-te	koi-de	kasi-te
タ形	kat-ta	tat-ta	yat-ta	sin-da	ton-da	yon-da	kai-ta	koi-da	kasi-ta
タリ形	kat-tari	tat-tari	yat-tari	sin-dari	ton-dari	yon-dari	kai-tari	koi-dari	kasi-tari
タラ形	kat-tara	tat-tara	yat-tara	sin-dara	ton-dara	yon-dara	kai-tara	koi-dara	kasi-tara
バ形	ka-eba	tat-eba	yar-eba	sin-eba	tob-eba	yom-eba	kak-eba	kog-eba	kas-eba
意向形	ka-oo	tat-oo	yar-oo	sin-oo	tob-oo	yom-oo	kak-oo	kog-oo	kas-oo
命令形	ka-e	tat-e	yar-e	sin-e	tob-e	yom-e	kak-e	kog-e	kas-e
その他の動詞例	思う 習う 食う	打つ 勝つ 待つ	取る 切る 走る	なし	遊ぶ 学ぶ 呼ぶ	飲む 休む 住む	聞く 歩く 引く	泳ぐ 脱ぐ 急ぐ	押す 消す 干す
音便形[3]	促音便	促音便	促音便	撥音便	撥音便	撥音便	イ音便	イ音便	なし

(1) /kaw-/ などの語幹が /w/ で終わる子音動詞の場合、/wa/ を除いて、それ以外の母音との組み合わせ（/wi/,/wu/,/we/,/wo/）では /w/ がすべて消去される。これは、円唇化を伴う /w/ が日本語の音韻構造にはないためである。ただし、/wo/ は意識すると発音されることがあるが、日本語教育では助詞の「を」を含め、すべて /o/ で教えられる。
(2) 語幹が /k/ で終わる動詞の中で、「行く」/ik-/ だけは例外で、イ音便ではなく促音便になる。
(3) 音便形はテキスト（P.132）を参照してください。

（2）母音動詞（2グループ動詞）と不規則動詞（3グループ動詞）

動詞の種類	母音動詞		不規則動詞[2]	
（例）	見る	食べる	来る	する
語幹	mi-	tabe-	ku-	su-
辞書形	mi-ru	tabe-ru	ku-ru	su-ru
否定形	mi-nai	tabe-nai	ko-nai	si-nai
連用形[1]	mi-φ	tabe-φ	ki-φ	si-φ
テ形	mi-te	tabe-te	ki-te	si-te
タ形	mi-ta	tabe-ta	ki-ta	si-ta
タリ形	mi-tari	tabe-tari	ki-tari	si-tari
タラ形	mi-tara	tabe-tara	ki-tara	si-tara
バ形	mi-reba	tabe-reba	ku-reba	su-reba
意向形	mi-yoo	tabe-yoo	ko-yoo	si-yoo
命令形	mi-ro	tabe-ro	ko-i	si-ro
その他の動詞例	いる・着る・煮る しみる・生きる	耐える・寝る 見える・消える	なし	勉強する 雑談する

(1) /φ/ は、ゼロの形式が付いていることを意味する。
(2) 不規則動詞の語幹については、/k-//s-/ とする考え方もある。

(3) イ形容詞とナ形容詞

形容詞の種類	イ形容詞	ナ形容詞
（例）	すばらしい	静かだ
語幹	subarasi-	sizuka-
辞書形	subarasi-i	sizuka-da
連体形	subarasi-i	sizuka-na
否定形[1]	subarasi-kunai	sizuka-denai
連用形	subarasi-ku	sizuka-ni
テ形	subarasi-kute	sizuka-de
タ形	subarasi-katta	sizuka-datta
タリ形	subarasi-kattari	sizuka-dattari
タラ形	subarasi-kattara	sizuka-dattara
バ形	subarasi-kereba	sizuka-deareba
意向形／命令形	なし	なし
その他の述語例	美しい・悲しい・小さい	賑やかだ・きれいだ・穏かだ

(4) 名詞述語（名詞＋だ[1]）

述語の種類	名詞述語	ナ形容詞[4]
（例）	学生だ	静かだ
語幹	gakusei-	sizuka-
辞書形	gakusei-da	sizuka-da
連体形[2]	gakusei-na(/no)[3]	sizuka-na
否定形	gakusei-denai	sizuka-denai
連用形	gakusei-(ni)[3]	sizuka-ni
テ形	gakusei-de	sizuka-de
タ形	gakusei-datta	sizuka-datta
タリ形	gakusei-dattari	sizuka-dattari
タラ形	gakusei-dattara	sizuka-dattara
バ形	gakusei-deareba	sizuka-deareba
意向形／命令形	―	―

(1) 名詞述語（名詞＋だ）は、学校文法では「名詞」＋「断定の助動詞」となる。
(2) 「断定の助動詞」の連体形「〜な」は「ので」「のに」などの「の」に続く場合に現れる。
(3) 括弧で示された「の」「に」は、学校文法では助詞として扱われるため活用には含まれない。
(4) ナ形容詞の活用は名詞述語の活用と類似しているため、参考として付けてある。

7．自動詞と他動詞の対応

	パターン		対応のある動詞
A型	① -aru／-eru	上がる／上げる	暖まる／暖める、当たる／当てる、集まる／集める、当てはまる／当てはめる、改まる／改める、薄まる／薄める、埋まる／埋める、植わる／植える、終わる／終える、変わる／変える、かかる／かける、重なる／重ねる、固まる／固める、決まる／決める、下がる／下げる、定まる／定める、仕上がる／仕上げる、静まる／静める、閉まる／閉める、締まる／締める、染まる／染める、もうける／もうける、弱まる／弱める、助かる／助ける、高まる／高める、たまる／ためる、伝わる／伝える、つながる／つなげる・つなぐ、詰まる／詰める、遠ざかる／遠ざける、止まる／止める、始まる／始める、はまる／はめる、早まる／早める、引っかかる／引っかける、広がる／広げる、深まる／深める、ぶつかる／ぶつける、ぶらさがる／ぶらさげる、曲がる／曲げる、混ざる・混じる／混ぜる、まとまる／まとめる、丸まる／丸める、見つかる／見つける
	② -aru／-u	刺さる／刺す	はさまる／はさむ、ふさがる／ふさぐ
B型	① -reru／-su	隠れる／隠す	崩れる／崩す、こぼれる／こぼす、壊れる／壊す、倒れる／倒す、つぶれる／つぶす、流れる／流す、外れる／外す、乱れる／乱す、汚れる／汚す
	② -reru／-ru	売れる／売る	折れる／折る、切れる／切る、釣れる／釣る、撮れる／撮る、ねじれる／ねじる、破れる／破る、割れる／割る
	③ -areru／-u	生まれる／生む	（他になし）
C型	① -ru／-su	写る／写す	返る／返す、裏返る／裏返す、帰る／帰す、転がる／転がす、散らかる／散らかす、覆る／覆す、直る／直す、治る／治す、残る／残す、ひっくり返る／ひっくり返す、回る／回す、戻る／戻す
	② -eru／-asu	荒れる／荒らす	遅れる／遅らす、枯れる／枯らす、焦げる／焦がす、冷める／冷ます、溶ける／溶かす・溶く、慣れる／慣らす、逃げる／逃がす、ぬれる／ぬらす、生える／生やす、はげる／はがす、冷える／冷やす、増える／増やす、燃える／燃やす、漏れる／漏らす、揺れる／揺らす、消える／消す（例外）
	③ -u／-asu	動く／動かす	乾く／乾かす、飛ぶ／飛ばす、泣く／泣かす、ふくらむ／ふくらます、沸く／沸かす、及ぶ／及ぼす（例外）
	④ -iru／-osu	起きる／起こす	落ちる／落とす、降りる／降ろす、下りる／下ろす、滅びる／滅ぼす
その他	① -u／-eru	開く／開ける	空く／空ける、浮かぶ／浮かべる、片づく／片づける、かなう／かなえる、傷つく／傷つける、くっつく／くっつける、沈む／沈める、進む／進める、育つ／育てる、そろう／そろえる、立つ／立てる、建つ／建てる、近づく／近づける、縮む／縮める、付く／付ける、続く／続ける、届く／届ける、整う／整える、向く／向ける、結びつく／結びつける、緩む／緩める
	② -eru／-u	裂ける／裂く	欠ける／欠く、砕ける／砕く、解ける／解く、抜ける／抜く、ほどける／ほどく、むける／むく、焼ける／焼く、煮える／煮る、見える／見る、聞こえる／聞く
	③その他		寝る／寝かせる（寝かす）、乗る／乗せる、載る／載せる、ふるえる／ふるわせる

（『初級を教える人のための日本語文法ハンドブック』P.97-101 より）

〔注〕B型②③の自動詞は受身形と、C型③とその他③の他動詞は使役形と混同するので、注意が必要である。また、B型②とその他②の自動詞は可能動詞を兼ねるものが多い。いずれも網掛けで示してある。下線のペアは片方が複数の形を持つことから、フォーク型と呼ばれることがある。

8．ヴォイスの表現

種類		立場の異なる対応の例	
受身	①直接受身	太郎が次郎をなぐる。	次郎が太郎になぐられる。
	②間接受身	雨が降る。	太郎が雨に降られる。
	③持ち主の受身	太郎が次郎の肩をたたく。	次郎が太郎に肩をたたかれる。
使役	①強制	患者が禁煙する。	医者が患者に禁煙させる。
	②容認	子どもが外で遊ぶ。	母親が子どもを外で遊ばせる。
	③原因	父親が悲しんだ。	一人娘の結婚が父親を悲しませた。
	④責任	会社が倒産した。	その社長が会社を倒産させた。
使役受身		医者が患者に禁煙させる。	患者が医者に禁煙させられる。
可能		私が英語を話す。	（私に）英語が話せる。
自発	①自発形	私たちが富士山を見る。	富士山が見える。
	②受身形	私たちが涼しさを感じる。	涼しさが感じられる。
	③可能形	私たちがイモを焼く。	イモが焼ける。
自動詞と他動詞		太郎が窓を開ける。	窓が開く。
授受	物の授受	太郎が花子に花をあげる。	花子（私）が太郎に花をもらう。
		太郎が私に花をくれる。	
	行為の授受	トムが次郎に英語を教えてあげる。	次郎（私）がトムに英語を教えてもらう。
		トムが私に英語を教えてくれる。	

9．アスペクトの表現

種類・表現		おもな意味・用法	例　文
直前	～かける	動きの直前	窓を開けかけて、やめた。
	～かかる	動きの直前	日が暮れかかる。
開始	～はじめる	動きの開始	弁当を食べはじめた。
	～だす	動きの開始	雨が突然降りだした。
	～てくる	動きの出現・進展・継続	だんだん暑くなってくる。
	～ていく	動きの出現・進展・継続	そんなことは忘れていくよ。
継続	～つつある	事態の過程の継続	病気は治りつつある。
	～続ける	動きの継続	エイズ問題を研究し続けるつもりだ。
	～続く	動きの継続	雨が降り続く。
終了	～おわる	動きの終了	食べおわったら、来てね。
	～おえる	意志的な動きの終了	宿題をやりおえたら、行こう。
	～やむ	動きの終了	雨がやっと降りやんだ。
	～たばかりだ	動きの終了直後	日本に着いたばかりだ。
完了	～てしまう[(1)]	動きの完了	宿題はもうやってしまった。
	～きる	動きの完遂	源氏物語を読みきった。
	～つくす	動きの完遂	残っていた米を食べつくした。
結果	～てある	動きの結果の状態	窓が開けてある。（結果の残存） 宿題をやってある。（効力の残存）
経験	～たことがある	動きの経験や経歴	北海道には3回行ったことがある。
実現	～ようになる	変化の実現	日本語が話せるようになった。
	～ことになる	動きの実現	今度引っ越すことになりました。
複数の局面	～ている	①動きの進行 ②動きの結果の状態 ③状態の継続 ④繰り返し ⑤経験	子どもが外で遊んでいます。 木が倒れている。 この道は曲がっている。 あそこの夫婦は毎日喧嘩している。 彼は2年前に大学を卒業している。
	～ところだ	動きの直前 動きの進行 動きの終了直後	これから外出するところだ。 今ご飯を食べているところだ。 今帰ってきたところだ。
その他[(2)]	～ておく	準備的動作	ホテルの予約を取っておく。
	～てみる	動作の試し	そのセーターを着てみる。

〔注〕初級教科書に出る表現を、網掛けで示してある。

(1)「～てしまう」は話し言葉では「～ちゃう、～じゃう」になる。
(2)「～ておく」と「～てみる」は動きの一局面を表していないことから、厳密にはアスペクトの表現ではないとされる。

10. 日本語の動詞分類

	動詞の種類	内容	動詞例	用例
1	自動詞	目的語（ヲ格）を取らない	泣く、眠る、暮れる	ドアが<u>開く</u>
	他動詞	目的語（ヲ格）を取る（出発点と通過点を除く）	食べる、飲む、見る	私がドアを<u>開ける</u>
2	意志動詞	意志的な動作を表す（命令形と意向形を持つ）	遊ぶ、書く、たたく	図書館で<u>勉強する</u>
	無意志動詞	意志のない動作を表す（命令形と意向形を持たない）	光る、むせる、飽きる	水が<u>流れる</u>
3	状態動詞	ル形で状態を表す	いる、要る、値する	お金が<u>要る</u>
	継続動詞	テイル形で「動きの進行」を表す	飲む、食べる、考える	水を<u>飲んでいる</u>
	瞬間動詞	テイル形で「動きの結果」を表す	消える、倒れる、開く	虫が<u>死んでいる</u>
	第4種の動詞	必ずテイル形で「状態の継続」を表す	ずばぬける、優れる	成績が<u>優れている</u>
4	能動詞	受身形になる	割る、作る、たたく	<u>割る</u> → <u>割られる</u>
	所動詞	受身形にならない	ある、似合う、できる	<u>ある</u> → ×あられる
5	単純動詞	単独で用いられる動詞	降る、続く、読む、取る	雨が<u>降る</u>
	複合動詞	動詞の連用形に他の動詞が接続した形式	降り続く、読み取る	雨が<u>降り続く</u>
6	本動詞	動詞本来の意味で用いられる動詞	見る、置く、いる	映画を<u>見る</u>
	補助動詞	テ形に接続し、補助的な意味で用いられる動詞	（～て＋）みる・おく・いる	食べて<u>みる</u>
7	移動動詞	主体の位置が変わるような動きを表す動詞	行く、来る、入る、下りる（方向性がある）	東京に<u>向かう</u>
			泳ぐ、散歩する、走る（方向性がない）	公園を<u>歩く</u>

日本語記述文法研究会（2007）では、金田一の分類（上の表の3）を発展させる形で、以下の動詞分類を提示している。

8	動き動詞	継続動詞	主体動作動詞	遊ぶ、楽しむ、悲しむ、買う、立てる
			主体変化動詞	暖まる、成長する、疲れる、晴れる、やせる
		瞬間動詞	主体動作動詞	発見する、発明する、設置する、打つ、振る
			主体変化動詞	座る、閉まる、死ぬ、覚える、行く、知る
	状態動詞	スル形状態動詞		ある、いる、要る、相当する、値する
		スル・シテイル形両用状態動詞		意味する、実在する、存在する、まさる
		シテイル形状態動詞		ありふれる、すぐれる、そびえる、ばかげる

11. ムードの表現

	用法	表現	例文
対事的	断定・意志	φ（ゼロ）	（断定）やったのは彼だφ。 （意志）私は留学するφ。（一人称の意志動詞）
	推量	らしい	山田さんは入院するらしい。
		みたいだ	あの二人は喧嘩しているみたいだ。
		ようだ	明日は雨が降るようだ。
		そうだ	今にも雨が降りそうだ。
	確信	はずだ	犯人は犯行現場に再び現われるはずだ。
		にちがいない	あいつは俺のことを好きにちがいない。
	説明	のだ（んだ）	「熱心に勉強しますね。」「あしたテストなんですよ。」
		わけだ	円高の進行でガソリン代が安くなっているわけだ。
	非断定	と思う	田中さんは留学すると思う。
		だろう（でしょう）	田中さんは留学するだろう（でしょう）。
	可能性	かもしれない	明日は雪が降るかもしれない。
	意志	よう	ダイエットは明日から本格的に始めよう。
		ようと思う	アメリカに留学しようと思います。
		つもりだ	もう二度と君には頼まないつもりだ。
		ことにする	今度転職することにしました。
		ようにする	これからは遅刻しないようにします。
	願望	たい	早く新車が買いたい。
		ほしい	ノートパソコンがほしい。
		てほしい	子どもに国際結婚してほしい。
対事的／対人的	当然・回想	ものだ	昔はよく皆で飲んだものだ。（回想）
	勧め・詠嘆	ことだ	遠慮しないで、思いきりやってみることだ。（勧め）
	義務・必要	べきだ	私たちは健康のためにもっと歩くべきだ。
		なければならない	国民の義務として税金を払わなければならない。
		なければいけない	会社に入ったら、一生懸命働かなければいけない。
対人的	勧誘・提案	ませんか	今度映画でも一緒に見に行きませんか。
		ましょう	ご飯でも食べましょう。
		ないか	皆でこのプロジェクト挑戦してみないか。
	依頼	てください	そこにある塩を取ってください。
		ませんか	窓を開けてくれませんか。
	命令	なさい	そこに立っていなさい。
	許可・勧め	てもいい	ここではタバコを吸ってもいいです。
		たらいい	わからなかったら、木村さんに聞いたらいいですよ。
	禁止	てはいけない	試験中はノートを持ち込んではいけません。
		べきではない	そんなことを彼女に言うべきではない。
	質問	か	このパソコンはどこで買ったんですか。
		の	何をやっているの。
		かい	これ、食べてみるかい。
	確認	だろう（でしょう）	ほら、向こうに青い屋根の家が見えるだろう（でしょう）。
		ではないかね	これは偽物ではないかね。
	同意や確認の終助詞	ね	本当にむしむしするね。
		よ	あっ、サイフを落としたよ。
		よね	さっき、彼女に会ったって言ったよね。

〔注〕初級教科書によく出る表現を網かけで示してある。

12. 敬語の表現

(1) 敬語の分類

敬意の種類	一般形	例	特定形の例
(1) 尊敬語	お／ご～になる	お読みになる、ご心配になる	いらっしゃる おっしゃる なさる 召し上がる 下さる 見える ご覧になる
	～れる／られる	読まれる、食べられる	
	お／ご～くださる	お教えくださる、ご指導くださる	
	（ご）～なさる	利用なさる、ご利用なさる	
	お／ご～だ	お読みだ、ご心配だ	
	お／ご＋形容詞	お忙しい、ご立派だ	
	お／ご／貴＋名詞	お名前、ご住所、貴社、貴校 （立てる人物などの）	
	形容詞／名詞＋ いらっしゃる	細くていらっしゃる 努力家でいらっしゃる	
(2) 謙譲語Ⅰ	お／ご～する	お仕えする、ご案内する	伺う、申し上げる、存じ上げる、差し上げる、頂く、お目に掛ける、ご覧に入れる、拝見する、拝借する
	お／ご～申し上げる	お仕え申し上げる、ご案内申し上げる	
	お／ご～いただく ～ていただく	お教えいただく、ご配慮いただく 教えていただく （相手にしてもらう行為）	
	お／ご＋名詞	（立てる人物への）お手紙、御説明	
(3) 謙譲語Ⅱ （丁重語）	～いたす（サ変のみ）	利用いたす	参る、申す、いたす、おる、存じる
	愚／小／拙／弊＋名詞	愚妻、小生、拙著、弊社	
(4) 丁寧語	～ます	読みます、食べます	なし
	～です	高いです、静かです、学生です	
	形容詞＋ございます	おいしゅうございます	
(5) 美化語	お（ご）～	お酒・お料理・御祝儀	なし

＊敬語は「相互尊重」と「自己表現」を基盤とし、敬意表現の中でも重要な位置を占めている。
(1) 尊敬語（相手側または第三者の行為・ものごと・状態などについて、その人物を立てて述べるもの）
(2) 謙譲語Ⅰ（自分側から相手側または第三者に向かう行為・ものごとについて、その向かう先の人物を立てて述べるもの）
(3) 謙譲語Ⅱ（自分側の行為・ものごとなどを話や文章の相手に対して丁重に述べるもの）
(4) 丁寧語（話や文章の相手に対して丁寧に述べるもの）
(5) 美化語（ものごとを美化して述べるもの）
　なお、「お／ご～いたす」は「謙譲語Ⅰ」兼「謙譲語Ⅱ」とされる。また、「～させていただく」は「謙譲語Ⅰ」としても「謙譲語Ⅱ」としても使われる。「頂く」は「もらう」という意味では「謙譲語Ⅰ」、「食べる／飲む」という意味では「謙譲語Ⅱ」となる。　　　　（文化審議会国語分科会答申「敬語の指針」（2007年2月）より）

(2) 敬語の特定形式

辞書形	尊敬語	謙譲語Ⅰ	謙譲語Ⅱ	丁寧語
行く	いらっしゃる	伺う	参る	行きます
言う	おっしゃる	申し上げる	申す	言います
いる	いらっしゃる		おる	います
見る	ご覧になる	拝見する		見ます
食べる／飲む	召し上がる		頂く	食べます／飲みます
来る	いらっしゃる／見える		参る	来ます
する	なさる		いたす	します

参考文献

庵　功雄（2001）『新しい日本語学入門　ことばのしくみを考える』スリーエーネットワーク

─── （2003）『『象は鼻が長い』入門』くろしお出版

庵功雄・高梨信乃・中西久実子・山田敏弘（2000）『初級を教える人のための日本語文法ハンドブック』スリーエーネットワーク

庵功雄・高梨信乃・中西久実子・山田敏弘（2001）『中上級を教える人のための日本語文法ハンドブック』スリーエーネットワーク

市川保子（2001）『日本語教育指導参考書22：日本語教育のための文法用語』国立国語研究所

─── （2005）『初級日本語文法と教え方のポイント』スリーエーネットワーク

井口厚夫・井口裕子（1994）『日本語教師トレーニングマニュアル②　日本語文法整理読本（解説と演習）』バベル・プレス

小川芳男・林大・他（編）（1982）『日本語教育事典』大修館書店

奥津敬一郎（1978）『「ボクハウナギダ」の文法─ダとノ─』くろしお出版

金谷武洋（2002）『日本語に主語はいらない　百年の誤謬を正す』講談社

─── （2003）『日本語文法の謎を解く』筑摩書房

金田一春彦（1976）「国語動詞の一分類」金田一春彦（編）（1976）『日本語動詞のアスペクト』むぎ書房

工藤真由美（1995）『アスペクト・テンス体系とテクスト─現代日本語の時間の表現─』ひつじ書房

グループ・ジャマシィ（編著）（1998）『教師と学習者のための日本語文型辞典』くろしお出版

佐治圭三（1991）『日本語の文法の研究』ひつじ書房

寺村秀夫（1978、81）『日本語教育指導参考書4・5：日本語の文法（上）（下）』国立国語研究所

─── （1982）『日本語のシンタクスと意味Ⅰ』くろしお出版

─── （1984）『日本語のシンタクスと意味Ⅱ』くろしお出版

─── （1991）『日本語のシンタクスと意味Ⅲ』くろしお出版

西尾寅弥（1972）『形容詞の意味・用法の記述的研究』秀英出版

日本語記述文法研究会（編）（2010）『現代日本語文法　第1巻』くろしお出版

───────────（2009）『現代日本語文法　第2巻』くろしお出版

───────────（2007）『現代日本語文法　第3巻』くろしお出版

───────────（2003）『現代日本語文法　第4巻』くろしお出版

───────────（2009）『現代日本語文法　第5巻』くろしお出版

──────────────── （2008）『現代日本語文法　第6巻』くろしお出版
──────────────── （2009）『現代日本語文法　第7巻』くろしお出版

野田尚史（1996）『新日本語文法選書1　「は」と「が」』くろしお出版
─── （2001）『はじめての人の日本語文法』くろしお出版
バーナード・コムリ（山田小枝訳）（1988）『アスペクト』むぎ書房
林巨樹・池上秋彦・安藤千鶴子（編）（2004）『日本語文法がわかる事典』東京堂出版
原沢伊都夫（1993）「『〜ている』の機能」『富士フェニックス論叢』第1号　富士フェニックス短期大学
─── （1998）「テアル形の意味―テイル形との関係において―」『日本語教育』98号　日本語教育学会
早津恵美子（1989）「有対他動詞と無対他動詞の違いについて―意味的な特徴を中心に―」『言語研究』95　言語学会
─── （2005）「現代日本語の『ヴォイス』をどのように捉えるか」『日本語文法』5巻2号、日本語文法学会
ヒューマンアカデミー（2009）『日本語教育教科書　日本語教育能力検定試験　完全攻略ガイド』翔泳社
益岡隆志（1987）『命題の文法―日本語文法序説―』くろしお出版
三上　章（1960）『象は鼻が長い―日本文法入門』くろしお出版
村上本二郎（1955）『初歩の国文法　口語・文語』昇龍堂出版
山田敏弘（2004）『国語教師が知っておきたい日本語文法』くろしお出版
吉川武時（1976）「現代日本語動詞のアスペクト研究」金田一春彦（編）（1976）『日本語動詞のアスペクト』むぎ書房

索 引

あ

アスペクト……………………83

い

意志動詞……………………88
意志のムード………………101
一段動詞……………………133
一人称………………………139
１項動詞………………………6
意図性（～てある）………88
イ音便………………………132
引用節………………………120

う

ヴォイス……………………43
受身形……………………44, 96
受身文………………………44
受身文の見分け方…………47
動き…………………………87
動き動詞…………………64, 87
内の関係……………………114
うなぎ文……………………148

え

詠嘆のムード………………106

か

か（終助詞）………………152
か（副助詞）………………150
か（並立助詞）……………150
が（格助詞）………………111
が（接続助詞）……………151
回想のムード………………106
ガ格……………………………7
係助詞………………………150
カ行変格活用動詞（カ変動詞）……133
格関係…………………………3
格助詞…………………3, 149
確信のムード………………103
～かける……………………90
かしら………………………152
学校文法……………………156
活用…………………………131
仮定形………………………132
「が」と「の」の交替……118
可能形……………………55, 96
可能構文……………………54
上一段活用動詞……………133
から（接続助詞）…………151
カラ格………………………10
感情形容詞…………………135
間接受身文…………………45
感動詞………………………145
間投助詞……………………151
完了と過去…………………75

き

基数詞………………………137
義務のムード………………107
疑問節………………………120
旧情報………………………112
強制（使役文）……………51
きり…………………………150
～きる………………………90
金田一の動詞分類…………91

く

くらい	150
具体名詞	137
繰り返し（〜ている）	85

け

経験（〜ている）	85
形式形容詞	134
形式名詞	138
継続動詞	93
形容詞	134
形容詞（述語）文	2
形容動詞	134
結果の状態（〜ている）	84
けれど(も)（接続助詞）	151
原因（使役文）	51
原因・理由節	121
現在完了	72
謙譲（使役文）	51
現象文	111
限定用法	117
現場指示	140
言表事態	99
言表態度	99

こ

恒常的表現	65
こそ	150
五段（活用）動詞	132
こと	118, 138
コト	16, 99
〜ことだ	106
「こと」と「の」の使い分け	119
固有名詞	137

さ

さ	151
さ入れ言葉	61
さえ	150
サ行変格活用動詞（サ変動詞）	133
させる	50, 147
3項動詞	6
3項動詞の受身文	49
三人称	139

し

し	151
詞	131
辞	131
子音動詞	44
使役受身形	54, 97
使役受身文	53
使役形	50, 97
使役文	50
しか	150
時間節	121
指示代名詞	140
時数副詞	143
指定文	148
自他動詞	33
自他の区別	30
自他の対応	31
自他のペア	33
自動詞	30
自発構文	56
自発動詞	56
下一段活用動詞	133
終止形	132
修飾語	4
終助詞	152
主語廃止論	40

授受表現……………………………57
　恩恵の授受…………………………57
　物の授受……………………………57
主節…………………………………113
従属節………………………………113
主題……………………………18, 110
主題化……………………………15, 18
　格成分の主題化………………16, 28
　格成分以外の主題化………………21
　　被修飾名詞型……………………26
　　変則名詞修飾型…………………26
　　名詞修飾型………………………26
主題化と格助詞………………………20
主題と解説……………………………18
瞬間動詞………………………………93
準体助詞……………………………149
状況可能………………………………54
状況語…………………………………4
条件節………………………………121
　逆接条件節………………………121
　順接条件節………………………121
状態……………………………………87
状態性述語……………………………87
状態動詞…………………………64, 93
状態の継続(〜ている)………………84
情態副詞……………………………142
状態副詞……………………………142
助詞…………………………………149
叙述内容………………………………99
序数詞………………………………137
助動詞………………………………147
自立語………………………………131
進行(〜ている)………………………84
新情報………………………………112

す

随意成分………………………………4
推量のムード………………………102
数詞…………………………………137
数量の副詞…………………………143
勧めのムード………………………106

せ

ぜ……………………………………152
制限用法……………………………117
責任(使役文)…………………………51
接続詞………………………………144
接続助詞……………………………151
絶対テンス……………………………66
説明のムード………………………104
せる……………………………50, 147
0項動詞………………………………6

そ

ぞ……………………………………152
総記…………………………………112
〜そうだ………………………102, 147
相対テンス……………………………66
相対名詞………………………………14
相対名詞(修飾)節…………………115
促音便………………………………132
属性形容詞…………………………135
措定文………………………………148
外の関係……………………………114

た

た……………………………………147
だ……………………………147, 148
たい…………………………………147
第1種の動詞(状態動詞)……………91
ダイクシス…………………………141

く

くらい	150
具体名詞	137
繰り返し（〜ている）	85

け

経験（〜ている）	85
形式形容詞	134
形式名詞	138
継続動詞	93
形容詞	134
形容詞（述語）文	2
形容動詞	134
結果の状態（〜ている）	84
けれど（も）（接続助詞）	151
原因（使役文）	51
原因・理由節	121
現在完了	72
謙譲（使役文）	51
現象文	111
限定用法	117
現場指示	140
言表事態	99
言表態度	99

こ

恒常的表現	65
こそ	150
五段（活用）動詞	132
こと	118, 138
コト	16, 99
〜ことだ	106
「こと」と「の」の使い分け	119
固有名詞	137

さ

さ	151
さ入れ言葉	61
さえ	150
サ行変格活用動詞（サ変動詞）	133
させる	50, 147
3項動詞	6
3項動詞の受身文	49
三人称	139

し

し	151
詞	131
辞	131
子音動詞	44
使役受身形	54, 97
使役受身文	53
使役形	50, 97
使役文	50
しか	150
時間節	121
指示代名詞	140
時数副詞	143
指定文	148
自他動詞	33
自他の区別	30
自他の対応	31
自他のペア	33
自動詞	30
自発構文	56
自発動詞	56
下一段活用動詞	133
終止形	132
修飾語	4
終助詞	152
主語廃止論	40

授受表現 ……………………………… 57
　恩恵の授受 ………………………… 57
　物の授受 …………………………… 57
主節 …………………………………… 113
従属節 ………………………………… 113
主題 …………………………………… 18, 110
主題化 ………………………………… 15, 18
　格成分の主題化 …………………… 16, 28
　格成分以外の主題化 ……………… 21
　　被修飾名詞型 …………………… 26
　　変則名詞修飾型 ………………… 26
　　名詞修飾型 ……………………… 26
主題化と格助詞 ……………………… 20
主題と解説 …………………………… 18
瞬間動詞 ……………………………… 93
準体助詞 ……………………………… 149
状況可能 ……………………………… 54
状況語 ………………………………… 4
条件節 ………………………………… 121
　逆接条件節 ………………………… 121
　順接条件節 ………………………… 121
状態 …………………………………… 87
状態性述語 …………………………… 87
状態動詞 ……………………………… 64, 93
状態の継続（〜ている） …………… 84
情態副詞 ……………………………… 142
状態副詞 ……………………………… 142
助詞 …………………………………… 149
叙述内容 ……………………………… 99
序数詞 ………………………………… 137
助動詞 ………………………………… 147
自立語 ………………………………… 131
進行（〜ている） …………………… 84
新情報 ………………………………… 112

す

随意成分 ……………………………… 4
推量のムード ………………………… 102
数詞 …………………………………… 137
数量の副詞 …………………………… 143
勧めのムード ………………………… 106

せ

ぜ ……………………………………… 152
制限用法 ……………………………… 117
責任（使役文） ……………………… 51
接続詞 ………………………………… 144
接続助詞 ……………………………… 151
絶対テンス …………………………… 66
説明のムード ………………………… 104
せる …………………………………… 50, 147
0項動詞 ……………………………… 6

そ

ぞ ……………………………………… 152
総記 …………………………………… 112
〜そうだ ……………………………… 102, 147
相対テンス …………………………… 66
相対名詞 ……………………………… 14
相対名詞（修飾）節 ………………… 115
促音便 ………………………………… 132
属性形容詞 …………………………… 135
措定文 ………………………………… 148
外の関係 ……………………………… 114

た

た ……………………………………… 147
だ ……………………………………… 147, 148
たい …………………………………… 147
第1種の動詞（状態動詞） ………… 91
ダイクシス …………………………… 141

体言	131
第3種の動詞(瞬間動詞)	91
対事的ムード	100
対人的ムード	100
第2種の動詞(継続動詞)	91
対比	110
代名詞	139
第4種の動詞	91, 93
たがる	147
だけ	150
タ形	64
他動詞	30
～だす	90
だの	150
ため	138
たら	123, 151
たり	151
断定の助動詞	148
断定のムード	101

ち

抽象名詞	137
中立叙述文	111
中立描写(文)	111
直接受身文	44
陳述	99
陳述副詞	143

つ

つもり	138

て

て	151
で(格助詞・場所)	13
～てある	87, 89
程度副詞	143
～ている	84
デ格	9
～てくる	90
テ形	124
テ形の導入	128
～てしまう	90
です	147, 148
ては	151
ても	151
でも(副助詞)	150
テンス	63

と

と(接続助詞)	123, 151
と(並立助詞)	150
と一緒に	152
動作	87
動作主のマーカー	48
動作動詞	87
動詞	132
動詞(述語)文	2
当然のムード	106
とか	150
ト格	9
とき	138
ところ	118, 138
～ところだ	90
として	152
とりたて助詞	108, 150

な

な(間投助詞)	151
な(終助詞)	152
なあ	152
ない(助動詞)	134, 147
ない(補助形容詞)	134

内的状態動詞	65, 80
内容補充(修飾)節	115
ながら	151
〜なければいけない	107
〜なければならない	107
など	150
なら	123, 151
なり	150

に

に(格助詞、場所)	13
に(格助詞、時)	14
において	152
ニ格	8
に関して	152
2項動詞	6
二重ガ格文	24
に対して	152
〜にちがいない	103
について	152
にとって	152
二人称	139
日本語文法	156
によって	152
人称代名詞	139

ぬ

ぬ	147

ね

ね(間投助詞)	151
ね(終助詞)	152

の

の(終助詞)	152
の(準体助詞)	118, 149
の(並立助詞)	150
の(連体助詞)	149
能力可能	54
〜のだ	104
のために	152
ので	151
「の」と「こと」の使い分け	119
のに	151
のみ	150

は

は	150
は(ハとガ)	110
は(「は」の影響力)	25
ば	123, 151
排他	111
「〜は〜が〜」構文	27
ばかり	150
はしょり文	148
はず	138
〜はずだ	103
撥音便	132

ひ

非限定用法	117
非制限用法	117
必須成分	4
必要のムード	107
品詞分類	131

ふ

不規則動詞	44
複合格動詞	152
副詞	142
副詞節	121
副助詞	150

複文	113
付随名詞（修飾）節	115
付属語	131
普通名詞	137
ふり	138
文型	4
文脈指示	141
分裂文	26

へ

並立助詞（並列助詞）	150
並列節	124
ヘ格	9
〜べきだ	107
変化	87
変化動詞	87

ほ

母音動詞	44
ほう	138
補語	4
補助形容詞	134
補助動詞	57
補足節	118
ほど	150

ま

まい	147
ます	147
まで（副助詞）	150
マデ格	10

み

未然形	132
〜みたいだ	102

む

無意志動詞	88
無対自動詞	33
無対他動詞	33
ムード	16, 99
無題文	110

め

名詞	137
名詞修飾節	114
名詞（述語）文	2
名詞節	118
命題	99
命令形	132
迷惑受身文	45

も

も	150
目的節	122
モダリティ	99
持ち主の受身文	45
もの	138
〜ものだ	106

や

や（間投助詞）	151
や（並立助詞）	150
やら	150

ゆ

有題文	110
誘導副詞	143

よ

よ（間投助詞）	151
よ（終助詞）	152

よう	147
用言	131
〜ようだ	102, 147
様態節	122
様態副詞	142
容認（使役文）	51
ヨリ格	10
4項動詞	6

ら

〜らしい	102, 147
ら抜き言葉	55, 61
られる	44, 147

り

理由・原因節	121

る

ル形	64

れ

れる	44, 147
連体形	132
連体詞	144
連体修飾	116
連体助詞	149
連用形	132
連用修飾	116
連用修飾節	121

わ

わ	152
わけ	138
〜わけだ	104

を

ヲ格	7

ん

ん（ぬ）	147

著者
原沢伊都夫（はらさわ　いつお）
静岡大学国際交流センター教授
専門は日本語学、日本語教育、異文化コミュニケーション

1954年　山梨県甲府市生まれ
1977年　明治大学文学部文学科卒業（英米文学専攻）
1984年　オーストラリア国立大学グラジュエイト・ディプロマ課程（応用言語学）修了
1986年　オーストラリア国立大学修士課程（日本語応用言語学）修了
1991年　富士フェニックス短期大学英語英米文学科講師
2000年　静岡大学留学生センター教授、2006年より現職

趣味はガーデニング、家でのガーデンパーティ、伊豆の海での素潜り（夏）、テニス、スキー（冬）、子どもと犬の散歩、みんなでワイワイ。

イラスト
わたなべふみ

装丁・本文デザイン
山田武

考えて、解いて、学ぶ　日本語教育の文法

2010年9月17日　初版第1刷発行
2011年6月28日　第2刷発行

著　者　原沢伊都夫
発行者　小林卓爾
発　行　株式会社　スリーエーネットワーク
　　　　〒101-0064　東京都千代田区猿楽町2-6-3（松栄ビル）
　　　　電話　営業　03(3292)5751
　　　　　　　編集　03(3292)6521
　　　　http://www.3anet.co.jp/
印　刷　倉敷印刷株式会社

ISBN978-4-88319-542-8 C0081
落丁・乱丁本はお取替えいたします。
本書の全部または一部を無断で複写複製（コピー）することは著作権法上での例外を除き、禁じられています。

スリーエーネットワークの教師用参考書

初級を教える人のための 日本語文法ハンドブック

松岡 弘●監修 庵 功雄・高梨信乃・中西久実子・山田敏弘●著
A5判 443頁 2,310円〔ISBN978-4-88319-155-0〕

中上級を教える人のための 日本語文法ハンドブック

白川博之●監修 庵 功雄・高梨信乃・中西久実子・山田敏弘●著
A5判 599頁 2,520円〔ISBN978-4-88319-201-4〕

初級日本語文法と教え方のポイント

市川保子●著
A5判 462頁 2,100円〔ISBN978-4-88319-336-3〕

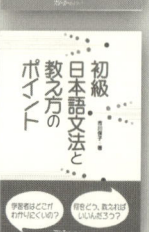

中級日本語文法と教え方のポイント

市川保子●著
A5判 482頁 2,100円〔ISBN978-4-88319-445-2〕

はじめて日本語を教える人のための なっとく 知っとく 初級文型50

岡本牧子・澤田幸子・安田乙世●著
A5判 241頁 1,680円〔ISBN978-4-88319-496-4〕

日本語誤用辞典 外国人学習者の誤用から学ぶ 日本語の意味用法と指導のポイント

市川保子●編著 浅山友貴・荒巻朋子・板井美佐・太田陽子・
坂本まり子・杉本ろここ・副島昭夫・田代ひとみ・野口景子・本郷智子●著
A5判 799頁 3,360円〔ISBN978-4-88319-522-0〕

※価格は税込みです

スリーエーネットワーク
営業広報部
101-0064 東京都千代田区猿楽町2-6-3 松栄ビル
TEL: 03-3292-5751　FAX: 03-3292-6194
http://www.3anet.co.jp/
sales@3anet.co.jp

考えて、
解いて、学ぶ
日本語教育の
文法

［解答と解説］

スリーエーネットワーク

第1章　日本語文の構造
（その1　基本文型）

P.2　確認しよう　①動詞文　②形容詞文　③名詞文

(1) （②）　今日は昨日より<u>暖かい</u>。
　「暖かい」は形容詞ですから、形容詞文となります。
(2) （③）　シルビアさんの故郷は<u>ブラジルだ</u>。
　「ブラジル」は国を表す名詞（固有名詞）ですので、名詞文となります。
(3) （②）　日本は韓国より国土が<u>広い</u>。
　「広い」は形容詞なので、形容詞文となります。
(4) （①）　春には日本中で桜の花が<u>咲く</u>。
　「咲く」は動詞ですから、動詞文となります。
(5) （③）　クジラは<u>哺乳類だ</u>。
　「哺乳類」は名詞（普通名詞）です。したがって、名詞文となります。

P.4-5　練習しよう

（例）賛成する（動詞）		が		に		賛成する
(1) 医者だ（名詞＋だ）		が				医者だ
(2) 賑やかだ（ナ形容詞）		が				賑やかだ
(3) 対決する（動詞）		が		と		対決する
(4) ふさわしい（イ形容詞）		が		に		ふさわしい
(5) 貸す（動詞）		が		を	に	貸す

(1) 〜ガ　医者だ
　ガ格だけが必須成分となり、「〜が医者だ」となります。名詞文の多くがこの文型となります。
(2) 〜ガ　賑やかだ
　「賑やかだ」の場合、ガ格以外には絶対に必要な格はなく、「〜が賑やかだ」となります。
(3) 〜ガ　〜ト　対決する
　1人では対決できないため、相手を必要とします。対決の相手は「〜と」で表されます。
(4) 〜ガ　〜ニ　ふさわしい
　「ふさわしい」は「〜がふさわしい」だけでは意味が完全ではありません。どういうことにふさわしいのかという意味を表すニ格が必要となります。
(5) 〜ガ　〜ヲ　〜ニ　貸す

何かを貸すという行為には必ず貸す相手がいることから、ヲ格とともに相手を表すニ格が必須成分となります。なお、ニ格とヲ格の順番はどちらが先でもかまいません。

P.5 やってみよう

(1) 〜が　複雑だ（ナ形容詞）

「手順が複雑だ」など、ガ格だけで必要最低限の意味は伝わります。

(2) 〜が　温まる（動詞）

「スープが温まる」など、ガ格だけで最低限の情報が伝わります。手段・方法のデ格は随意成分となります。

(3) 〜が　〜に　疎い（イ形容詞）

「〜が疎い」だけでは意味がよくわかりません。「夫が世事に疎い」など、疎いとされる内容がニ格で表されます。

(4) 〜が　〜と　喧嘩する（動詞）

1人だけでは喧嘩はできません。喧嘩の相手がト格で表されます。

(5) 〜が　〜に　無関心だ（ナ形容詞）

「誰かが無関心だ」と言っても、何に対して無関心なのか不明です。「先生が子どもに無関心だ」など、無関心である対象がニ格で表されます。

(6) 〜が　〜に　かみつく（動詞）

「犬がかみついた」だけでは、かみついた対象が不明です。「犬が飼い主にかみついた」など、動作の対象がニ格で示されます。

(7) 〜が　暴れる（動詞）

「馬が暴れる」などと言うとき、ガ格以外には絶対に必要とされる格はありません。場所を表すデ格は随意成分となります。

(8) 〜が　〜と　戦う（動詞）

「戦う」は必ず相手がいないと成立しない動作です。戦う相手（ト格）が必須成分となります。

(9) 〜が　独身だ（名詞＋だ）

「山田さんが独身だ」と言う場合、特に必須成分は必要ありません。これだけで充分に意味が伝わります。

(10) 〜が　〜に　熱心だ（ナ形容詞）

「誰かが熱心だ」だけでは、意味不明です。「妻がPTA活動に熱心だ」など、熱心になっている内容がニ格で表されます。

(11) 〜が　〜を　〜に　教える（動詞）

「教える」という動作では、「誰が」「何を」「誰に」の3つの成分が必要となります。どれか1つでも欠けると、情報としては不充分です。ヲ格とニ格の順番はどちらが先でもかまいません。

⑿ ～が　～に　不可欠だ（ナ形容詞）

「～が不可欠である」では意味がよくわかりません。「社員のやる気が会社の生き残りに不可欠だ」など、何にとって不可欠なのかをニ格で表す必要があります。

⒀ ～が　～を　助ける（動詞）

1人だけでは「助ける」という動作は成立しません。助けられる人がヲ格で表されます。

⒁ ～が　～を　着る（動詞）

「～が着る」だけでは意味不明です。着るものがヲ格で表されます。

⒂ ～が　光る（動詞）

「稲妻が光る」で意味が充分通じます。ガ格以外に必須成分を必要としません。場所のデ格は随意成分となります。

⒃ ～が　～に　詳しい（イ形容詞）

「山田さんが詳しい」だけでは意味が不明です。「山田さんがパソコンに詳しい」など、詳しいとされる対象がニ格で表されます。

⒄ ～が　～に　反対する（動詞）

「誰かが反対する」だけでは何に対して反対しているのかが不明です。「野党が与党の法案に反対する」など、反対する対象がニ格で表されます。

⒅ ～が　～に　乏しい（イ形容詞）

「天然資源が日本に乏しい」または「日本が天然資源に乏しい」など、「乏しい」とされる主体や対象がニ格で表されます。

⒆ ～が　弁護士だ（名詞＋だ）

「あの人が弁護士だ」で充分に意味が通じます。

⒇ ～が　～を　～に　紹介する（動詞）

紹介する主体、紹介される人や物、紹介する相手の3つの事柄が最低限必要な成分となります。1つでも欠けると、情報が足りないと感じます。

㉑ ～が　鮮やかだ（ナ形容詞）

「着物の色が鮮やかだ」などと言え、ガ格以外に必須成分を必要としません。

㉒ ～が　穏やかだ（ナ形容詞）

「海が穏やかだ」などと言え、ガ格以外に必須成分はありません。

㉓ ～が　つまらない（イ形容詞）

「講義がつまらない」などと言え、ガ格以外に必須成分はありません。

㉔ ～が　正しい（イ形容詞）

「君の言うことが正しい」などと言え、ガ格以外に必須成分はありません。

㉕ ～が　～を　～に　与える（動詞）

与える主体、与えられる物、与える相手が必要となります。どれが欠けても、情報が足りないと感じます。

(26) ～が　～と　結婚する（動詞）

　　1人では結婚できません。相手を示すト格が必要となります。

(27) ～が　～に　仕える（動詞）

　　仕える相手がニ格で示されます。

(28) ～が　～を　食べる（動詞）

　　「私が食べる」だけでは何を食べるのかが不明です。ヲ格で食べる対象を示します。

(29) ～が　おいしい（イ形容詞）

　　「Aランチがおいしい」などと言え、ガ格以外に必須成分はありません。

(30) ～が　学生だ（名詞＋だ）

　　ガ格以外の必須成分はありません。

(31) ～が　～を　見る（動詞）

　　「私が見る」と言っても何を見るのか不明です。見る対象がヲ格で示されます。

P.6　まとめよう

述語の種類		文型		例
名詞＋だ		(1) ～が	述語	独身だ／弁護士だ／学生だ
イ形容詞（形容詞）		(2) ～が	述語	つまらない／正しい／おいしい
		(3) ～が　～に	述語	疎い／詳しい／乏しい
ナ形容詞（形容動詞）		(4) ～が	述語	複雑だ／鮮やかだ／穏やかだ
		(5) ～が　～に	述語	無関心だ／熱心だ／不可欠だ
動詞	1項動詞	(6) ～が	述語	温まる／暴れる／光る
	2項動詞	(7) ～が　～を	述語	助ける／着る／食べる／見る
		(8) ～が　～に	述語	かみつく／反対する／仕える
		(9) ～が　～と	述語	喧嘩する／戦う／結婚する
	3項動詞	(10) ～が　～を　～に	述語	教える／紹介する／与える

(1) ～が　述語（名詞＋だ）

　一番基本となる文型で、初級教科書の最初に導入されることが多いと言えます。「わたしはアメリカ人です」などは、この文型が基になっています。なお、主題の「は」については第2章で扱います。

(2) ～が　述語（イ形容詞）

　イ形容詞文で、ガ格のみが必須成分となるものです。

(3) ～が　～に　述語（イ形容詞）

　イ形容詞文で、ニ格を必要とするものです。通常はニ格を必要としない形容詞でも、「あいつは女にやさしい」「あいつに悪い」などの表現ではニ格を取ることがあります。

(4) 〜が　述語（ナ形容詞）

　　ナ形容詞文で、ガ格のみが必須成分となるものです。ナ形容詞は名詞と似ているので、注意が必要です。連体形（名詞にかかる形）が「〜な」となるのがナ形容詞で、「〜の」となるのが名詞です。

(5) 〜が　〜に　述語（ナ形容詞）

　　ナ形容詞文で、ニ格を必要とするものです。この構文ではニ格がないと、意味がはっきりしません。

(6) 〜が　述語（動詞）

　　主語であるガ格自らの運動・変化を表すもので、自動詞の多くがこの文型を取ります。ただし、自動詞のすべてがこの文型になるとは限りませんので、注意してください。例えば、「着く」（〜が　〜に　着く）などがそのような例です。

(7) 〜が　〜を　述語（動詞）

　　動作の対象である目的語を取る動詞です。他動詞の多くがこの文型となります。動作の対象となるヲ格は何らかの働きかけを動作の主体（動作主）から受けることになります。

(8) 〜が　〜に　述語（動詞）

　　(7)の他動詞と似ていますが、動作が及ぶ相手や物がニ格で示されます。

(9) 〜が　〜と　述語（動詞）

　　必ず相手を必要とする動作（相互動作）で、その相手がト格で表されます。

(10) 〜が　〜を　〜に　述語（動詞）

　　動作の目的語を第三者に働きかける動詞です。必ず相手を必要とするため、3つの必須成分となります。3項動詞と呼ばれます。

（その2　格助詞）

P.10-11　やってみよう

	意味的用法	用	例
が	①主体 ②対象	(①) 君が行く。 (②) 君が好きだ。	(②) パソコンが欲しい。 (①) 鳥が鳴いている。
を	①対象 ②起点（＝から） ③通過点	(②) 職場を離れる。 (②) 家を出る。 (①) 家を建てる。	(③) 公園を散歩する。 (③) 橋を渡る。 (①) 橋を架ける。
に	①場所 ②時 ③到達点 ④相手 ⑤目的 ⑥方向	(⑤) 親が説得に来る。 (④) 先生に質問する。 (②) 5時に起きる。 (③) 熱海に着く。 (①) 池に魚がいる。 (④) 父親に相談する。	(⑥) 病院に向かう。 (⑤) 海へ泳ぎに行く。 (①) 熱海に住む。 (②) 平成9年に来日した。 (③) 荷物を家に届ける。 (⑥) アメリカに出発する。
で	①場所 ②手段・方法 ③原因・理由 ④主体（＝が）	(③) 事故で死ぬ。 (②) 船で島に渡る。 (④) 会社で負担する。 (①) 海で泳ぐ。	(④) みんなで世話をする。 (①) 浜松で働く。 (②) クレヨンで絵を描く。 (③) 飲酒運転で捕まる。
と	①任意の相手 ②必須の相手 ③引用	(②) 兄と言い争う。 (①) 弟と宿題をする。 (③) 雨が降ると思う。	(②) 彼女と交際したい。 (①) 母親と旅行する。 (③) 彼は来ると言った。
へ	①方向（＝に）	アメリカへ出発する。前へ進む。	
から	①起点 ②原料	その店は10時からやっている。 チーズは牛乳から作る。	
より	①起点（＝から） ②比較	富士川より東は50ヘルツの交流電流を使っている。 去年より今年のほうが暑い。	
まで	①到達点	家から駅まで歩く。	

＜ガ格＞「が」の用法では、「主体」と「対象」の違いに気をつけてください。「パソコンがほしい」と「君が好きだ」においては、「パソコン」も「君」も「ほしい」と「好きだ」の対象であり、動きや状態の主体ではありません。これらの主体は省略されていて、「（私は）パソコンがほしい」「（私は）君が好きだ」などとなります。

＜ヲ格＞「を」の用法では、対象（目的語）と通過点の違いに気をつけてください。「橋を渡る」と「橋を架ける」の違いは「橋」がどのような意味で使われているかによります。

「橋を渡る」では「渡る」は移動の動詞であり、「橋」は単なる通過する場所として表されています。それに対して、「橋を架ける」では、「橋」は場所ではなく、両岸に取り付けられる物体として、表されています。したがって、場所ではなく、「～を架ける」という動作の対象となります。

<ニ格>「に」の用法では、「到達点」、「方向」、「場所」の違いに気をつけてください。到達点は人間や物の到着するところを表しますが、「方向」は動きなどが向かっていく先を表します。「場所」は主体が存在するところになります。また、「先生に花束をあげる」など、物の移動先が人間である場合は、「相手」の用法と捉えることができます。

<デ格>「で」の用法では、「主体」の用法に気をつけてください。「主体」はガ格での言い換えが可能となります。また、場所を表す名詞はしばしばそこに存在する人間とともに認識されると「主体」になることができます。ここの例文で言うと、「会社」がその例です。その他にも「学校」「政府」「裁判所」「外務省」など数多く存在します。

<ト格>「と」の用法では、動詞の種類に気をつけてください。1人でもできる動作である「宿題をする」や「旅行する」では「～と」を「～と一緒に」に言い換えても意味は同じです。これに対し、必ず相手が必要な動作である「喧嘩する」や「交際する」では、「～と」は動作が向かう相手になるために、「～と一緒に」での言い換えができません。「～と一緒に」が使える場合は、相手に対面するのではなく、一緒に同じ動作をするという意味になります。

P.12 まとめ 練習問題
【問題1】 ⑥～が 動詞　⑦～が ～を 動詞　⑧～が ～に 動詞　⑨～が ～と 動詞
　　　　　⑩～が ～を ～に 動詞

(1) 頼む ⑩
　　頼む相手（ニ格）と頼むもの（ヲ格）の情報が必要となります。
(2) デートする ⑨
　　1人ではデートできません。デートの相手はト格で表されます。
(3) 飛びつく ⑧
　　「～が飛びつく」だけでは意味不明です。飛びつくところ（ニ格）も必要です。
(4) 落とす ⑦
　　これも、「～が落とす」だけでは意味不明です。目的語（ヲ格）が必要です。
(5) 起きる ⑥
　　1人で完結する動作ですので、必須成分はガ格だけです。

(6) 降る ⑥
　「雨／雪が降る」は自然現象で、必須成分はガ格だけです。人間が関わらない自然現象はガ格だけの1項動詞で表されることが多いと言えます。

(7) 切る ⑦
　目的語（ヲ格）が必要です。「ジャガイモを3つに切る」などのニ格は随意成分です。なお、「3つに」のニ格は結果を表す用法で、テキストでは扱っていません。

(8) 入る ⑧
　「私は入った」だけでは意味が不充分です。「私が部屋に入った」など、入る移動先がニ格によって表されます。

(9) 別れる ⑨
　1人では別れられません。別れる相手がト格で表されます。

(10) 贈る ⑩
　贈る物（ヲ格）と贈る相手（ニ格）が必要となります。

【問題2】

(1) （　）①祖父はガンで亡くなった。　　（　）②台風で家が壊れた。
　　（○）③友人が職場で倒れた。　　　　（　）④成績優秀でほめられた。
　③だけが「場所」を表し、それ以外は「原因・理由」の用法です。

(2) （　）①日本は米国と戦った。　　　　（　）②太郎は花子と離婚した。
　　（　）③駅で友人と別れた。　　　　　（○）④弟と図書館で勉強した。
　④の動作は1人だけでもできますが、それ以外は相手が必要な動作です。したがって、④以外は「～と一緒に」で言い換えができません。

(3) （　）①ちょっと買い物に行く。　　　（○）②ちょっとデパートに行く。
　　（　）③ちょっとパチンコに行く。　　（　）④ちょっと食事に行く。
　②だけが場所を表し、それ以外は目的を表しています。目的になるかならないかは「～する」を付けて判断するといいかもしれません。「買い物する」「パチンコする」「食事する」などと言えるのに対し、「デパートする」とは言えません。つまり、デパートが場所を表しているからです。

(4) （　）①私は町を歩いた。　　　　　　（　）②救急車が家の近くを通った。
　　（○）③警察官が交番を離れた。　　　（　）④紙飛行機が空を飛んだ。
　③だけが起点を表し、「～から」で言い換えられます。それ以外は通過点を表しています。なお、通過点は単に通過する場所だけでなく、「歩く」のような動き回る場所としても考えられます。

第2章　主題化
（その1　格成分の主題化）

P.16　確認しよう

(1) 　太郎が結婚する　と思う。
　「〜と思う」は、まさに話者の気持ちを表す表現です。

(2) 　北海道でカニを食べ　たい。
　「〜たい」は話者の願望を表しています。

(3) 　ここのコーヒーがおいしい　んだよね。
　「〜んだよね」を使って、「ここのコーヒーがおいしい」という事実を聞き手に確認しています。

(4) もしかしたら、　日本が負ける　かもしれない。
　「日本が負ける」という事柄に対して、「もしかしたら、〜かもしれない」という話者の判断を伝えています。

(5) 　企業献金を　絶対に　受け取る　べきではない。
　「企業献金を受け取る」という事柄に対して、「絶対に〜べきではない」という話者の強い気持ちを述べています。

P.18　練習しよう

(1) そのリンゴは、太郎が食べた。←〔太郎が　そのリンゴを　食べた〕コト
　目的語であるヲ格が主題化されています。ヲ格はガ格と並んで、主題化の頻度が高いと言えます。

(2) そのリンゴは、腐っている。←〔そのリンゴが　腐っている〕コト
　ガ格である「そのリンゴ」が主題化されています。ガ格の主題化はその他の格成分と比べて一番頻度の高いものです。

(3) その川は、カッパが住んでいる。←〔カッパが　その川に　住んでいる〕コト
　ニ格である「その川」が主題化されています。格助詞を伴って、「その川にはカッパが住んでいる。」とも言えます。

(4) 教室では、子どもが遊んでいる。←〔子どもが　教室で　遊んでいる〕コト
　コトの中で「教室」は場所のデ格で示されており、それが主題化されています。このように格助詞が付いたまま、主題化されることがあります。

(5) 山田さんとは、私の母が同級生だ。←〔私の母が　山田さんと　同級生である〕コト
　ト格である「山田さん」が主題化されています。ここでも、格助詞が付いたまま、主題化されています。ガ格とヲ格以外はすべて、格助詞と一緒に主題化されることがあります。

P.19 やってみよう

(1) （ヲ格）〔祖父が この壺を 50年前に 購入した〕コト
(2) （ニ格）〔秋に いろんな行事が ある〕コト
(3) （ニ格）〔塩が 腎臓病食に 使えない〕コト
(4) （カラ格）〔そのマジシャンのシルクハットから いろんなものが 出てくる〕コト
(5) （ガ格）〔エジソンが 多くの発明を この世に 残した〕コト
(6) （マデ格）〔5時まで 担当者が 事務所に いる〕コト
(7) （ヨリ格）〔兄より 弟のほうが 甘え上手である〕コト

なお、「〜だ」はコトの中では「〜である」となりますので、注意してください。

(8) （ガ格）〔昨日が 妹の誕生日だった〕コト

〔昨日妹の誕生日だった〕コト とも言えそうですが、こうすると主語がありません。したがって、ここでは「昨日」を主語として考えます。

(9) （ヲ格）〔子どもが 庭の芝刈りを やった〕コト
(10) （デ格）〔すでに 会場で 余興が 始まっている〕コト
(11) （ト格）〔太郎が 次郎と 仲良しである〕コト
(12) （ヨリ格）〔飛行機より 船のほうが 安全である〕コト
(13) （カラ格）〔夕日が その天窓から 差し込む〕コト

〔夕日が その天窓より 差し込む〕コト と言えそうですが、助詞を伴った主題化で考えると、「その天窓よりは夕日が差し込む」となり、不自然になります。これに対し、「その天窓からは夕日が差し込む」という言い方は自然です。また、家の外から夕日が差し込む光景が見える場合は、〔夕日が その窓に 差し込む〕コト と、ニ格からの主題化を設定することも可能となります。

(14) （ヨリ格）〔先生より 親のほうが 厳しい〕コト
(15) （カラ格）〔その水道から 水が 出ない〕コト

ここでも、〔その水道より 水が 出ない〕コト と言えそうですが、(13)の問題と同様に、助詞を伴った主題化で考えると、「その水道よりは水が出ない」となり、不自然になります。一方、「その水道からは水が出ない」という言い方は自然です。

(16) （デ格）〔子どもが 近くの公園で たくさん遊んでいる〕コト
(17) （ト格）〔実家の父が その政治家と 親しくしている〕コト
(18) （マデ格）〔東京から 羽田空港まで 距離が 近い〕コト

〔東京から 羽田空港が 距離が 近い〕コト とも考えられますが、ガ格が2つ使われている二重ガ格文になることから、ここでは考察外とします。

(19) （マデ格）〔竹芝桟橋から 新島まで ジェット船が 運航している〕コト
(20) （ヲ格）〔国が 入管法を 1990年に 改正した〕コト
(21) （ニ格）〔私に 子どもが 2人いる〕コト

なお、この文は、「私」を主体とする所有文とする考えがありますが、広義の意味で「私」

第2章 主題化

は「子どもが2人いる」場所であると考えることができます。

⑵ (デ格)〔1964年に 初めて 日本で オリンピックが 開催された〕コト

⑶ (ガ格)〔私が 東京産業大学の学生である〕コト

⑷ (ト格)〔うちの母が あのおばさんと いつも 喧嘩している〕コト

(その2 格成分以外の主題化)

P.23 練習しよう

(1) (例3) 米は、秋田産がおいしい。←〔秋田産の⃝米が おいしい〕コト

　ガ格成分である「秋田産の米」の後の部分が主題化されています。したがって、(例3)のパターンとなります。(文法用語では、「被修飾名詞型」と呼ばれます。連体修飾を受ける部分の名詞が主題化されるという意味です。)

(2) (例5) ツツジが咲くのは、連休ごろだ。←〔連休ごろに ツツジが 咲く〕コト

　「ツツジが」という格成分と「咲く」という述語が一緒に主題化されています。したがって、(例5)のパターンとなります。(文法用語では、「分裂文」と呼ばれます。文を構成する成分を1つ選び、(ここでは述語として残る部分「連休ごろ」)、それを焦点にするために用いられる構文です。文が2つの部分に分かれることからこのような名前が付いています。)

(3) (例2) 東京は、物価が高い。←〔東京の物価が 高い〕コト

　ガ格成分である「東京の物価」の前の部分が主題化されています。したがって、(例2)のパターンとなります。(文法用語では、「名詞修飾型」と呼ばれます。名詞を修飾する部分が主題化されるという意味です。)

(4) (例4) 産業革命は、イギリスが発祥地だ。

　　　　　　　　　　　　　←〔イギリスが 産業革命の発祥地である〕コト

　述語名詞「産業革命の発祥地」の前の部分が主題化されています。したがって、(例4)のパターンとなります。(文法用語では、「変則名詞修飾型」と呼ばれます。格成分ではなく、述語に使われる名詞成分の中で、名詞を修飾する部分が主題化されるという意味です。)

(5) (例5) 傘を忘れたのは、田中さんだ。←〔田中さんが 傘を 忘れた〕コト

　「傘を」という格成分と「忘れた」という述語が一緒に主題化されています。したがって、(例5)のパターンとなります。((2)と同様に、文法用語では「分裂文」と呼ばれます。)

P.23-24　やってみよう

(1) (例5) 万有引力を発見したのは、ニュートンだ。
　　　　　←〔ニュートンが 万有引力を 発見した〕コト
　ヲ格である「万有引力」と述語である「発見した」が一緒に主題化されています。

(2) (例2) シドニーは、オペラハウスが有名だ。
　　　　　←〔シドニーの オペラハウスが 有名である〕コト

(3) (例5) 山田さんが乗っているのは、ポルシェだ。
　　　　　←〔山田さんが ポルシェに 乗っている〕コト

(4) (例3) ワインは、勝沼産がおいしい。
　　　　　←〔勝沼産の ワイン が おいしい〕コト

(5) (例4) 息子は、T大合格が目標だ。
　　　　　←〔T大合格が 息子の 目標である〕コト
　「息子の T大合格が目標であるコト」とも考えられそうですが、この分析ですと、「T大合格」が「息子の目標」ではなく、両親などの第三者の目標になってしまいます。

(6) (例3) 田舎の景色は、イギリスが美しい。
　　　　　←〔イギリスの 田舎の景色 が 美しい〕コト
　ガ格成分の中に「の」が2つある複雑な構文ですので、注意が必要です。ここでは、ガ格成分の中の「田舎の景色」が主題化されています。

(7) (例4) ジャガイモは、南米が原産地だ。
　　　　　←〔南米が ジャガイモの 原産地である〕コト

(8) (例5) グッチのバッグを持っているのは、田中さんだ。
　　　　　←〔田中さんが グッチのバッグを 持っている〕コト

(9) (例3) たこ焼きは、大阪が一番だ。
　　　　　←〔大阪の たこ焼き が 一番である〕コト

(10) (例2) 静岡は、水がおいしい。
　　　　　←〔静岡の 水が おいしい〕コト

(11) (例4) 父は、つりが趣味だ。
　　　　　←〔つりが 父の 趣味である〕コト

(12) (例2) 日本人は、肌がきれいだ。
　　　　　←〔日本人の 肌が きれいである〕コト

(13) (例2) キリンは、首が長い。
　　　　　←〔キリンの 首が 長い〕コト

(14) (例3) 野菜は、産地直送が新鮮だ。
　　　　　←〔産地直送の 野菜 が 新鮮である〕コト

(15) (例4) 私たちは、明日が結婚記念日だ。
　　　　　←〔明日が 私たちの 結婚記念日である〕コト

第2章　主題化

⒃ （例５）友人が薦めたのは、この本だ。
　　　　　← 〔 友人 が　この本 を　薦めた 〕コト

P.26　まとめ　練習問題

⑴（５）私が行きたいのは、ディズニーランドだ。
　　　　　← 〔 私 が　ディズニーランドへ　行きたい 〕コト
⑵（３）耳は、ウサギが長い。
　　　　　← 〔 ウサギの　耳 が　長い 〕コト
⑶（１）秋は、食欲が増す。
　　　　　← 〔 秋 に　食欲が　増す 〕コト
⑷（４）うなぎは、浜松が特産地だ。
　　　　　← 〔 浜松が　うなぎの　特産地である 〕コト
⑸（２）ロンドンは、街並みが美しい。
　　　　　← 〔 ロンドンの　街並みが　美しい 〕コト
⑹（１）ノーベル平和賞は、マザーテレサが受賞した。
　　　　　← 〔 マザーテレサが　ノーベル平和賞を　受賞した 〕コト
⑺（４）人魚は、海がすみかです。
　　　　　← 〔 海が　人魚の　すみかである 〕コト
⑻（１）花子さんは、北海道で生まれた。
　　　　　← 〔 花子さんが　北海道で　生まれた 〕コト
⑼（５）私が小樽で買ったのは、そのガラス絵だ。
　　　　　← 〔 私が　小樽で　そのガラス絵を　買った 〕コト
「私が」「小樽で」「買った」という３つの成分が主題化されています。このように３つ以上の成分が主題として提示されることもあります。
⑽（２）妻は、直感が鋭い。
　　　　　← 〔 妻の　直感が　鋭い 〕コト

第３章　自動詞と他動詞
（その１　自他の区別）

P.31　確認しよう

(1) 歩く（自）
　「道を歩く」と言えますが、この場合のヲ格は通過点となり、目的語ではありません。

(2) 会う（自）
　「～に／と会う」となり、ニ格またはト格を取るので、自動詞となります。英語の"meet"は他動詞として扱われますので、注意してください。

(3) たたく（他）
　「父の肩をたたく」などの例から、ヲ格の目的語を取ることがわかります。

(4) 踏む（他）
　「友達の足を踏んだ」などと言うことができます。

(5) 盗む（他）
　「泥棒が財布を盗む」と言えるので、他動詞です。

(6) 眠る（自）
　「昨日はよく眠った」などと言いますが、ヲ格を取ることはできません。

(7) 通る（自）
　「公園を通る」と言えますが、ここのヲ格も移動の通過点を表しています。

(8) 着く（自）
　「～に着く」となり、ニ格は付きますが、ヲ格は付きません。

(9) 腐る（自）
　「卵が腐る」などと言いますが、ヲ格を取りません。

(10) 聞く（他）
　「噂を聞いた」などと言え、ヲ格を取ることができます。

　なお、数は多くありませんが、ニ格で対象を表すものがあります。この場合、ニ格を主語にして、直接受身文を作ることができます。
　　野党が与党の法案に反対する　→　与党の法案が野党に反対される。
このような他動詞には、「（～に）かみつく」「（～に）話しかける」「（～に）反抗する」「（～に）質問する」などがあり、これらの動詞を「他動詞」と認める立場もあります。

P.31　考えてみよう

１）太郎がグラスを割る。　→　グラスが太郎に（よって）割られる。
２）次郎がおもちゃを壊す。　→　おもちゃが次郎に（によって）壊される。
３）太郎が映画を見る。　→　？映画が太郎に（よって）見られる。

4）次郎が本を読む　→　?本が次郎に（によって）読まれる

　「割る」と「壊す」に共通する特徴は他者への働きかけが強いということです。そのために、目的語である対象は物理的影響を受けることになり、変化が生じます。その変化の結果を見ることで、受身文が成立しやすくなります。つまり、「割れたグラス」や「壊れたおもちゃ」を見ることで、話者はそのような対象を主語とした受身文を作るからです。それに比べ、「見る」と「読む」という動作は他者への働きかけが弱く、目的語に明らかな変化が生じるわけではありません。そのような変化のない目的語を主語にした受身文は通常は不自然となります。ただし、そのような働きかけが認識されるような状況では受身文が成立します。例えば、しまってあったビデオがテレビの横に置いてあれば、「誰かにビデオが見られた」と言えるでしょうし、机の引き出しに入れてあった日記が机の上に置かれていれば、「日記が読まれている」などと言うことができるでしょう。また、一般的に誰でも知っている事実であれば、「夏目漱石は多くの人に読まれている」や「スターウォーズは世界中の人に見られている」のような受身文も可能になります。このように、目的語に具体的な変化が認められなくても、何らかの方法でそのような対象への働きかけが認識されるようであれば、それらを主語にした受身文が成立することになります。このような他者への働きかけが弱く、受身形になりにくい他動詞は、「～を見る」「～を読む」以外にも「～を聞く」「～を感じる」「～を祈る」「～を思う」「～を嗅ぐ」など、数多く存在します。

P.32　確認しよう　太字部分が解答です。

	自動詞（結果）	←	他動詞（原因）
(1)	改まる	←	**改める**
(2)	**こぼれる**	←	こぼす
(3)	増える	←	**増やす**
(4)	**汚れる**（よご）	←	**汚す**（よご）
(5)	**丸まる**	←	丸める
(6)	**煮える**	←	煮る
(7)	残る	←	**残す**
(8)	重なる	←	**重ねる**
(9)	**遠ざかる**	←	遠ざける
(10)	もうかる	←	**もうける**

　このように、自動詞と他動詞のペアにおいては、他動詞は対象に変化を引き起こし、自動詞はその対象の変化を表すと言えます。

（その2　自他の対応による分類）

P.34　練習しよう

	自動詞	他動詞	動詞の種類
(1)	両親が　苦しむ	両親を　苦しめる	①
(2)	×	花瓶を　置く	③
(3)	店が　オープンする	店を　オープンする	④
(4)	愛情が　芽生える	×	②
(5)	横断歩道を　横切る	×	②

(1) 苦しむ

「（～が）苦しむ」はヲ格を取らない自動詞ですが、「（～を）苦しめる」という対応する他動詞があります。なお、「苦しませる」は、「苦しむ」の使役形です。

(2) 置く

「（～を）置く」はヲ格を取るので、他動詞です。対応する自動詞はありません。

(3) オープンする

「店をオープンする」「店がオープンする」と言えます。英語の"open"も自他動詞です。

(4) 芽生える

「草木が芽生える」や「愛が芽生える」などと使われ、そのような状態の表れを表す自動詞です。対応する他動詞はありません。

(5) 横切る

「～を横切る」とヲ格を取りますが、目的語ではなく通過点であるため、自動詞となります。対応する他動詞はありません。

P.35-36 やってみよう　①自他のペア　②無対自動詞　③無対他動詞　④自他動詞

(1) 沸く（①）
　「（〜が）沸く」は自動詞で、対応する「（〜を）沸かす」という他動詞があります。

(2) 泳ぐ（②）
　「〜を泳ぐ」と言いますが、ヲ格は通過点となりますので、自動詞です。対応する他動詞はありません。

(3) 殴る（③）
　「〜を殴る」と言いますので、他動詞ですが、対応する自動詞はありません。

(4) 倒れる（①）
　「〜が倒れる」となる自動詞です。対応する他動詞に「（〜を）倒す」があります。

(5) 分解する（④）
　「水を分解する」「水が分解する」と言えますので、自他動詞です。

(6) 死ぬ（②）
　自動詞ですが、対応する他動詞はありません。（語彙的には「（〜を）殺す」という他動詞が対応します。）

(7) 這う（②）
　「床を這う」と言いますが、移動動詞ですので、「床を」は通過点となります。したがって、自動詞です。対応する他動詞はありません。

(8) 座る（②）
　「〜に座る」となり、ニ格を取りますが、ヲ格の目的語はつきませんので、自動詞です。対応する他動詞はありません。

(9) 感じる（③）
　「〜を感じる」となる他動詞ですが、対応する自動詞はありません。

(10) 決定する（④）
　「優勝を決定する」「優勝が決定する」と言えますので、自他動詞です。

(11) 断る（③）
　「〜を断る」となる他動詞ですが、対応する自動詞はありません。

(12) なめる（③）
　「〜をなめる」と言えますので、他動詞ですが、対応する自動詞はありません。

(13) ほめる（③）
　「〜をほめる」と言えますので、他動詞ですが、対応する自動詞はありません。

(14) 解消する（④）
　「ストレスを解消する」「ストレスが解消する」と言えますので、自他動詞です。

(15) たたく（③）
　「〜をたたく」となる他動詞ですが、対応する自動詞はありません。

⒃ 熟す（②）
　「柿が熟す」のように自然な変化を表しますが、対応する他動詞はありません。
⒄ 茂る（②）
　「木が茂る」のように自然な成長を表しますが、対応する他動詞はありません。
⒅ 落とす（①）
　「～を落とす」となる他動詞です。対応する自動詞に「(～が) 落ちる」があります。
⒆ 燃やす（①）
　「～を燃やす」となる他動詞です。対応する自動詞に「(～が) 燃える」があります。
⒇ 光る（②）
　「星が光る」のように自然な変化を表す自動詞です。対応する他動詞はありません。なお、「光らせる」は使役形です。
(21) 嫌う（③）
　「～を嫌う」となる他動詞ですが、対応する自動詞はありません。
(22) 実る（②）
　「果物が実る」のように自然な変化を表す自動詞ですが、対応する他動詞はありません。
(23) 再開する（④）
　「工事を再開する」「工事が再開する」と言えるので、自他動詞です。
(24) 成長する（②）
　「木が成長する」のように自律的な動きを表す自動詞ですが、対応する他動詞はありません。
(25) 走る（②）
　「～を走る」と言いますが、移動動詞ですので、自動詞です。対応する他動詞はありません。
(26) 探す（③）
　「～を探す」と言えますから、他動詞ですが、対応する自動詞はありません。
(27) 重なる（①）
　「書類が重なる」の例でわかるように自動詞です。対応する他動詞に「(～を) 重ねる」があります。
(28) 曲げる（①）
　「～を曲げる」と言えますので、他動詞です。対応する自動詞には「(～が) 曲がる」があります。
(29) 消す（①）
　「～を消す」となる他動詞です。対応する自動詞に「(～が) 消える」があります。
(30) 壊す（①）
　「～を壊す」となる他動詞です。対応する自動詞は「(～が) 壊れる」です。
(31) 開く（④）

「本を開く」「本が開く」と言えますので、自他動詞です。

(32) 実現する（④）

「夢を実現する」「夢が実現する」と言えますので、自他動詞です。

(33) 乾く（①）

「～が乾く」となる自動詞で、対応する他動詞に「（～を）乾かす」があります。ちなみに「乾く」の使役形は「乾かせる」です。

(34) 解決する（④）

「問題を解決する」「問題が解決する」と言えますので、自他動詞です。

(35) 話す（③）

「～を話す」となる他動詞ですが、対応する自動詞はありません。

(36) 見つかる（①）

「～が見つかる」となる自動詞です。対応する他動詞として「（～を）見つける」があります。

(37) 忘れる（③）

「～を忘れる」となる他動詞ですが、対応する自動詞はありません。

(38) 疑う（③）

「～を疑う」となる他動詞ですが、対応する自動詞はありません。

(39) 染める（①）

「～を染める」となる他動詞です。対応する自動詞として「（～が）染まる」があります。

	自動詞	他動詞
①自他のペア	(1) 沸く (4) 倒れる 落ちる 燃える (27) 重なる 曲がる 消える 壊れる (33) 乾く (36) 見つかる 染まる	沸かす 倒す (18) 落とす (19) 燃やす 重ねる (28) 曲げる (29) 消す (30) 壊す 乾かす 見つける (39) 染める
②無対自動詞	(16) 熟す (17) 茂る (20) 光る (22) 実る (24) 成長する (2) 泳ぐ (6) 死ぬ (7) 這う (8) 座る (25) 走る	
③無対他動詞		(3) 殴る (9) 感じる (11) 断る (12) なめる (13) ほめる (15) たたく (21) 嫌う (26) 探す (35) 話す (37) 忘れる (38) 疑う
④自他動詞	(5) 分解する　(10) 決定する　(14) 解消する　(23) 再開する (31) 開く　(32) 実現する　(34) 解決する	

第3章 自動詞と他動詞

P.37 考えてみよう

①	なぜ、自他のペアになるのか	理由	「（①原因）と（②結果）」という関係のペアになっている。原因となる動作を他動詞が、それによって生じる（③変化）を自動詞が表している。
		ヒント	父がペンチで針金を曲げる → 針金が曲がる 先生が電気を消す → 電気が消える 子どもがおもちゃを壊す → おもちゃが壊れる
②	なぜ、無対自動詞になるのか	理由	（④自然現象）なので、（⑤原因）となる動作（他動詞）を必要としない。したがって、自動詞となる。
		ヒント	（柿が）熟す、（葉が）茂る、（稲妻が）光る、（ミカンが）実る、（木が）成長する
		理由	（⑥自己完結型）の動作なので、他者への（⑦働きかけ）がなく、自動詞となる。
		ヒント	プールで泳ぐ、愛犬が死ぬ、床を這う、椅子に座る、グランドを走る
③	なぜ、無対他動詞になるのか	理由	他者への働きかけがある動作なので他動詞となるが、必ずしも対象に（⑧変化）を引き起こすわけではないので、対象を（⑨主語）にした自動詞を持たない。
		ヒント	石をたたく → たたいても割れないことがある。 〔cf. おもちゃを壊す→おもちゃは必ず壊れる。（自他ペア）〕 子どもをほめる → ほめた結果は見えない。
④	なぜ、自他動詞になるのか	理由	自他動詞には「（⑩漢語）＋する」という形式が多い。しかし、漢語の起源である中国語には（⑪自他）の区別がないので、自他動詞となることが多い。
		ヒント	（実現・再開・解消・決定・解決・分解）＋する

P.39 まとめ 練習問題

①自他のペア ②無対自動詞 ③無対他動詞 ④自他動詞

(1)（②）行動する 「落ち着いて行動する」などと使い、「～を行動する」とは言いません。対応する他動詞もありません。「漢字＋する」は必ずしも自他動詞ではないので注意してください。

⑵（④）ストップする 「工事をストップする」「工事がストップする」と言えます。
⑶（③）作る 「おもちゃを作る」と言えますので他動詞ですが、対応する自動詞はありません。
⑷（①）こぼれる 「水がこぼれる」という自動詞に対応する「水をこぼす」という他動詞があります。
⑸（②）到着する 「〜に到着する」という自動詞ですが、対応する他動詞はありません。
⑹（④）停止する 「機械が停止する」「機械を停止する」と言えますので、自他動詞となります。
⑺（④）閉鎖する 「工場を閉鎖する」「工場が閉鎖する」と言えますので、自他動詞となります。
⑻（②）歩く 「道を歩く」のようにヲ格をとりますが、通過点ですので自動詞となります。対応する他動詞はありません。
⑼（①）始まる 「仕事が始まる」のように自動詞であり、「仕事を始める」という他動詞があります。
⑽（③）読む 「本を読む」の例からわかるように他動詞ですが、対応する自動詞はありません。
⑾（②）登る 「木に登る」の例からわかるように自動詞ですが、対応する他動詞はありません。「木を登る」とも言えますが、この場合の「木を」は移動の通過点であるため、目的語とはなりません。
⑿（③）押す 「ボタンを押す」のように、目的語を取る他動詞ですが、対応する自動詞はありません。
⒀（④）開店する 「レストランを開店する」「レストランが開店する」と言えます。
⒁（③）研究する 「日本語を研究する」のように他動詞として使われ、対応する自動詞はありません。「日本語が研究する」とは言えないので、自他動詞でもありません。
⒂（①）助ける 「友達を助ける」に対応する「友達が助かる」があります。
⒃（②）走行する 「車が高速道路を走行する」などと言いますが、「高速道路を」は目的語ではなく、移動の通過点であるため、自動詞となります。「車が走行する」に対して、「車を走行する」と言えそうですが、少し変です。「車を走らせる」という意味であれば、「車を走行させる」と使役形にしなければなりません。
⒄（①）治る 「病気が治る」と言えるので、自動詞です。対応する「病気を治す」という他動詞があります。
⒅（①）固める 「粘土を固める」に対応する「粘土が固まる」があります。
⒆（③）書く 「漢字を書く」のように他動詞ですが、対応する自動詞はありません。
⒇（③）つねる 「ほおをつねる」と言えるので、他動詞ですが、対応する自動詞はありません。
㉑（①）なくす 「財布をなくす」に対応する「財布がなくなる」があります。

第4章 ヴォイス
(その1 受身文)

P.47 練習しよう

(1) 家の近所で工事車両に道をふさがれて、困ったよ。
　　□ヲ格がない　→　動詞は　自・他
　　☑ヲ格がある　→　所有関係が　ある・(ない)　｝②間接受身文

　「道を」と目的語が残っているので、直接受身文ではないことがわかります。そうすると、「間接受身文」か「持ち主の受身文」になりますが、「道を」という目的語は主語（私）の所有物でも身体の一部でもないので、「間接受身文」となります。この文のように、主語が「私」の場合、省略されることが多いので気をつけてください。また、ここにおける「道」は通過点などの場所ではなく、「ふさぐ」という動作の対象である道ですので、目的語となります。したがって、この目的語を主語にすると、「道が工事車両に（よって）ふさがれる」という「直接受身文」を作ることができます。

(2) 花瓶が子どもに（よって）壊されてしまった。
　　☑ヲ格がない　→　動詞は　自・(他)
　　□ヲ格がある　→　所有関係が　ある・ない　｝①直接受身文

　ヲ格で表される目的語がないので、「直接受身文」か「自動詞の間接受身文」のどちらかになります。「壊される」という受身形のもとの形は「（〜を）壊す」ですから、他動詞となります。そうすると、「子どもが花瓶を壊した」という能動文に対応する「直接受身文」ということになります。

(3) 大事にしていたおもちゃを捨てられ、子どもはふてくされた。
　　□ヲ格がない　→　動詞は　自・他
　　☑ヲ格がある　→　所有関係が　(ある)・ない　｝③持ち主の受身文

　「おもちゃを」という目的語が残っているので、「間接受身文」か「持ち主の受身文」となります。目的語である「おもちゃ」の持ち主が、主語である子どもであることがわかるので、持ち主の受身文となります。

(4) よく見たら鞄の底が破られて、中身が全部なくなっていた。
　　☑ヲ格がない　→　動詞は　自・(他)
　　□ヲ格がある　→　所有関係が　ある・ない　｝①直接受身文

　ヲ格の目的語がないことから、「直接受身文」か「自動詞の間接受身文」のどちらかとなります。受身形の「破られる」のもとの形は「破る」であり、「〜を破る」と言えることから他動詞となります。ということは、「直接受身文」ということになります。対応する能動文は、「誰かが鞄の底を破った」です。このように、能動文の主語（動作主）が不特定の場合があります。

(5) 今回のスキーは、雨に降られて、さんざんだったよ。
　　☑ヲ格がない　→　動詞は　㊤・他　　　　⎫
　　□ヲ格がある　→　所有関係が　ある・ない　⎬　②間接受身文
　　　　　　　　　　　　　　　　　　　　　　　⎭
　　ヲ格の目的語がないので、「直接受身文」か「自動詞の間接受身文」となりますが、「降られる」のもとの動詞は「降る」という自動詞なので、「間接受身文（自動詞）」となります。

P.48 やってみよう　①直接受身文　②間接受身文　③持ち主の受身文

(1)（①）ネコがネズミにかじられるなんて、聞いたことがない。
　　ヲ格の目的語がないので、「直接受身文」か「自動詞の間接受身文」になります。「かじられる」は「（～を）かじる」という他動詞の受身形です。したがって、この文は「直接受身文」となります。対応する能動文は「ネズミがネコをかじる」です。

(2)（③）あの会社の社長、ついに豪邸を競売にかけられたらしいよ。
　　「豪邸を」と目的語があるので、「間接受身文」か「持ち主の受身文」です。豪邸の持ち主が会社の社長（主語）であることから、「持ち主の受身文」ということになります。

(3)（②）その泥棒は家の人に騒がれて、逃げ出した。
　　ヲ格の目的語がありませんので、「直接受身文」か「自動詞の間接受身文」です。「騒がれる」は自動詞「騒ぐ」の受身形ですので、自動詞の受身文ということになり、「間接受身文」になります。

(4)（①）あれっ、私のジュースが飲まれている！
　　ヲ格の目的語がありませんので、「直接受身文」か「自動詞の間接受身文」となります。「飲まれる」は「（～を）飲む」という他動詞の受身形です。したがって、「直接受身文」となります。対応する能動文は「誰かが私のジュースを飲む」となり、その受身文として「私のジュースが（誰かに）飲まれる」となります。

(5)（③）ちょっと腕を触られたぐらいで、セクハラはないだろう。
　　「腕を」とヲ格の目的語があることから、「間接受身文」か「持ち主の受身文」ということになります。受身の部分である「ちょっと腕を触られた」の主語は本文には現れていませんが、腕を触られた人であることは確かですので、「持ち主の受身文」ということになります。

(6)（③）寝ていたら、床屋で髪を短く切られてしまった。
　　「髪を」と目的語があることから、「間接受身文」か「持ち主の受身文」となります。この文も主語が「私」と思われることから、「髪」は私の身体の一部であり、「持ち主の受身文」となります。

(7)（①）次郎は職員室で10分ほど叱られた。
　　ヲ格の目的語がないため、「直接受身文」か「自動詞の間接受身文」ということになります。「叱られる」は「（～を）叱る」という他動詞の受身形です。したがって、「直接受

身文」となります。対応する能動文は「(誰かが) 次郎を職員室で10分ほど叱った」ということになります。

⑻ (②) 夫婦喧嘩して、妻に実家に帰られてしまった。
　ヲ格の目的語がないので、「直接受身文」か「自動詞の間接受身文」となりますが、「帰る」は自動詞であるので、「自動詞の間接受身文」になります。

⑼ (③) とっておいたカップラーメンを子どもに食べられてしまった。
　ヲ格の目的語があり、「カップラーメン」が主語(「私」であるが、省略されている)の所有物であることから、「持ち主の受身文」ということになります。

⑽ (①) 郵便受けが何者かによって壊された。
　ヲ格の目的語がないので、「直接受身文」か「自動詞の間接受身文」となりますが、「壊される」は「(～を) 壊す」という他動詞の受身形です。したがって、「直接受身文」となります。対応する能動文は「何者かが郵便受けを壊した」となります。

⑾ (②) 家の前にマンションを建てられ、日当たりが悪くなった。
　「マンションを」と目的語が残っているので、「間接受身文」か「持ち主の受身文」のどちらかとなります。目的語である「マンション」の所有者はこの文の主語(私)ではないので、「間接受身文」ということになります。

⑿ (③) 山田さんは大事にしていた車を近所の子どもに傷つけられた。
　目的語は「大事にしていた車」です。このように目的語が述語から少し離れたところにある場合があるので、注意してください。そうすると、この文は「間接受身文」か「持ち主の受身文」ということになりますが、「車」の所有者は主語である山田さんなので、「持ち主の受身文」となります。

⒀ (②) 二人は風に吹かれながら、何時間も海辺にたたずんでいた。
　ヲ格で示される目的語がないので、「直接受身文」か「自動詞の間接受身文」ということになります。「吹かれる」は自動詞「吹く」の受身形であることから、「自動詞の間接受身文」ということになります。「吹く」には「笛を吹く」などの他動詞の用法もありますが、ここでは「風が二人に向かって吹く」という自動詞の用法になっています。また、この例文は間接受身文でありながら、迷惑の意味がありません。必ずしも「間接受身文」が迷惑を表すわけではありませんので、注意してください。

⒁ (①) 夜遅く家に帰ったら、ドアが閉められていた。
　ヲ格の目的語がないので、「直接受身文」か「自動詞の間接受身文」となります。「閉められる」は「(～を) 閉める」という他動詞の受身形であるので、「直接受身文」ということになります。対応する能動文は「(誰かが) ドアを閉めた」です。

⒂ (③) 子どもの頃いたずらをして、父親におしりを叩かれたことがある。
　「おしりを」と目的語が残っているので、「間接受身文」か「持ち主の受身文」です。「おしり」はこの文の主語である「私」の身体の一部であるため、「持ち主の受身文」となります。

⒃ (②) 子どもの描いた絵を先生にほめられて、嬉しかった。
　「子どもの描いた絵を」と目的語が残っていますので、「間接受身文」か「持ち主の受身文」です。「子どもの描いた絵」はこの文の主語である「私」の所有物ではないので、「間接受身文」ということになります。
⒄ (①) 授業中、突然先生に指されて、どぎまぎした。
　ヲ格の目的語がないので、「直接受身文」か「自動詞の間接受身文」となりますが、「指される」は「(〜を) 指す」という他動詞の受身形であるため、「直接受身文」となります。対応する能動文は「先生が (私を) 指した」となります。ここの直接受身文でも「私」が省略されているので、注意してください。
⒅ (②) 大雪に降られ、多くの車が高速道路で立ち往生した。
　これもヲ格の目的語がありませんので、「直接受身文」か「自動詞の間接受身文」ということになりますが、「降られる」は「(〜が) 降る」という自動詞の受身形であるので、「自動詞の間接受身文」ということになります。
⒆ (③) 田中さんは町で突然上司に肩をたたかれ、驚いた。
　「肩を」という目的語が残っているので、「間接受身文」か「持ち主の受身文」ですが、「肩を」はこの文の主語である「田中さん」の身体の一部であることから、「持ち主の受身文」ということになります。
⒇ (②) そんなところに花瓶を置かれても困る。
　「花瓶を」という目的語が残っているので、「間接受身文」か「持ち主の受身文」ですが、目的語である「花瓶」はこの文の主語である「私」の持ち物とは考えられませんので、「間接受身文」になります。
(21) (①) 財布が盗まれていることに、いつ気がついたんですか。
　この文にもヲ格の目的語が見つかりませんので、「直接受身文」か「自動詞の間接受身文」となりますが、「盗まれる」は「(〜を) 盗む」の受身形であるため、「直接受身文」であることがわかります。もとの能動文は「(誰かが) 財布を盗んだ」というものです。なお、目的語をヲ格のまま残して受身文にすると、持ち主の受身文となります。→「財布を盗まれていることに、いつ気がついたんですか。」

(その2　使役文とその他のヴォイス)

P.52　練習しよう

(1) (原因) 学校でのいじめがその少年を自殺させたのだ。
　主語に「学校でのいじめ」が来ていて、それが原因となり、その少年が自殺したということから、「原因の用法」となります。
(2) (謙譲) 詳細については、私から説明させていただきます。
　「〜(さ)せていただく」という「謙譲の用法」となります。

(3)（責任）冷蔵庫に入れ忘れて、（私は）カレーを腐らせてしまった。
　カレーを腐らせた責任は、カレーを冷蔵庫に入れ忘れた私にあることから、「責任の用法」になります。なお、主語が一人称であるとき、日本語では省略されるのが普通です。
(4)（容認）生徒のリクエストに応えて、先生は生徒に自由にパソコンを使わせている。
　生徒の希望でパソコンを使っていることがわかるので、「容認の用法」となります。
(5)（強制）その親は、嫌がる子どもに無理やり塾に行かせた。
　子どもの意思とは反対に塾に行くことを強制的に働きかけているので、「強制の用法」となります。

P.52-53　やってみよう　①強制　②容認　③原因　④責任

(1)（④）町長は町の財政をここまで悪化させたのだから、即刻辞任すべきだ。
　財政を悪化させた責任が主語の「町長」にあるので、「責任の用法」となります。
(2)（①）医者が患者に禁煙させる。
　医者の指導には強制力があるので、「強制の用法」となります。
(3)（③）失業率の高さがホームレスの数を増大させている。
　主語にホームレスの数の増大の原因となる「失業率の高さ」が来ているので、「原因の用法」となります。
(4)（②）子どもたちには描きたいものを好きなだけ描かせているんです。
　子どもたちが自由意思で描いているので、「容認の用法」となります。
(5)（②）高校生の息子が新聞配達をしたいというので、やらせることにした。
　息子の意思を尊重しているので、「容認の用法」となります。
(6)（④）会社をリストラされた私は子どもに大学進学をあきらめさせてしまった。
　大学進学をあきらめさせた責任が「私」にあることから、「責任の用法」となります。この文からは、「無理やりあきらめさせた」というより、意に反してそのような結果になったと感じられることから、その責任を負うという意味になります。
(7)（①）雨が降っているので、息子を駅まで迎えに来させよう。
　親が子どもに命令している状況なので、「強制の用法」となります。
(8)（③）その先生の厳しさが教え子を大成させたと言える。
　教え子を大成させたのは、「その先生の厳しさ」にあり、それが主語になっているので、「原因の用法」となります。
(9)（①）ホテルはドアを壊した客に修繕費を弁償させた。
　ここで主語となっている「ホテル」は「ホテルの人」という意味で使われており、ドアを壊した客に利用条件に基づいて弁償を求めたというニュアンスがあることから、「強制の用法」となります。
(10)（④）怠慢な銀行経営者たちが不良債権をここまで増大させたのだ。
　不良債権を増大させた責任が「銀行経営者」にあり、主語となっていることから、「責

任の用法」となります。

⑾（①）突然の来客があったので、社長は急いで秘書にお茶を入れさせた。
　社長が秘書に命令して、お茶を入れさせたと理解できるので、「強制の用法」となります。

⑿（②）この講座の良いところは、日本語の仕組みについて参加者に自由に意見交換させているところです。
　主語は表に現われていませんが、講座の担当者であると思われ、参加者が自由に意見を言えるようにしていることから、「容認の用法」となります。

⒀（③）あいつが悪いんじゃない。周りの環境があいつをひねくれさせたのだ。
　あいつをひねくれさせた原因が「周りの環境」であり、主語となっていることから、「原因の用法」となります。

⒁（④）定職に就かなかった私は両親を随分と心配させた。
　両親を心配させたのは「私」であることから、「責任の用法」になります。

⒂（①）罰としてその生徒にトイレ掃除をさせた。
　主語は現れていませんが、先生であると推察され、生徒に命令して掃除をさせたと理解できますので、「強制の用法」となります。

⒃（②）会議をまとめるコツは、まず、言いたいことを皆に言わせることです。
　自由に自分の意見を言わせていることから、「容認の用法」であることがわかります。

⒄（③）持って生まれた才能と恵まれた環境が彼女を芸能界で成功させたと言える。
　彼女が芸能界で成功した原因は、「持って生まれた才能と恵まれた環境」であり、それが主語になっていることから、「原因の用法」となります。

⒅（④）彼女のミスを咎め続けた上司が、結局彼女を自殺させたのだ。
　彼女を自殺させたのは、彼女のミスを咎め続けた上司であるため、「責任の用法」となります。

⒆（③）世界同時不況が多くの金融機関を倒産させた。
　金融機関が倒産した原因は「世界同時不況」であり、主語にもなっていることから、「原因の用法」となります。

⒇（②）あの親は子どもにやりたいようにさせていて、良くない。
　子どもの自由意思に任せていることから、「容認の用法」となります。

P.54　確認しよう

（○）①花瓶を壊される。　　　　（　）②鞄を持たされる。
（　）③ボートを漕がされる。　　（　）④ビールを飲まされる。
（　）⑤レポートを書かされる。

　①は子音動詞（サ行）の受身形です（壊す→壊される）。使役受身形は、「壊させられる」となります（壊す→壊させる→壊させられる）。②～⑤は使役形（短縮形）から作られた

使役受身形です。②（持つ→持たす→持たされる）、③（漕ぐ→漕がす→漕がされる）④（飲む→飲ます→飲まされる）⑤（書く→書かす→書かされる）

　使役形では、対応する動詞や語彙的に関係のある動詞などが複雑に絡み合うことがあります。以下にそのような紛らわしい動詞の例をまとめて示しておきます。

自動詞	他動詞	使役形	備考
見える	見る	見させる	見せる（他動詞）
聞こえる	聞く	―	「聞かせる」は、使役形ではなく、「他動詞」として扱われる。
寝る	寝かせる／寝かす	寝させる	
乗る	乗せる	乗らせる	
かぶる	かぶせる	かぶらせる	
向く	向ける	向かせる	形が似ているので注意
向かう	―	向かわせる	

P.56　確認しよう

(1) 可能構文（能力可能）

（　）①私は英語の歌が歌えない。
（　）②その留学生は漢字が書けない。
（　）③田中さんはお酒が飲めない。
（○）④うるさくてマイクの声が聞き取れない。
（　）⑤海のないところで育った私は泳げない。

　④だけが、周りの状況により聞き取ることができないという「状況可能」の可能構文です。それ以外の①②③⑤は動作主（動作の主体）の能力の問題ですので、「能力可能」の可能構文となります。

(2) ら抜き言葉

（　）①ぐっすり寝れる。　（　）②一人で来れる。　（○）③一輪車に乗れる。
（　）④3D映画が見れる。　（　）⑤着物が着れる。

　③だけが、子音動詞の可能形「乗る→乗れる」ですので、ら抜き言葉ではありません。①は「寝られる」②は「来られる」④は「見られる」⑤は「着られる」が本来の形式です。

P.57　確認しよう

（　）①小学校に行くと、昔のことが思い出される。
（　）②太陽光発電の普及はこれからますます進むと思われる。

（　）③絵葉書からハワイでの彼の生活が想像される。
（○）④宿題を忘れていつも先生に怒られる。
（　）⑤いつまでもその失敗が悔やまれる。
　動詞の形式はすべて受身形と同じですが、④だけが、受身の用法です。それ以外は自然にそのような状態になるという自発の表現として使われています。

P.59　確認しよう
（　）①私は母に一緒に買い物に行ってもらった。
（○）②私は先生に初めてほめてもらった。
（　）③私は留学生に英語を教えてもらった。
（　）④私は先生に課題の提出期限を延ばしてもらった。
（　）⑤私は姉に宿題をやってもらった。
　②だけが依頼の意味がなく、受身形で言い換えられます（→「私は先生に初めてほめられた。」）①③④⑤では、依頼してやってもらったという意味があり、受身形で言い換えることができません。

P.60　まとめ　練習問題
【問題1】①直接受身　②間接受身　③持ち主の受身
(1) (②) 一人娘に家出され、両親は途方に暮れた。
　ヲ格の目的語がないので、「直接受身文」か「自動詞の間接受身文」となります。「家出する」は自動詞なので、「自動詞の間接受身文」となります。
(2) (①) 裕子さんは友達に傷つけられ、悲しい思いをした。
　ヲ格の目的語がないので、「直接受身文」か「自動詞の間接受身文」になります。「傷つけられる」のもとの形は「(〜を) 傷つける」という他動詞であるので、「直接受身文」となります。能動文は「友達が裕子さんを傷つけた」となります。
(3) (②) 山田さんは職場の同僚にタバコを吸われて、迷惑している。
　ヲ格の目的語があるので、「間接受身文」か「持ち主の受身文」となります。目的語である「タバコ」は明らかに山田さんの持ち物ではないので、間接受身文となります。
(4) (③) 太郎は大事にしていたカメラを壊されて、怒った。
　「カメラを」と目的語が残っているので、「間接受身文」か「持ち主の受身文」となります。「カメラ」の持ち主が主語である「太郎」であるので、「持ち主の受身文」となります。

【問題2】①強制　②容認　③原因　④責任
(1) (②) 言いたいやつには言わせておけばいい。
　自由に言っているということから、「容認の用法」になります。

(2) (③) 非行の低年齢化が小学校教師を悩ませている。
　主語に「非行の低年齢化」という事柄が来ていて、それが原因で教師が悩んでいることから、「原因の用法」となります。
(3) (①) その上司は自分の車を部下に洗車させた。
　上司が部下に命令していることから、「強制の用法」になります。
(4) (④) 接待で帰りが遅い夫はいつも妻をいらいらさせている。
　妻をいらいらさせるのは主語である「夫」であるため、「責任の用法」となります。

【問題3】①使役受身文　②自発構文　③可能構文

(1) (①) その子どもは母親に買い物に行かされた。
　「行く→行かす→行かされる」となり、短縮形による使役受身文です。短縮形でない場合は、「行く→行かせる→行かせられる」となります。無理やり行かされたという意味になります。
(2) (②) 位牌の前で故人の姿が偲ばれる。
　位牌の前で自然と故人の姿が思い出されるという意味ですので、自発構文となります。
(3) (③) 私は関西人なので、納豆が食べられない。
　「納豆を食べられない」とヲ格で言えますので、可能形です。「関西人なので、納豆を食べることができない。」という意味の可能構文です。
(4) (③) キーボードを見ないで、パソコンが打てる。
　「パソコンを打てる」とヲ格でも言えますので、可能形です。「キーボードを見ないで、パソコンを打つことができる。」という意味の可能構文です。

第5章　テンス
（その1　絶対テンスと相対テンス）

P.64　考えてみよう

述語の種類	ル形（非過去）	現在	未来	タ形（過去）
動詞	遊ぶ		○	遊んだ
動詞	消える		○	消えた
動詞	ある	○		あった
形容詞	明るい	○		明るかった
形容詞	静かだ	○		静かだった
名詞	学生だ	○		学生だった

　大多数の動詞は「遊ぶ」や「消える」など、動作や変化を表す「動き動詞」と呼ばれ、ル形は未来の事態を表します。例えば、「子どもが遊ぶよ」「電気が消えるよ」と言う場合、これらの事態は今起きているのではなく、「これから起きる」ことを述べています。もし、現在の事態であれば、「子どもが遊んでいるよ」や「電気が消えているよ」となるはずです。このように、動きの事態は必ずル形が未来を表し、現在の状態を表す場合は「〜ている」という形式になります。これに対して、「ある」「明るい」「静かだ」「学生だ」などの状態動詞や形容詞、名詞述語はル形で現在の状態を表します。「机の上に本がある」や「部屋が明るい」「この辺は静かだ」「私は学生だ」はすべて現時点での状態を表しており、そのような事態がずっと続いていることを示しています。

P.66　確認しよう　①過去　②現在　③未来　④恒常的表現
(1)（②）今日は富士山がよく見えるね。
　　第4章で扱った「見える」「聞こえる」などの自発動詞は、ル形で現在の知覚の状態を表す「内的状態動詞」になります。
(2)（④）「風が吹けば桶屋がもうかる」って、どういう意味ですか。
　　思わぬ結果が生じることを例えた諺です。
(3)（③）これから銀行に行きます。
　　銀行に行くという行為がこれから行われます。
(4)（②）父なら、書斎で本を読んでいます。
　　「読む」という動詞のテイル形です。現在進行を表しています。
(5)（④）地球は太陽の周りを回ります。
　　物理的な法則にのっとった運動です。
(6)（①）町の中心街はとても賑やかでした。
　　ナ形容詞のタ形で過去の様子を示しています。

(7)（④）彼は毎週プールで泳ぎます。
　　彼の習慣的な動作を表しています。
(8)（②）私は頭が痛い。
　　話し手の現在の感覚を表す感情形容詞（→本冊 P.135）です。

P.68　確認しよう

(1) オーストラリアに行くときに、パスポートを取得した。（過去の文）
　　　　（後）
　　「パスポートを取得したあとに、オーストラリアに行った」という意味です。
(2) オーストラリアに行くときに、パスポートを取得する。（未来の文）
　　　　（後）
　　「パスポートを取得したあとに、オーストラリアに行く」という意味です。
(3) オーストラリアに行ったときに、コアラの人形を買った。（過去の文）
　　　　（前）
　　「コアラの人形を買うまえに、オーストラリアに行った」という意味です。
(4) オーストラリアに行ったときに、コアラの人形を買う。（未来の文）
　　　　（前）
　　「コアラの人形を買うまえに、オーストラリアに行く」という意味です。

(1)と(2)では従属節の出来事は主節の出来事より後に起こるため、出来事全体が過去であれ未来であれ、従属節はル形となります。これに対し、(3)と(4)では、従属節の出来事は主節の出来事の前に起きることですから、タ形となります。なお、「以前オーストラリアに行ったときに、パスポートを取得した。」と言えることがあります。これは従属節の出来事が主節の出来事と同じ時に起きたと捉える「同時関係の従属節」で、絶対テンスとなります。これについては、この後の項で説明します。

P.71　確認しよう　①絶対テンス　②相対テンス

(1)（②・①）家を出るまえに雨戸を閉めておいてね。すごい夕立が来るそうよ。
　　「雨戸を閉める→家を出る」という関係の複文ですので、従属節である「家を出る」は必ず相対テンスになります。「すごい夕立が来る」は単文ですので、絶対テンスとなります。
(2)（②・①）試合が終わった後に、皆で焼肉屋に行った。
　　「試合が終わる→焼肉屋に行く」という継起関係の複文ですので、「試合が終わった」は必ずタ形となる相対テンスで、「焼肉屋に行った」は主節ですので、絶対テンスとなっています。
(3)（②）バーベキューをしているときに、雨が降ってきた。

バーベキューをまさにしているときに雨が降ってきたということですので、同時関係の複文です。過去の出来事にもかかわらず、「バーベキューをしている」というル形が使われているので、主節時の視点を基準にした相対テンスと理解されます。

(4)（①） バーベキューをしていたときに、雨が降ってきた。
上と同じ文ですが、「バーベキューをしていた」とタ形になっていますので、主節と同じ発話時の視点を基準にした絶対テンスとなります。

(5)（①） 今度ヨーロッパに遊びに行きます。
単文ですので、未来の事態を表す絶対テンスです。

(6)（①） どこかでウグイスが鳴いている。
単文ですので、絶対テンスです。現在の状態をテイル形で表しています。

(7)（②） 歯医者に行くときは歯を磨いてね。
「歯を磨く→歯医者に行く」という継起関係の複文です。したがって、従属節である「歯医者に行く」は相対テンスになります。

(8)（①） なんか胸がむかむかする。
「むかむかする」は、ル形で現在の話者の感覚を表す内的状態動詞です。したがって、絶対テンスとなります。

（その2　テンス以外のタ）

P.75　確認しよう　①絶対テンス（過去）　②現在完了　③特殊なタ形

(1)（①）「そのお皿はどうして割れているの？」「昨日子どもが割ったんだよ。」
昨日という副詞から、過去の事態であることがわかります。

(2)（②）「ねえ、夕刊、来た？」「まだ、来てないよ。」
現在までに「夕刊が来る」という事態が起きたのかを尋ねています。答えも「来ていない」という現在完了となっています。

(3)（①）「ネットで頼んでおいたチケットは？」「2日前に届いたよ。」
質問は現在の状況について尋ねていますが、返事では2日前の出来事をタ形で述べています。現在完了で「もう届いたよ。」と答えることもできます。

(4)（③） そうだ、君はまだ未成年だったね。ジュースで乾杯しよう。
以前に聞いたことを思い出したときに使われるタ形です。

(5)（②）（実家に帰って）ただいま、今着いたよ。誰かいない？
ちょうど今着いたばかりという意味なので、現在完了です。

(6)（②） やっと掃除が終わったよ。ちょっと休憩！
今掃除が終わったところという意味なので現在完了です。

(7)（③） 借金があるとわかっていたら、結婚しませんでした。
実際には結婚をしたが、「しませんでした」という事実に反すること（反事実）を述べ

ています。

P.76　練習しよう

(1)「ねえ、小包はもう届いた？」
　　□　絶対テンス（過去）　☑　現在完了　□　特殊なタ形
　「もう」という副詞があり、過去から現在までの事態の有無を尋ねているので、現在完了のタ形となります。

(2) 秋になると、山の木々が紅葉する。
　　□　絶対テンス（未来）　□　相対テンス　☑　恒常的表現
　「山の木々が紅葉する」というのは毎年恒例の事実として考えることができます。

(3) 首相が答弁しているときに、その議員は折り紙をしていた。
　　□　絶対テンス（現在）　☑　相対テンス　□　現在完了
　「首相が答弁している」ことと「議員が折り紙をしている」ことは同時に起きている事態です。したがって、従属節は相対テンスか絶対テンスのどちらかになります。この出来事自体は過去に起きていますが、従属節は「答弁している」となっていて、主節の時点から見ていることがわかります。したがって、相対テンスということになります。ちなみに、絶対テンスであれば、従属節もタ形となり、「首相が答弁していたときに、その議員は折り紙をしていた」となります。

(4) ウグイスが鳴いている。もう春だねえ。
　　☑　絶対テンス（現在）　□　相対テンス　□　恒常的表現
　「鳴く」は動き動詞ですが、「～ている」で現在の状態を表しています。

(5) えっ、君はまだ学生だったの？　社会人かと思ったよ。
　　□　絶対テンス（過去）　□　現在完了　☑　特殊なタ形
　相手が「学生である」ことに初めて気がついたときのタ形です。

(6) スポーツをしたあとで、シャワーを浴びた。
　　□　絶対テンス（過去）　☑　相対テンス　□　現在完了
　「スポーツをする→シャワーを浴びる」という継起関係の複文です。従属節である「スポーツをする」は主節の「シャワーを浴びる」より前の出来事ですので、タ形となっています。

P.76-77　やってみよう

①絶対テンス　②相対テンス　③恒常的表現　④現在完了　⑤特殊なタ形

(1)（②）テレビを見るまえに、宿題をやりなさい。
　「宿題をする→テレビを見る」という関係にあるので、従属節である「テレビを見る」は必ず相対テンスとなります。主節の後に起きるので、ル形となっています。

(2)（①）試験に備えて、一生懸命勉強した。

「勉強した」は主節ですので、絶対テンスで表されています。
(3) (③) 日本では小学校と中学校で義務教育が行われる。
「日本の小学校と中学校で義務教育が行われる」ことは一般的な事実ですので、恒常的表現となります。
(4) (④) 「ねえ、ドラマ、もう終わった？」「うん。」「じゃあ、チャンネル変えてもいい？」
ドラマが終わったかどうかを現在の時点で聞いているので、現在完了となります。
(5) (⑤) 住宅不況が来るとわかっていたら、その物件は買わなかったよ。
本当は買ってしまったけれど、買わなければよかったという反事実の用法です。

(6) (③) 溺れる者は藁をもつかむ。
諺ですので、恒常的な表現となります。「危急の時は全然頼りにならないものにでも頼ろうとする」という意味です。
(7) (⑤) ほら見て、やっぱり山田さんだった。
以前に言及した事柄を再度確認するときのタ形です。絶対テンスであれば、「山田さんだよ」となるべきところです。
(8) (①) よく耳を澄ましてごらん。虫の鳴き声が聞こえるよ。
「聞こえる」はル形で現在の状態を表す内的状態動詞ですので、絶対テンスとなります。
(9) (②) 今日は友達に会ったあとに、図書館に行きます。
「友達に会う→図書館に行く」という継起関係の複文です。したがって、従属節の「友達に会う」は必ず主節の「図書館に行く」の前に起きるので、タ形となります。
(10) (④) パパ、もうご飯、食べた？ 食べたら宿題を手伝ってね。
現在の時点でご飯を食べ終わったかどうかを聞いているので、「食べた？」は現在完了となります。

(11) (⑤) 今度のミーティングは金曜日でしたっけ？
以前に聞いた事柄を確認するタ形ですから、「特殊なタ形」の用法です。
(12) (①) テレビを見ていたときに、友達から電話がありました。
「テレビを見ていた」と「友達から電話があった」が同時に起きている複文です。したがって、従属節は絶対テンスと相対テンスのどちらかになります。ここでは、「テレビを見ていた」と、主節と同じテンスとなっているので、絶対テンスであることがわかります。相対テンスの場合は「テレビを見ているときに、友達から電話があった」となります。
(13) (②) お風呂に入るとき、体重計で体重を量りました。
「体重を量る→お風呂に入る」という関係の複文です。従属節である「お風呂に入る」は相対テンスとなり、主節の「体重を量る」より必ず後に起きることから、ル形となります。
(14) (③) 私はスパゲッティを食べるとき、フォークとスプーンを使います。

私がいつも食べている方法という意味ですので、恒常的表現になります。例えば「今日はスプーンを使います」の例では、絶対テンス（未来）となります。

⑮ （④）（電車の中で寝ている友達に）おい、駅に着いたよ、降りるよ！
電車が今到着したところという意味ですので、現在完了となります。

⑯ （④）（キッチンで）お鍋のお湯が沸騰したよ、早くスパゲッティを入れて！
ちょうど今お湯が沸騰したばかりという意味ですので、現在完了となります。

⑰ （⑤）そうだ、今日は約束があった。忘れるところだったよ。
以前に聞いた事柄を確認するタ形です。絶対テンスを使うのなら、「今日は約束がある」となります。

⑱ （①）ええ！　昨日東京で地震があったって？　新宿にいたけど、気がつかなかったよ。
昨日の出来事を過去のタ形（絶対テンス）で表しています。

⑲ （②）京都を観光したあと、奈良に行く予定です。
「京都を観光する→奈良に行く」という継起関係の複文です。従属節である「観光する」は主節である「奈良に行く」より前になることから、必ず「観光した」というタ形（相対テンス）となります。

⑳ （③）春になると、日本中で桜の花が咲きます。
春に桜の花が日本中で咲くのは毎年の出来事として理解されます。したがって、ここでの「咲きます」は現在だけを指すのではなく、過去から未来まで続く事実として受け止められることから、恒常的表現となります。

㉑ （①）いい匂いがするね、今日は中華かな。
「匂いがする」というのは、現在の感覚を表す内的状態動詞です。したがって、表している内容が現在の状態ですので、絶対テンスとなります。

㉒ （③）水は100度になると沸騰します。
100度になると水が沸騰するのは物理的な事実です。したがって、恒常的表現となります。

㉓ （④）「太郎がやっと寝ついたわ。」「そうか、じゃあDVDでも見ようか。」
「太郎が今寝ついたところ」という状況ですので、現在完了の用法です。

㉔ （②）雨が降るので、傘を持っていきます。
「傘を持っていく→雨が降る」という関係の複文です。したがって、従属節は必ず相対テンスとなります。この文の場合、従属節の「雨が降る」は主節である「傘を持っていく」よりも後になるので、ル形となります。

㉕ （⑤）さあ、食った、食った！　今日は俺のおごりだ。
「食う」という行為がすでに実現したかのように言い、相手を促すタ形です。

㉖ (⑤) そうそう、彼はそのプロジェクトの責任者だったね。今思い出したよ。
　以前聞いたことを確認するタ形です。絶対テンスで言うと、「プロジェクトの責任者だ」という言い方になります。

㉗ (③) 最近よく雨が降るね。
　「最近よく雨が降る」という事実を表しています。繰り返し起きているという点で、恒常的表現になります。

㉘ (④) 先週出された課題のエッセイ、今やっと終わったよ。
　課題のエッセイが今やっと終わったところという意味で、現在完了となります。

㉙ (①) この間もらったケーキ、おいしかったよ。ありがとう。
　過去の気持ちをタ形で述べているので、絶対テンスとなります。

㉚ (②) 今度出かけたときに、お父さんがおもちゃを買ってあげるね。
　「出かける→おもちゃを買う」という継起的な複文です。従属節である「出かける」は主節より前に位置するので、必ずタ形（相対テンス）となります。

P.79 まとめ　練習問題

①絶対テンス　②相対テンス　③恒常的表現　④現在完了　⑤特殊なタ形

(1) (②) ご飯を食べるとき、手を洗った。
　　従属節が主節の後になる「手を洗う→ご飯を食べる」という関係の文です。したがって、従属節の「ご飯を食べる」は必ず相対テンス（ル形）になります。

(2) (②) パソコンを打っているときに、電話が鳴った。
　　同時関係の複文です。従属節「パソコンを打っている」は主節の「電話が鳴った」とは異なるテンスですので、相対テンスとなります。絶対テンスでは「パソコンを打っていたときに、電話が鳴った。」となります。

(3) (②) 外から帰ったときは、必ずうがい手洗いをする。
　　従属節が主節の前になる「外から帰る→うがい手洗いをする」という関係の文です。したがって、「外から帰る」という従属節は必ず相対テンス（タ形）となります。

(4) (①) 昨日友達と居酒屋で酒を飲んだ。
　　「昨日」によって、過去の事態であることがわかりますので、絶対テンスです。

(5) (⑤) 今度の「飲み会」って、いつでしたっけ？
　　以前に聞いた情報の確認のタ形です。

(6) (③) 2かける3は6である。
　　数学の規則ですので、恒常的表現となります。

(7) (①) アメリカにいたときに、妻と知り合いました。
　　同時関係の複文です。主節のテンスと同様に過去のテンスであるタ形が付いていますので、絶対テンスになります。相対テンスの場合は「アメリカにいるときに、知り合った」となります。

(8) (⑤) （カレンダーを見て）まずい、今日は結婚記念日だった。
　　結婚記念日を思い出したということを表す特殊なタ形です。

(9) (④) あっ、車が衝突した。すぐ110番して！
　　今まさに衝突したところですので、現在完了のタ形となります。

(10) (③) 天皇は、国会の指名に基づいて、内閣総理大臣を任命する。
　　日本国憲法の中の一文です。法律の条文を表しています。

(11) (④) ねえ、お父さんはもう会社に行った？
　　お父さんが会社に行ったかどうかを現時点で確認していますので、現在完了のタ形となります。「もう」という副詞で、現在との関連がわかります。

第6章 アスペクト
(その1 「〜ている」と「〜てある」)

P.84 考えてみよう
1) ごらん、枯葉が1枚木からひらひら<u>落ちている</u>。
　今まさに木から枯葉が風に舞いながら落ちつつある様子を表しています。
2) 昨夜の強風でこんなに枯葉が<u>落ちている</u>。
　強風によって枯葉がたくさん木から落ちて、下に溜まっている状態を表しています。
3) うちの子ども、2度もその木から<u>落ちている</u>のよ。もうその木に登るのは止めてほしい。
　子どもがこれまでに2度木から落ちたことがあるという経験を表しています。

P.85 練習しよう
(1) どうしたの。服が<u>汚れている</u>よ。
　　☐動きの進行　　☑動きの結果の状態　　☐状態の継続
　服が汚れた後の結果として考えることができますので、「結果の状態」となります。このように、ある動きの結果として認められる場合は「結果の状態」となります。「状態の継続」は、何らかの変化の結果とは考えられない場合です。
(2) 風で日章旗（日の丸）が<u>なびいている</u>。
　　☑動きの進行　　☐動きの結果の状態　　☐繰り返し
　日章旗が風になびいて、はためいているという現在進行ですので、「動きの進行」になります。
(3) 毎日朝5時に起きて、ラジオ体操を<u>している</u>。
　　☐動きの進行　　☑繰り返し　　☐経験
　「毎日」とあることから、繰り返しの用法であることがわかります。
(4) 村上春樹の作品は全部<u>読んでいる</u>。
　　☐動きの進行　　☐動きの結果の状態　　☑経験
　これまでに村上の作品をすべて読んだという経験が表されています。経験の用法では通常そのような経験の結果は目に見える形では残っていません。主体の内的な変化として捉えられます。
(5) ナイフの先は<u>とがっている</u>。
　　☐動きの進行　　☐動きの結果の状態　　☑状態の継続
　先がとがっているというナイフの恒常的な性状を表しています。「とがる」という動きの結果の状態とは通常は理解されません。しかし、「とがっていなかったナイフが、今はとがっている」という状況であれば、「結果の状態」と理解されます。

(6) 誰か部屋にいるのかな。ドアが<u>開いている</u>。
　　□動きの進行　　☑動きの結果の状態　　□状態の継続
　　ドアが開いた後の結果の状態と考えることができます。

P.86　やってみよう

①動きの進行　②動きの結果の状態　③状態の継続　④繰り返し　⑤経験

(1)（③）太郎の部屋は南に<u>面している</u>。
　　部屋が南向きであるという恒常的な状態を表しています。
(2)（④）飛行機が次から次へと<u>飛び立っている</u>。
　　現在目の前で飛行機が繰り返し飛び立っているため、「繰り返し」の用法となります。このように、異なる主語の動きの繰り返しもこの用法に含まれます。
(3)（⑤）彼の家なら数えきれないくらい<u>行っている</u>。
　　今までに彼の家に行った経験があるという意味になるので、「経験」の用法になります。これからも続くかどうかはわかりませんので、「繰り返しの用法」ではありません。
(4)（⑤）その映画はもう<u>見ている</u>ので、僕は行かない。
　　これも、過去にすでに見たことがあるという意味ですので、「経験」の用法になります。結果との違いは、現在もその結果が目に見える形で残っているかどうかという点であり、人間の関わる出来事は結果というより経験に含まれることが多いと言えるでしょう。
(5)（①）台風がこちらに<u>向かっている</u>。
　　台風が今まさにこちらに移動中であるということから、「動きの進行」の用法になります。
(6)（③）携帯電話にはカメラ機能が<u>付いている</u>。
　　携帯電話に備わっている性能について表現しているので、「状態の継続」になります。カメラ機能が付いた結果であると考えるのは少し不自然です。
(7)（②）彼は今アメリカに<u>行っていて</u>、ここにはいない。
　　彼がいないということが、結果の状態として捉えることができるために、「動きの結果の状態」となります。
(8)（⑤）中島さんはイギリスに２度<u>留学している</u>。
　　中島さんは過去にイギリスに留学したことがあるが、そのことは外面からではわかりません。内面での変化であることから、「経験」の用法になります。
(9)（④）その夫婦はしょっちゅう<u>喧嘩している</u>。
　　「しょっちゅう」という副詞から、喧嘩が繰り返されていることがわかります。「繰り返し」の用法となります。
(10)（②）あれっ、自転車が<u>パンクしている</u>。
　　自転車がパンクした後の結果が見てとれることから、「動きの結果の状態」となります。

⑾　(①)　太郎は今手紙を書いている。
　　手紙を書くという動作が現在進行しているので、「動きの進行」の用法になります。
⑿　(②)　花瓶が割れているよ。
　　花瓶が割れて、その結果が残っているので、「動きの結果の状態」になります。
⒀　(①)　風に小枝が揺れている。
　　風で小枝が揺れている状況であることから、「動きの進行」の用法になります。
⒁　(③)　彼は話術に長けている。
　　話がうまいという彼の特性を表しているので、「状態の継続」となります。
⒂　(③)　道が曲がっている。
　　「道が曲がった」は、昨日今日の出来事ではなく、ずっと以前から曲がった状態であることから、「状態の継続」となります。ただ、「針金が曲がっている」などでは、「動きの結果の状態」と考えることもできます。
⒃　(②)　誰かがそこに倒れている。
　　誰かが倒れた後の結果が現在も続いていることから、「動きの結果の状態」となります。
⒄　(⑤)　この車は今までに３度も故障している。
　　今までに３度故障を起こしたという意味なので、「経験」の用法になります。主語が無生物であっても、「経験」の用法に入りますので、注意が必要です。
⒅　(③)　彼の成績はずばぬけている。
　　彼の成績の優秀さを表していることから、「状態の継続」の用法となります。成績がずばぬけた結果（？）とは考えられません。
⒆　(①)　今日はやけに風が吹いているな。
　　風はもともと空気の流れですが、木や物が揺れていることで、風が吹いていることを感じることができます。したがって、「動きの進行」として捉えることができます。
⒇　(④)　アフリカでは飢餓で毎日人が死んでいる。
　　これも主語が異なる「繰り返し」の用法です。「毎日」という副詞がキーワードとなります。
㉑　(②)　この部屋は電気が点いている。
　　電気が点いた後の結果と考えることができるので、「動きの結果の状態」の用法となります。
㉒　(④)　僕はいつも図書館で勉強している。
　　「いつも」がキーワードで、「繰り返し」の用法です。この文のように、主語が人間の場合、習慣の意味合いが出ることが多くなります。
㉓　(④)　その夫婦は毎年ハワイに行っている。
　　これも「毎年」とあることから、「繰り返し」の用法となります。ちなみに、「その夫婦は昨日からハワイに行っている。（ここにいない）」は結果の状態、「その夫婦は今までに２回ハワイに行っている。」は経験の用法となります。

第６章　アスペクト

⑭ (③) 伊豆の海はとても澄んでいる。
　伊豆の海の水が澄んでいるのは、恒常的であるので、「状態の継続」になります。「いつも汚いけれど、今日の海は澄んでいるね。」などと言う場合は、「動きの結果の状態」と考えることができます。
㉕ (①) あっ、雨が降っている。
　雨が降り続いている状況なので、「動きの進行」の用法になります。
㉖ (⑤) 私はそのレストランで何回か食事している。
　これまでに、数回そのレストランで食事をしたという意味ですから、「経験」の用法となります。
㉗ (④) 中田さんは毎朝ジョギングをしている。
　「毎朝」とあることから、「繰り返し」の用法となります。
㉘ (①) 友達があそこで話をしている。
　友達が今話をしている状況ですので、「動きの進行」となります。
㉙ (⑤) もうやり方は教わっているので、大丈夫だと思う。
　以前にそのやり方は教わったことがあるという経験を表しているので、「経験の用法」となります。「教わった」ということは内面の変化であり、外面からはわかりませんので、「結果の状態」にはなりません。
㉚ (②) 道端に猫が死んでいる。
　猫が死んだ後の結果状態を表していますので、「動きの結果の状態」となります。

P.88　考えてみよう

質　問	～てある	～ている
1）自動詞か他動詞か	他動詞	自動詞
2）意志動詞か無意志動詞か	意志動詞	無意志動詞
3）意図性を感じるか感じないか	意図性を感じる	意図性を感じない

1）自動詞か他動詞か
　「～ている」は自動詞に付き、「～てある」は他動詞に付きます。「～ている」に使われている動詞は「点く」「止まる」「割れる」とすべて自動詞であるのに対し、「～てある」に使われている動詞は「（～を）点ける」「（～を）止める」「（～を）割る」であり、すべて他動詞です。

2）意志動詞か無意志動詞か
　「～ている」に使われている自動詞「点く」「止まる」「割れる」はすべて無意志動詞です。「電気が点こう」「機械が止まろう」「皿が割れよう」など、意向形にすることができません。これに対し、「～てある」に使われている他動詞は、「電気を点けよう」「機械を止めよう」「皿を割ろう」など、意向形を作ることができることから、意志動詞となりま

す。なお、意志動詞については、付録10（P.169）を参照してください。
3）意図性を感じるか感じないか
　テアル文においては、何らかの目的のために現在の状態が保持されているという意図的な状況となりますが、テイル文ではそのような意図性はまったく感じられません。これは、「〜てある」と「〜ている」に使われる動詞の意志性とも関係しています。

P.88-89　練習しよう

　「他動詞＋てある」の他動詞に対応する自動詞を見つけ、「自動詞＋ている」で言い換えます。人間による関わりを感じるテアル文から、客観的な描写文であるテイル文に変化させます。

(1) ドアが壊してある　　　→　　ドアが壊れている
(2) ふとんが温めてある　　→　　ふとんが温まっている
(3) 針金が曲げてある　　　→　　針金が曲がっている
(4) 部屋が片付けてある　　→　　部屋が片付いている
(5) 枝が折ってある　　　　→　　枝が折れている

　「自動詞＋ている」の自動詞に対応する他動詞を見つけ、「他動詞＋てある」で言い換えます。客観的な眼前描写文から、意図的な状況であるテアル文に変化させます。

(6) 部屋が散らかっている　→　　部屋が散らかしてある
(7) 小屋が建っている　　　→　　小屋が建ててある
(8) 銅像が倒れている　　　→　　銅像が倒してある
(9) 車が止まっている　　　→　　車が止めてある
(10) お金が貯まっている　 →　　お金が貯めてある

（その2　金田一の動詞分類）

P.92　練習しよう

(1)（第2種）走る（犬が公園を走っている）
　「犬が走っている」は、「動きの進行」の用法になります。しがたって、第2種の動詞となります。
(2)（第3種）離婚する（太郎は離婚している）
　「太郎は離婚している」は、「離婚した」結果の状態を表しているので、「結果の状態」となります。したがって、第3種の動詞となります。
(3)（第3種）濡れる（雑巾が濡れている）
　「雑巾が濡れている」は、「濡れる」という動きの結果の状態を表しています。したがって、第3種の動詞となります。

(4)（第1種）読める（私はハングルが読める）
　「ハングルが読める」というル形で現在の可能の状態を表しています。したがって、第1種の動詞となります。
(5)（第4種）しゃれる（あの店はしゃれている　×あの店はしゃれる）
　「あの店はしゃれる」とは言えません。したがって、ル形での使用ができません。「～ている」を付けた「あの店はしゃれている」は、店の恒常的な様子（状態の継続）を表しているので、第4種の動詞となります。

P.92　やってみよう

　金田一の動詞分類で気をつけなければならないことは、アスペクトによる分類であるため、個別の具体的な例で考えるということです。一般的事態などの「恒常的表現」で考えてしまうと、ル形が現在の状態を表すと勘違いしますので、注意してください。
(1) ばかげる（第4種）
　「それはばかげる」という言い方はしませんので、ル形での使用は不可です。「～ている」を付けて「それはばかげている」と言うとき、そのような状態を帯びることを表しています。
(2) 泳ぐ（第2種）
　「Aさんが川を泳ぐ」は現在の状態ではなく、未来の事態を表します。「～ている」を付けた「川を泳いでいる」は「動きの進行」の用法と理解されます。
(3) 要する（第1種）
　「借金の返済に4年を要する」と言えます。したがって、「～ている」がなくても、ル形で現在の状況を表しています。
(4) わかる（第1種）
　「授業がよくわかる」と言えます。ル形で現在の理解の状態を表しています。
(5) 結婚する（第3種）
　「AさんがBさんと結婚する」は現在の状態ではなく、未来の事態を表しています。「～ている」を付けた「AさんがBさんと結婚している」は、結婚した結果の状態が続いているという意味で、「結果の状態」と考えることができます。
(6) 話せる（第1種）
　「Aさんは韓国語が話せる」などと言えることから、現在の可能の状態をル形で表しています。「話せる」は「話す」の可能形です。
(7) 泣く（第2種）
　「子どもが泣く」は現在の状態ではなく、未来の事態を表しています。「～ている」を付けた「子どもが泣いている」は、「動きの進行」を表しています。
(8) 歌う（第2種）
　「歌を歌う」も現在の状態ではなく、未来の事態を表しています。「～ている」を付け

た「歌を歌っている」は、「動きの進行」となります。

⑼ しゃべる（第2種）

「Aさんがしゃべる」も現在の状態を表すのではなく、未来の事態を表しています。「～ている」を付けた「Aさんがしゃべっている」は「動きの進行」の用法になります。

⑽ 届く（第3種）

「小包が届く」も現在の状態ではありません。未来の事態を表しています。「～ている」を付けた「小包が届いている」は小包が届いた後の結果状態を表しています。

⑾ 存在する（第1種）

「UFOが存在する」と言えるので、ル形で現在の存在の状態を表しています。なお、「UFOが存在している」と、テイル形でも言えます。

⑿ 笑う（第2種）

「Aさんが笑う」は現在の状態ではなく、未来の事態を表しています。「～ている」を付けた「Aさんが笑っている」は「動きの進行」と解釈されます。

⒀ 読む（第2種）

「Aさんが本を読む」も現在の状態ではなく、未来の事態を表しています。「～ている」を付けた「Aさんが本を読んでいる」は「動きの進行」の用法となります。

⒁ 書く（第2種）

「Aさんが手紙を書く」も現在の状態ではなく、未来の事態を表しています。「～ている」を付けた「Aさんが手紙を書いている」も「動きの進行」の用法となります。

⒂ 点く（第3種）

「電気が点く」も現在の状態ではなく、未来の事態を表しています。「～ている」を付けた「電気が点いている」は電気が点いた後の結果の状態を表しています。

⒃ 消える（第3種）

「火が消える」も現在の状態ではなく、未来の事態を表しています。「～ている」を付けた「火が消えている」は火が消えた後の結果の状態を表しています。

⒄ 寒すぎる（第1種）

「今日は寒すぎる」と言え、とても寒い状態をル形で表します。「～すぎる」という表現は、状態動詞に分類されます。

⒅ 優れる（第4種）

「彼の分析力が優れる」は不自然です。「～ている」を付けて「彼の分析力が優れている」とは言えます。この場合、能力などの恒常的状態を表しています。

⒆ そびえる（第4種）

「富士山がそびえる」も不自然です。「富士山がそびえている」と言わなければなりません。この場合も、恒常的な状態を表しています。

⒇ 卒業する（第3種）

「Aさんが卒業する」は現在の状態ではなく、未来の事態を表しています。「Aさんは

卒業している」は卒業した結果の状態を表しています。

⑴ 砕ける（第3種）

「石が砕ける」も現在の状態ではなく、未来の事態を表しています。「〜ている」を付けた「石が砕けている」は「動きの結果の状態」を表しています。

⑵ 乾く（第3種）

「服が乾く」は現在の状態ではなく、未来の事態を表しています。「〜ている」を付けた「服が乾いている」は「動きの結果の状態」の用法となります。

⑶ 歩く（第2種）

「Aさんが歩く」は現在の状態ではなく、未来の事態を表しています。「〜ている」を付けた「Aさんが歩いている」は歩くという動きが続いている「動きの進行」の用法となります。

⑷ ある（第1種）

「机の上に本がある」と言えます。現在の存在の状態をル形で表しています。「〜ている」は付けることができません。

⑸ ありふれる（第4種）

「その話はありふれる」とは言えません。「その話はありふれている」は、そのような状態を帯びることを表しています。

⑹ 枯れる（第3種）

「木が枯れる」は現在の状態ではなく、未来の事態を表しています。「〜ている」を付けた「木が枯れている」は、枯れた後の状態を表しますので、「動きの結果の状態」の用法となります。

⑺ 働く（第2種）

「Aさんが働く」は現在の状態ではありません。「〜ている」を付けた「Aさんが働いている」は「動きの進行」となります。なお、「Aさんは駅前の会社で働く。」などと言えそうですが、この場合は一般的な事態や繰り返し（恒常的表現）ですので、個別の動きではありません。（→本冊 P.65 参照）

⑻ 起きる（第3種）

「Aさんが起きる」も現在の状態ではなく、未来の事態を表しています。「〜ている」を付けた「Aさんが起きている」は起きた後の結果を表しています。

⑼ 外れる（第3種）

「網戸が外れる」も現在の状態ではなく、未来の事態を表しています。「網戸が外れている」は網戸が外れた後の結果の状態を表しています。この場合も、「チームから外れる」などの抽象的な例で考えると、難しくなりますので、「ボタンが外れる」など、できるだけ具体的な例文で考えてください。

⑽ 料理する（第2種）

「お母さんが料理する」も現在の状態ではなく、未来の事態を表しています。「お母さ

んが料理している」は現在進行形となります。
(31) 震える（第2種）
　「Aさんが震える」も現在の状態ではなく、未来の事態を表しています。「Aさんが震えている」は、震えるという動きの伴う現在進行形として理解されます。
(32) やせる（第3種）
　「Aさんがやせる」は現在の状態ではなく、未来の事態を表しています。「Aさんがやせている」はやせた後の結果の状態です。

P.95　まとめ　練習問題
【問題1】①動きの進行　②動きの結果の状態　③状態の継続　④繰り返し　⑤経験
(1)（①）母がスーパーで買い物をしている。
　「買い物をする」という行為が現在進行中であるという意味なので、「動きの進行」となります。
(2)（③）お台場の海岸に自由の女神が立っている。
　自由の女神像が以前よりそこにずっと存在するという恒常的な状態を表しています。同じ動詞「立つ」でも、「子どもが椅子の上に立っている」では、立った後の結果の状態となります。同様に、「子どもがベンチに座っている」も座った後の結果の状態となります。このように、文脈により用法が異なりますので、注意が必要です。
(3)（⑤）その夫婦はハワイに何度も行っている。
　現在までに複数回ハワイに行ったことがあるという意味ですので、「経験の用法」になります。動作の繰り返しと考える人がいますが、現在も「ハワイに繰り返し行っている」という意味ではありませんので、「繰り返しの用法」ではありません。
(4)（④）僕はいつも図書館で勉強している。
　「いつも」という副詞がキーワードです。これにより、「図書館で勉強する」という行為が現在でも引き続き繰り返されていることがわかります。
(5)（③）美咲さんはぽっちゃりしている。
　美咲さんの体の特徴を表しているので、恒常的状態となります。「ぽっちゃりする」という動詞はル形では通常使われませんので、「ぽっちゃりした」結果の状態と考えるのは不自然です。

【問題2】①状態動詞　②継続動詞　③瞬間動詞　④第4種の動詞
(1) 曇る（③）「空が曇る」は現在の状態ではなく、未来の事態を表します。「～ている」を付けた「空が曇っている」は曇った後の結果の状態を表しています。
(2) 焼く（②）「肉を焼く」は現在の状態ではなく、未来の事態を表します。「～ている」を付けた「肉を焼いている」で、「動きの進行」を表しています。
(3) 苦しむ（②）「Aさんが苦しむ」は現在の状態ではなく、未来の事態を表します。「～

第6章　アスペクト

ている」をつけた「Aさんが苦しんでいる」では、「動きの進行」を表しています。
(4) 要る（①）「1万円が要る」など、ル形で現在の必要の状態を表します。「要っている」というテイル形は作れません。
(5) 焦げる（③）「鍋が焦げる」は現在の状態ではなく、未来の事態を表します。「〜ている」を付けた「鍋が焦げている」は「動きの結果の状態」を表します。
(6) ひょろひょろする（④）「Aさんはひょろひょろする」とは言えません。「〜ている」とともに「Aさんはひょろひょろしている」と言います。この場合、Aさんの体の特徴を表している恒常的表現になります。
(7) 割れる（③）「ガラスが割れる」は未来の事態です。「ガラスが割れている」は「割れる」という「動きの結果の状態」を表しています。
(8) 熱すぎる（①）「風呂のお湯が熱すぎる」で現在の状態を表しています。「熱すぎている」というテイル形は作れません。
(9) 電話する（②）「友だちに電話する」は未来の事態を表し、テイル形である「友だちに電話している」は「動きの進行」を表しています。

【問題3】不自然な文の番号は、(3)、(4)、(8)。
(1) 電気が点いている → ○電気が点けてある
(2) 時計が進んでいる → ○時計が進めてある
(3) 太陽が照っている → ×太陽が照らしてある
　　自然現象は「〜てある」では表現できません。
(4) 財布がなくなっている → ×財布がなくしてある
　　「財布がなくなる」は無意志の動作ですので、「〜てある」では表せません。わざと「なくす」こともできますが、それでも「わざと財布がなくしてある」は不自然です。
(5) 手紙が破れている → ○手紙が破ってある／破いてある
　　「破れる」に対応する他動詞には「（〜を）破る」「（〜を）破く」の2種類の動詞があります。
(6) 看板が倒れている → ○看板が倒してある
(7) 絵が掛っている → ○絵が掛けてある
(8) （夜露で）葉っぱが濡れている → ×（夜露で）葉っぱが濡らしてある
　　自然現象なので、「濡らしてある」とは言えません。「ホースを使って」とすれば、人間の行為による結果となるので、不自然ではなくなります。
(9) 服が乾いている → ○服が乾かしてある

第7章 ムード

P.103 確認しよう

(1) らしい
(　)①明日はどうやら雪<u>らしい</u>。　　(　)②怪我をしたのはうちの子ども<u>らしい</u>。
(　)③このバッグは偽物<u>らしい</u>。　　(○)④1人で行くなんていかにも彼<u>らしい</u>。
(　)⑤会社を辞めるって本当<u>らしい</u>。
　　④だけが「典型」のムードで、残りはすべて「推量」のムードです。

(2) ようだ
(　)①今日は店が休みの<u>ようだ</u>。　　(　)②どうやらこれは縄文土器の<u>ようだ</u>。
(○)③体が冷たくて氷の<u>ようだ</u>。　　(　)④この計画は失敗の<u>ようだ</u>。
(　)⑤外は雨の<u>ようだ</u>。
　　③だけが「比喩」を表すムードで、残りはすべて「推量」のムードです。

(3) そうだ
(○)①パソコンが壊れ<u>そうだ</u>。　　(　)②デパートでセールをやる<u>そうだ</u>。
(　)③首相がまた辞任する<u>そうだ</u>。　　(　)④山田さんが課長に昇進する<u>そうだ</u>。
(　)⑤明日は晴れる<u>そうだ</u>。
　　①だけが「推量」のムードで、残りはすべて「伝聞」のムードです。推量のムードの場合、動詞の連用形に接続します。それに対し、伝聞のムードでは、動詞の辞書形（終止形）に接続します。

P.104 確認しよう

(1) はずだ
(　)①もう5時なので、そろそろ学校から子どもが帰って来る<u>はずだ</u>。
(　)②彼は工学部を卒業しているのだから、機械は得意な<u>はずだ</u>。
(　)③家に明かりが点いているから、誰かいる<u>はずだ</u>。
(○)④カナダに留学していたんですか。どうりで、英語が上手な<u>はずだ</u>。
(　)⑤これまでの経緯から、彼はこの計画にきっと興味を示す<u>はずだ</u>。
　　④だけが「疑問氷解・納得」のムードで、他はすべて「確信」のムードとなります。④の「英語が上手である」ことはすでに話者が知っていることであり、それを裏付ける新事実を知って、納得したという表現です。これに対して、その他の文では、前文の理由によって、後半の確信が導かれていると言えます。

(2) にちがいない
(　)①1時間前に帰ったから、もう家には着いている<u>にちがいない</u>。
(　)②アリバイがないということは、彼が犯人<u>にちがいない</u>。
(○)③この鞄はあなたのもの<u>にちがいない</u>ですね。

（　　）④あの態度からして、あいつは俺のことを嫌っているにちがいない。
（　　）⑤所長が交代したので、また営業方針が変わるにちがいない。

　③だけが「確認」のムードで、それ以外はすべて「確信」のムードです。③の質問は「鞄があなたのものである」という前提の上に成り立っています。これに対し、その他の表現では、前半の判断理由によって、後半の確信的な気持ちにつながっていると言えます。

P.105　確認しよう

(1) のだ
（　　）①「まだ、いたの？」「なかなか仕事が終わらないんだ。」
（○）②「店長、掃除が終わりました。」「だめ、もっときれいに掃くんだ。」
（　　）③「どうしたんだい？」「バスがまだ来ないんだ。」
（　　）④「いつもマスクしてますね。」「おれ、花粉症なんだ。」
（　　）⑤「どこへ行くんですか。」「ちょっとそこまで。」

　②だけが「命令」のムードで、それ以外はすべて「説明」のムードです。⑤の文は、「んですか。」を使って、相手に説明を求めていると考えることができます。

(2) わけだ
（　　）①中山さん、来月結婚するんだって。だから、機嫌がいいわけだ。
（○）②山田さんは肉も魚も食べない。つまり、ベジタリアンってわけだ。
（　　）③古川さんは、掃除をしてほしいから、お母さんに来てもらっているわけだ。
（　　）④台風が近づいているそうだよ。だから、ビーチには人がいないわけだ。
（　　）⑤インフルエンザが流行っているから、皆マスクをしているわけだ。

　②は「言い換え」のムードです。「肉も魚も食べない」ということは、「ベジタリアン」ということになります。それ以外の①③④⑤は、前半の事実に基づいて後半部分の判断が導かれています。

P.106　確認しよう

(1) ものだ（当然のムード）
（○）①若いころは死に物狂いで働いたものだ。
（　　）②就職が決まったら恩師のところへ挨拶に行くものだ。
（　　）③親切にされたらお礼くらいするものだ。
（　　）④そういうことは事前に伝えておくものだ。
（　　）⑤授業中は携帯電話の電源を切っておくものだ。

　①だけが回想のムードです。話者の昔の経験を思い出しています。その他は、「当然のムード」となります。

(2) ことだ（勧めのムード）
(○) ①公務員の使命は国民に奉仕することだ。
(　) ②これからは二人して仲良くやっていくことだ。
(　) ③まずは体当たりでやってみることだ。
(　) ④いろいろ言われてもあまり気にしないことだ。
(　) ⑤つらいと思ったら、一人で我慢しないことだ。

　①だけが、名詞を受ける表現で、ムードではありません。「公務員の使命」が「国民に奉仕すること」であり、「こと」で名詞節（→本冊P.118）を作っています。その他は、相手に対する「勧め」のムードです。

P.107　確認しよう
(1) べきだ（対事的ムード）
(　) ①天下りは完全に廃止すべきだ。
(　) ②政治家はもっと国民目線で政策を立案すべきだ。
(○) ③君はもっと真剣にこの問題に取り組むべきだ。
(　) ④行政は住民の住宅環境をもっと改善すべきだ。
(　) ⑤日本は名実ともに環境先進国となるべきだ。

　③だけが、聞き手に対して必要性を述べている文ですので、対人的です。それ以外は、一般論的な意見ですので、すべて対事的となります。

(2) なければならない（義務・必要のムード）
(　) ①今日はこれから夕飯のしたくをしなければならない。
(　) ②明日までに企画書を仕上げなければならない。
(　) ③今月のノルマとして、新車を5台売らなければならない。
(○) ④予定通りなら飛行機はもう到着していなければならない。
(　) ⑤明日から出張でタイに行かなければならない。

　④だけが、「飛行機が到着している」ことを前提とする当然のムードで、それ以外はすべて「義務・必要」を表すムードです。

P.109　まとめ　練習問題
(1) 対事的ムード
(　) ①あの二人は結婚するかもしれない。
(　) ②これから寒波が来て、急に寒くなるらしい。
(○) ③今度一杯飲みに行きませんか。
(　) ④この雲行きだと、明日は雪が降るにちがいない。
(　) ⑤あの看板は古くて、倒れそうだ。

　③だけが、聞き手に誘いかけを行っている「対人的ムード」です。それ以外は、コト

に対する話し手の捉え方（①は可能性、②は推量、④は確信、⑤は推量）を表す「対事的ムード」です。

(2) 意志のムード

（　）①何と言われても上司に私は言います。
（　）②彼は「絶対にあきらめない」と言っていた。
（　）③私は資格を取って、日本語教師になります。
（○）④隣の家のお子さんが来年カナダへ留学します。
（　）⑤用事があるので、そろそろ帰ります。

　④の主語は三人称であるため、断定のムードとなります。それ以外の主語はすべて一人称であるため、意志のムードとなります。②の文の主語は「彼」ですが、「絶対にあきらめない」という直接話法の中の主語は「私」となります。

第8章　複文の構造

P.114　確認しよう　①内の関係　②外の関係

(1)（②）首相は衆議院を解散する決断を下した。
　「衆議院を解散する」という内容の決断です。「決断」は名詞修飾節の中には入ることができません。したがって、外の関係となります。

(2)（①）衆議院を解散する首相に非難の声が上がった。
　「首相が衆議院を解散する」と言えます。被修飾名詞である「首相」がガ格成分として名詞修飾節の中に入ることができるので、内の関係となります。

(3)（②）枯葉を焼く煙が上がった。
　「枯葉を焼く」ことによって出る煙という意味です。被修飾名詞である「煙」は名詞修飾節の中には入ることができません。したがって、外の関係となります。

(4)（①）枯葉を焼く山から煙が上がった。
　「山で枯葉を焼く」と言えます。被修飾名詞「山」がデ格成分として被修飾名詞の中に入ることができるので、内の関係となります。

(5)（①）姉が弾いているバイオリンはドイツ製だ。
　「姉がバイオリンを弾いている」と言えます。被修飾名詞の「バイオリン」がヲ格成分として名詞修飾節の中に入ることができるので、内の関係となります。

(6)（②）バイオリンを弾いている音が聞こえる。
　「バイオリンを弾いている」ことによって音がするという意味です。被修飾名詞の「音」が名詞修飾節の中に入ることができないので、外の関係となります。

P.116　確認しよう　①内容補充節　②付随名詞節　③相対名詞節

(1)（①）校則が厳しすぎるという不満をよく耳にする。
　不満の内容が「校則が厳しすぎる」と言えるので、内容補充節となります。

(2)（②）今回の事件が冤罪であるという証拠がありますか。
　「証拠」の内容が「今回の事件が冤罪である」というわけではありません。「今回の事件が冤罪である」ということを立証するための「証拠」という意味です。したがって、付随名詞節となります。

(3)（③）父が振りむいた向こうに母がいた。
　「向こう」はそれだけでは具体的な方向がわからない相対名詞です。「父が振りむいた」が付くことで、具体的な方向が明らかになります。

(4)（①）放送内容が不適当であるという苦情が番組に寄せられた。
　「苦情」の内容が「放送内容が不適当である」と言えますので、内容補充節になります。

(5)（②）土砂崩れが起きる兆候は前日に観測されていた。
　「兆候」の内容は「土砂崩れが起きる」ということでありません。そのような災害を予

見するような、例えば「石が落ちてきたり、水が流れてきたりする」といった現象です。したがって、下線部の名詞修飾節は「兆候」の内容ではなく、「兆候」によって予見される内容という意味ですので、付随名詞節になります。

(6) (③) 飛行機に乗る3日前に予約を確認しなければなりません。

「3日前」は具体的な日時がわからない相対名詞です。「飛行機に乗る」が修飾することで、「3日前」が具体的な日時として認識されます。

P.117　確認しよう　①限定用法　②非限定用法

(1) (①) 夏休みを祖父母と過ごした思い出は今でも忘れない。

「思い出」だけではどのような思い出かわかりません。「夏休みを祖父母と過ごした思い出」と限定することで、「思い出」の内容が具体化します。

(2) (①) 泥棒を捕まえた男性は警察から表彰された。

「男性」だけではどの男性なのかわかりません。「泥棒を捕まえた」によって、「男性」が限定されます。

(3) (②) 久しぶりに訪問した中国は以前とは大きく変わっていた。

「中国」は固有名詞で、「久しぶりに訪問した」が付いても付かなくても、「中国」という言葉が示す国は1つです。

(4) (①) 私がプレゼントした鞄を父は今でも大事に使っている。

「鞄」だけではどの鞄であるか、不明です。したがって、「私がプレゼントした」が付くことで、どの鞄かを特定します。

(5) (②) 首位を走っていたジャイアンツが突然5連敗した。

「ジャイアンツ」は固有名詞で、野球のチームとして特定されています。したがって、「首位を走っていた」が付いても付かなくてもジャイアンツの意味は変わりません。

P.120　確認しよう

(　) (1) 二人でこっそり会っているところは誰にも見られなかった。
(　) (2) ちょうど食事が終わったところに電話がかかってきた。
(　) (3) 警備員は高校生が万引きするところを捕まえた。
(　) (4) ちょうどお腹がすいたところで食事が出てきた。
(○) (5) 父がちょうど今帰ってきたところです。

構文的に(5)だけが単文ですので、名詞節ではありません。文末で「動きの終了直後」を表すアスペクトの表現です。(1)～(4)もアスペクトの表現ですが、複文における従属節（文の成分）を構成しているので、名詞節となります。

P.122　確認しよう

(　) (1) 雨が降っているのに、散歩に出かけた。

(　　)(2) ダイエットをしているのに、体重が減らない。
(○)(3) 京都に行くのに、新幹線を利用した。
(　　)(4) せっかくお弁当を作ったのに、雨でピクニックが中止になった。
(　　)(5) 止めろと言っているのに、全然言うことを聞かない。

　　　答えは(3)です。(3)だけが目的節で、それ以外はすべて逆接条件節になります。

P.125　確認しよう

(c)(1) 手を振って歩く。　　　　　　　a. 手紙を書いてポストに入れた。
(b)(2) 風邪をひいて学校を休んだ。　　b. 波が荒くて出港できない。
(a)(3) 上着を脱いでネクタイを外した。c. 涙を流して立っていた。
(e)(4) そのアパートは古くて汚かった。d. 怒鳴って子どもを追い払った。
(d)(5) 自転車に乗って学校に通う。　　e. その店員は愛想が良くて親切だ。

　　(1)は付帯状況、(2)は原因・理由、(3)は継起、(4)は並列、(5)は手段・方法の用法となります。

P.126　日本語教育の観点から

　「～から」と「～ので」の使い方は、以下のように、市川保子（2005）がまとめています。

	～から	～ので
文体	話しことば。論文などの書きことばで使ってはいけない。	基本的には話しことばであるが、書きことばに使うこともある。
主観性	理由付けに対する話し手の気持ち・感情を表す。	主に因果関係（理由と結果）や事実関係を表す。
意志表現	いろいろな意志表現ができる。	命令などのあまり強い意志表現はできない。
丁寧度	話し方によって丁寧さを欠くことがある。	丁寧である。「～ます／ですので」を使ってより丁寧な表現ができる。

　この表から、どちらかと言うと主観的な表現が「～から」で、客観的な表現が「～ので」であり、作文のような書き言葉では、「～から」ではなく「～ので」を使うほうが適切であることがわかります。
　また、「～し」の使い方ですが、「～し」は単なる並列の表現ではなく、話し手の頭の中にある考えをサポートする表現です。例えば、「山田さんはスタイルもいいし、美人です。」という表現では、「山田さんはモテる」などという気持ちが存在しており、その考えを補強するような形で使われています。それに対し、「山田さんはスタイルが良くて、美人です。」というテ形文は、単に山田さんの様子を述べた客観的な表現と言えます。し

第8章　複文の構造

たがって、単なる並列のつもりで、「～し」を作文に多用すると、不自然な文章となることがあります。

P.127 まとめ　練習問題

①名詞修飾節　②補足節　③副詞節　④並列節

(1)（③）雨が降りそうなので、洗濯物を取り込みます。
接続助詞「～ので」によってつながっているので、副詞節となります。

(2)（②）丸山さんは将来日本語教師になりたいと言った。
「～と」は引用の「と」なので、補足節となります。

(3)（②）国民の多くは政治改革が進むことを願っている。
「政治改革が進む」を「こと」によって、名詞化している名詞節です。したがって、補足節となります。

(4)（①）あの派手なシャツを着た人は誰ですか。
「派手なシャツを着た」という節が名詞である「人」にかかっています。

(5)（③）そこの交差点を曲がると、銀行が見えます。
この「～と」は接続助詞の「と」なので、副詞節となります。

(6)（④）小百合さんは美人だし、成績も優秀です。
「小百合さんは美人です」と「成績も優秀です」が対等な資格で並んでいます。

(7)（④）妻は買い物に行って、夫はパチンコに行った。
「妻は買い物に行った」と「夫はパチンコに行った」が対等な資格で並んでいます。

(8)（①）ペットショップで見つけた犬はとてもかわいかった。
「ペットショップで見つけた」という節が名詞である「犬」にかかっています。

特別編　品詞分類

P.133　確認しよう

(1) 満ちる（上一）

「る」で終わる動詞なので、過去形にしてみます。過去形が「満ちた」となり、音便による音の変化はありませんので、一段動詞です。「た」の前が「満ち」とイ段で終わりますので、上一段活用動詞となります。

(2) 転ぶ（五段）

「る」で終わっていないので、五段動詞です。

(3) 来る（カ変）

「来る」は唯一のカ変動詞です。

(4) 編集する（サ変）

「名詞＋する」はサ変動詞です。

(5) 研ぐ（五段）

「る」で終わっていないので、五段動詞です。

(6) 散る（五段）

過去形が「散った」と促音便になります。したがって、五段動詞となります。

(7) 泣く（五段）

「る」で終わっていないので、五段動詞です。

(8) 似る（上一）

過去形が「似た」となり、変化がありませんので、一段動詞です。「た」の前が「似（に）」とイ段で終わりますので、上一段動詞となります。

(9) 換える（下一）

過去形が「換えた」となり、変化がありませんので、一段動詞です。「た」の前が「換え」とエ段で終わりますので、下一段動詞となります。

(10) 変わる（五段）

過去形が「変わった」と促音便になります。したがって、五段動詞となります。

(11) 試す（五段）

「る」で終わっていないので、五段動詞です。

(12) 起きる（上一）

過去形が「起きた」となり、変化がありませんので、一段動詞です。「た」の前が「起き」とイ段で終わりますので、上一段動詞となります。

P.135　確認しよう　①名詞　②形容動詞

(1) (①) 電車が遅れたという理由は<u>本当</u>だ。

連体形が「本当<u>の</u>理由」となり、「の」が現れます。

(2) (②) サッカーが上手な内田君はこの辺では<u>有名</u>だ。
　　連体形が「有名な内田君」となり、「な」が現れます。
(3) (②) 山田さんはいつも<u>親切</u>だ。
　　連体形が「親切な山田さん」となり、「な」が現れます。
(4) (①) 国民の権利の１つが<u>自由</u>だ。
　　連体形が「自由の権利」となり、「の」が現れます。
(5) (②) 子どもの火遊びは<u>危険</u>だ。
　　連体形が「危険な火遊び」となり、「な」が現れます。

P.137　確認しよう　①属性形容詞　②感情形容詞

(1) (①) 山や海に囲まれ、静岡は自然が<u>豊か</u>だ。
　　自然がたくさんあるという静岡の特徴（様子）を表現しています。
(2) (②) 試合に負けて、とても<u>悔しい</u>。
　　「悔しい」という話者の感情を表しています。
(3) (①) 日本の夏は本当に<u>蒸し暑い</u>。
　　日本の夏は「蒸し暑い」という特徴を表しています。
(4) (②) さっきから背中が<u>かゆい</u>。
　　「背中がかゆい」という話者の感覚を表しています。
(5) (②) 今日は朝からよく晴れていて、太陽が<u>まぶしい</u>。
　　「太陽がまぶしい」という話者の感覚を表しています。

P.138　確認しよう

（　　）(1) 父が怒ったらあんな<u>もの</u>じゃない。
（　　）(2) 喧嘩なんてもうやる<u>ものか</u>。
（　　）(3) 失くした財布は戻ってこない<u>もの</u>と思いなさい。
（　　）(4) 壊したら弁償する<u>もの</u>とする。
（○）(5) それは僕が買った<u>もの</u>だよ。

　(5)は、自分が買った具体的な物を指しています。その意味で実質的な意味を持ちますが、それ以外は、抽象的な意味の形式名詞です。

P.142　確認しよう

（　）(1)「これ、誰の本だ？」
　　　　「あ、<u>それ</u>は山田さんのです。」
（○）(2)「誰か僕の類語辞典知らないか。」
　　　　「<u>その</u>本なら隣の部屋にありましたよ。」
（　）(3)「ちょっと、<u>そこの君</u>、学生証を落としたよ。」

「えっ、あっ、どうもありがとうございます。」
(　)(4)「このカメラはこうやってフィルムを入れるんだよね。」
　　　「だめだめ、そんなふうに入れたら、壊れるよ。」
(　)(5)「そのブローチ、素敵ですね、どこで買ったんですか。」
　　　「トルコに行ったときに買ったんです。」

　(1)は、相手の近くにある本を「それ」で指示していますので、現場指示となります。(2)「その本」は相手の近くにあるわけではありません。話の内容の中で言語化された事柄である「類語辞典」を「そ」で表しています。したがって、文脈指示となります。(3)の「そこの君」は相手に対して使っている現場指示の表現です。(4)は、相手のいじっているカメラの様子を「そ」で表しています。したがって、現場指示となります。(5)では、聞き手の胸に付いている「ブローチ」を「そ」で表しています。したがって、現場指示の用法となります。

P.143　確認しよう　①状態副詞　②程度副詞　③陳述副詞

(1)（③）たとえ
　「たとえ～でも」と、仮定を表し、文末と呼応する副詞です。

(2)（①）ピヨピヨ
　「ひよこがピヨピヨと鳴いている」など、鳴き声を表す擬声語として、ひよこの様子を表現しています。

(3)（②）相当
　「病状が相当悪い」では、悪い状態の程度がはなはだしいことを表しています。なお、「相当」は、形容動詞としても使われ、その場合、「相当に」という連用形で副詞と同じ働きをします。

(4)（②）非常に
　「非常に驚いた」では、驚きの程度（大きさ）を表しています。

(5)（②）だいぶ
　「仕事がだいぶ終わった」では、仕事の終わり具合の程度を表しています。

(6)（③）はたして
　「はたして～だろうか」などと、文末と呼応して、文をまとめます。

(7)（①）ぐったり
　「疲れてぐったり横になっている」では、横になっている有り様を描写しています。「ぐったり」は様子を感覚的に表す擬態語です。

(8)（③）あたかも
　「あたかも～のようだ」と、文末と呼応して比況（例え）を表す副詞です。

(9)（①）にっこりと
　「にっこりと笑った」など、笑っている様子を表す状態副詞です。

P.145　確認しよう　A（語と語をつなぐ）　B（句と句をつなぐ）　C（文と文をつなぐ）
　　　　　　　　　　D（話題と話題をつなぐ）

(1)（C）雨が降っている。しかし、それほどではない。
　「雨が降っている」と「それほどではない」という2つの文をつないでいます。

(2)（B）田中さんからも、そして、山口さんからも、祝電が届いています。
　「田中さんから」と「山口さんから」という2つの句をつないでいます。

(3)（A）今度のスポーツ大会は、体育館ならびに運動場で行います。
　「体育館」と「運動場」という2つの語を結んでいます。

(4)（D）以上で授業は終わりです。ところで、来週の飲み会ですが、居酒屋「ワイワイ」はどうでしょうか。
　話がいったん終わり、「ところで」で、次の話題に移っています。

(5)（A）作文は、便箋もしくは原稿用紙に書いてください。
　「便箋」と「原稿用紙」という2つの語をつなげています。

(6)（C）本人が来てください。もしくは、委任状を持った人が来てください。
　「本人が来てください」と「委任状を持った人がきてください」という2つの文をつなげています。

P.149　確認しよう　①措定文　②指定文　③うなぎ文

(1)（③）母の実家は秋田です。
　「母の実家は秋田にあります。」が省略された文です。

(2)（①）コアラは夜行性の動物だ。
　「コアラ＜夜行性の動物」という関係になります。

(3)（③）僕の夢は日本語教師だ。
　「僕の夢は日本語教師になることだ。」が省略された文です。

(4)（②）オーストラリアの首都はキャンベラだ。
　「オーストラリアの首都＝キャンベラ」という関係になります。指定文では主語と述語名詞を入れ替えても意味に変わりはありません。「キャンベラはオーストラリアの首都だ。」

(5)（②）これが私の求めていたものだ。
　「これ＝私の求めていたもの」という関係が成り立ちます。したがって、「私の求めていたものはこれだ」とも言い換えられます。

P.149　確認しよう
（　）(1) 受付はどこですか。（うなぎ文）
　「受付はどこにありますか。」の省略された文です。
（○）(2) 私の故郷は山梨です。（指定文）

「私の故郷＝山梨」という関係になります。

(　　)⑶ 兄は今アメリカです。(うなぎ文)
「兄は今アメリカにいます。」の省略された文です。

(　　)⑷ ホテルのロビーは２階です。(うなぎ文)
「ホテルのロビーは２階にあります。」の省略された文です。

(　　)⑸ 僕の家は公園の近くです。(うなぎ文)
「僕の家は公園の近くにあります。」の省略された文です。

P.153-154　確認しよう

(1) から
(　　)① これは北欧から輸入した民芸品です。
(　　)② 会議は３時からです。
(○)③ 値段が安いから買います。
(　　)④ どこから来たんですか。
(　　)⑤ 東京から１時間かかります。

　③だけが、原因・理由を表す接続助詞です。それ以外はすべて、格助詞です。

(2) が
(　　)① もしもし、田中ですが、先生はいらっしゃいますか。
(　　)② 太郎は来たが、花子は来ない。
(○)③ 荷物を出すなら、宅配便が便利です。
(　　)④ 恐れ入りますが、切符を拝見いたします。
(　　)⑤ 休暇を取れると思ったが、無理だった。

　③だけが、主語を表す格助詞です。それ以外の「が」は前置きや逆接などの接続助詞です。

(3) ので
(　　)① 風が強いので、外出しません。
(○)② それは私ので、これがあなたのペンです。
(　　)③ 彼が来るので、待っています。
(　　)④ 給料が入ったので、飲みに行こう。
(　　)⑤ 彼がそう言ったので、その言葉を信じたいと思います。

　②の「私の」の「の」は名詞の働きのある準体助詞です(→本冊 P.149)。それ以外の「ので」は原因・理由を表す接続助詞です。

(4) と
(　　)① 秋になると、紅葉する。
(　　)② トンネルを抜けると、海が見えた。
(　　)③ それに触ると、感電する。

特別編　品詞分類

（○）④いつも忙しい友人と、なかなか会えない。
（　）⑤夜になると、フクロウが鳴く。
　④だけが、相手を示す格助詞です。それ以外の「と」は接続助詞です。

P.155　まとめ　練習問題

ところで、日本人 の 平均的通勤時間 の データ が ここ に ある。
　接　　　名　助　　　名　　　　　　助　名　助　名　助　動

「平均的 通勤 時間」は「形容動詞＋名詞＋名詞」からなる複合名詞として1つに数えます。

それ に よる と 日本人男性 の 通勤時間 の 平均 は 79分 だ そうで ある。
名 助 動 助　名　　　助　名　　　助　名 助 名 助動 助動　動

「それによると」はかなり慣用句化していますが、ここでは「よる」という動詞からなる表現として分析します。「と」は接続助詞です。「日本人男性」も「日本人」と「男性」という2つの名詞からなる複合名詞です。同じく「通勤時間」も2つの名詞からなる複合名詞です。「そうで」は伝聞の助動詞「そうだ」の連用形です。

女性 は 66分 で ある。
名　助　名　助動 動

　名詞に付く「である」は、断定の助動詞「だ」の連用形「で」＋補助動詞「ある」と考えます。

なぜ、男性 と 女性 と の 間 に 時間 の 差 が ある か と いう と、
副　　名　助　名　助 助 名 助 名　助 名 助 動　助 助 動　助

「なぜ」は、「なぜ〜か」と結ばれる陳述副詞です。「との」は、相手を表す格助詞「と」に連体修飾の助詞である「の」が付いた形式です。「か」は疑問を表す終助詞です。「というと」もかなり慣用句化していますが、ここでは、「言う」という動詞からなる表現として分析しています。最後の「と」は接続助詞です。

日本 の 女性 の 多く は パート で 働い て いる ため、
名　助　名　助　形　助　名　助　動　助 動　名

「多く」は、形容詞「多い」の連用形の名詞的用法です。「働いている」は動詞＋接続助詞「て」＋補助動詞「ある」と考えます。「ため」は形式名詞です。ただし、「〜のため（に）」で複合格助詞（→本冊P.152）として扱うことも可能です。

労働時間 も 短く、自宅 の 近く で 働く 傾向 が 強い から だ と 思わ れる。
名　　　助　形　　名　助　形　助　動　　名　助　形　助　助動 助 動　助動

「短く」は形容詞「短い」の連用形です。「近く」は形容詞「近い」の連用形の名詞的用法です。「からだ」は、原因・理由を表す接続助詞「から」＋断定の助動詞「だ」です。「と思われる」の「と」は引用を表す格助詞です。「思われる」は動詞「思う」に、自発の助動詞「れる」が付いたものです。